역사의 매력

역사도서관 010

역사의 매력

새로운 문화와 역사를 위해

요한 하위징아 지음 · 이광주 옮김

도서출판 길

옮긴이 **이광주**(李光周)는 고려대 사학과를 졸업하고 같은 대학교 대학원에서 수학했으며 충남대, 전주대, 인제대 사학과 교수를 역임했다. 유럽 지성사와 대학사에 관심을 가지면서 문화사 전반에 걸친 다양한 저술활동을 펼쳐왔다. 특히 유럽 교양계층과 책의 문화사에 대한 에세이로 정평이 나 있다.

저서로 『역사 속에 선 인간: 독일근대사론』(문학과지성사, 1979), 『정념으로서의 역사』(문학과지성사, 1987), 『지식인과 권력: 근대 독일 지성사 연구』(문학과지성사, 1992), 『유럽사회: 풍속산책』(까치, 1992), 『대학사』(민음사, 1997), 『아름다운 지상의 책 한권』(한길사, 2001), 『동과 서의 차 이야기』(한길사, 2002), 『윌리엄 모리스, 세상의 모든 것을 디자인하다』(한길아트, 2004), 『내 젊은 날의 마에스트로: 편력』(한길사, 2005), 『유럽 카페 산책』(열대림, 2005), 『아름다운 책 이야기』(한길아트, 2007), 『교양의 탄생: 유럽을 만든 인문정신』(한길사, 2009), 『아름다움과의 만남: 나의 미술기행』(편저, 열화당, 2011) 등이 있으며, 역서로는 『지성의 몰락: 독일 대학의 정치사회사』(H. P. 블로이엘, 한길사, 1980), 『국가권력의 이념사』(프리드리히 마이네케, 한길사, 2010) 등이 있다. 현재 인제대 명예교수로 있다.

역사도서관 010

역사의 매력
새로운 문화와 역사를 위해

2013년 2월 15일 제1판 제1쇄 인쇄
2013년 2월 25일 제1판 제1쇄 발행

지은이 | 요한 하위징아
옮긴이 | 이광주
펴낸이 | 박우정

기획 | 이승우
편집 | 권나명

펴낸곳 | 도서출판 길
주소 | 135-891 서울 강남구 신사동 564-12 우리빌딩 201호
전화 | 02) 595-3153 팩스 | 02) 595-3165

등록 | 1997년 6월 17일 제113호

© 이광주, 2013. Printed in Seoul, Korea

ISBN 978-89-6445-063-5 93900

요한 하위징아(Johan Huizinga, 1872~1945)

그에게 역사란 바로 문화사를 의미했다. 하위징아에 따르면, 문화사는 개개의 현상으로 존재하는 국가나 경제를 다루는 정치사나 경제사와는 물론이고, 정신사나 지성사 그리고 좁은 의미의 문화사와도 구별된다. 그에게 문화사란 '역사적 전체'로서의 문화를 대상으로 하는 역사다. 그런 역사를 이해하는 데 가장 중요한 것을 그는 '미적 요소'로 보았고, 이는 곧 역사 이해를 위해 예술 창조, 특히 그림을 그리는 행위와 비슷하게 직관이나 상상력을 통한 이미지의 환기라는 독특한 자신의 역사 방법론을 구축하기에 이르렀다.

에이크 형제(Jan and Hubert van Eyck)의 「어린 양에 대한 경배(헨트의 제단화)」(1432)

그림 상단의 천상(天上) 세계 중앙에는 그리스도, 그 양옆에 마리아와 세례자, 다시 그 양옆에는 악기를 연주하는 천사들이 그려져 있다. 그러나 이 그림의 초점은 그리스도의 상징인 어린 양을 중심으로 12사도를 비롯하여 순례자와 기사들이 무리를 이룬 하단의 지상(地上) 세계이다. 이 미술 역사상 최고의 종교화는 신의 나라를 숙연히 상기시킨다.

얀 반 에이크의 「재상(宰相) 니콜라 롤랭의 성모」(1435)
화가는 청을 받아 성모 앞에 공손한(그러나 탐욕스러운 표정의) 재상 니콜라 롤랭(Nicolas Rolin, 1376~1462)을
그렸다. 천사가 보관(寶冠)을 받치는 성모와 어린 그리스도는 당시 플랑드르의 주부와 어린아이의 모습 그
대로다. 창밖 풍경도 인상적이다. 현실을 투철하게 그리는 것은 '중세의 가을'을 경건하게 산 화가 반 에이
크의 자아(自我)였다.

렘브란트(Rembrandt Harmenszoon van Rijn, 1606~69)의 「야경」(1642)
외관적 형태나 색채와는 달리, 어둠 위에 빛을 발산시킴으로써 독특한 화풍을 표현한 이 작품은 근대 회화의 역사에서 최고의 걸작 가운데 하나로 평가받고 있다.

요하네스 베르메르(Johannes Vermeer, 1632~75)의 「델프트의 전경」(1665)
네덜란드의 뛰어난 풍속화가였던 그는 풍경화가이기도 했다. 따뜻하고 그윽한 이 그림을 보고 프랑스의 작가 마르셀 프루스트(Marcel Proust)는 "내가 본 가장 아름다운 작품"이라고 감탄했다.

베르메르의 「진주 목걸이의 소녀」(1663~64)
베르메르의 따뜻한 시선은 여인들의 일상적 삶을 즐겨 비추었다. 목걸이를 한 소녀와 앞에 놓인 가구들의
명암이 이 풍속화에 내면적 깊이를 부여하고 있다.

알브레히트 뒤러(Albrecht Dürer, 1471~1528)의 「멜
랑콜리아Ⅰ」(1514)
독일 예술사에서 최고의 거장으로 평가받는 뒤러의
독일적 신비성은 특히 그의 동판화에 잘 나타난다.
이 작품은 「기사, 시신 및 악마」, 「승방의 히에로니무
스」와 함께 그의 3대 동판화이며 가장 난해한 작품으
로도 유명하다.

피터 브뤼헬(Pieter Bruegel, 1528~69)의 「어린아이들의 놀이」(1560)
유럽의 근대 회화는 세속적인 것들, 특히 서민의 모습을 그리는 데서부터 싹텄다. 그러므로 최초의 민중화
가라 할 수 있는 브뤼헬을 고야(Goya, 1746~1828)와 함께 근대 회화의 선구자라고 해도 과언이 아닐 것이
다. 민중의 풍속, 일하는 농민을 즐겨 그린 그는 마을 아이들의 놀이에도 애정 어린 눈길을 보냈다. 이 그림
에서는 75가지 놀이를 선보이고 있다. '농민의 브뤼헬'로도 불렸던 그는 대단한 지식인이기도 했다.

중세의 궁정풍 사랑

유럽 중세의 기사는 원래 거친 전사(戰士)였다. 그러다
가 12세기 '궁정풍 사랑'에 눈뜨면서 우아함과 예절을
섬기는 귀족 교양인이 되었다. 마치 주군(主君)을 받들
듯 귀부인 앞에 무릎을 꿇은 기사의 모습은 궁정풍 사
랑의 상징적 표현으로 볼 수 있다.

중세 말 15세기의 결혼 예식 풍경

"모든 악은 여인으로부터 온다." 이것이 중세 기독교 여성관의 모토였다. 그러므로 남편은 아내를 보통 하
인 다루듯 했다. 오른편의 신랑, 신부 앞 중앙에 사제가 있고, 참석자들 사이에서 음악이 연주되고 있다. 결
혼식은 축제이기에 앞서 신부를 정화(淨化)하는 성사(聖事)였다.

야코프 부르크하르트(Jacob Burckhardt, 1818~97)
그는 정치와 국가가 개인의 운명이 되어버린 시대에 역사와 문화에 몰입함으로써 구원을 찾고자 했다. 그에게 국가는 가장 소중한 정신의 교양, 즉 문화와 대립된 것으로 여겨졌다. 인간의 삶에 이바지하고 삶을 높이는 구원으로서의 '역사', 이것이 바로 이 문화사가(文化史家)가 밝힌 역사의 실체이며 진실이었다. 그의 기념비적 저작 『이탈리아 르네상스의 문화』 첫 장의 제목이 '예술 작품으로서의 국가'임은 시사하는 바가 크다.

부르크하르트의 「라인 강변」(1841)
예술을 애호했던 그는 시를 쓰고, 음악에도 밝았으며, 특히 그림 그리기를 즐겼다. 이 그림은 그가 그린 풍경화 데생이다.

라인 강변의 바젤(Basel) 전경
부르크하르트가 자랑한 그의 고향 바젤은 독일, 프랑스와 접한 덕에 유럽을 향해 열린 스위스의 오래된 도시다. 16세기 종파 싸움에 초연했던 에라스무스(Erasmus)가 생애 후반기를 보내고, 프리드리히 니체(Friedrich Nietzsche)가 여러 해를 부르크하르트와 함께 지낸 곳으로도 잘 알려져 있다.

이탈리아 르네상스의 모태이자 '꽃의 수도'를 뜻하는 피렌체 전경

로마 시대부터 번성한 피렌체는 단테(Dante)와 미켈란젤로(Michelangelo), 니콜로 마키아벨리(Niccolò Machiavelli)가 태어난 곳이기도 하며, 유럽 최대의 부호 메디치가(家)의 후원에 힘입어 15~16세기 이탈리아 르네상스의 모태가 되었다. 오늘날에도 거리 전체가 예술 작품이 펼쳐진 듯이 장관을 이루고 있다.

자코포 다 폰토르모(Jacopo da Pontormo, 1494~1557)의 「코시모 데 메디치」(1520)

메디치가는 15~18세기 피렌체의 상업과 금융 가문으로서, 세 명의 교황과 두 명의 여왕을 배출하기도 했다. 특히 16세기 중엽 코시모 데 메디치 때는 피렌체 공화국의 정치를 좌우하고 르네상스 운동을 후원하여 피렌체를 유럽 최대의 문화도시로 발전시켰다.

산치오 라파엘로(Sanzio Raffaello, 1483~1520)의 「성모자상」(1505)
부르크하르트는 자신의 시대인 19세기 근대를 극복하는 길을 이탈리아 르네상스와 고전적 고대의 예술에
서 찾았다. 그리고 그 중심에 고전미(古典美)의 양식을 완성한 라파엘로가 있었다. 이 '성모자상'은 그윽한
조화미를 지향한 거장의 대표작 가운데 하나다.

프란시스코 드 고야(Francisco de Goya, 1746~1828)의 「1808년 5월 3일의 처형」(1814)
1808년 3월 나폴레옹군이 마드리드에 침공했다. 그러자 시민들이 봉기했고 저항한 남녀들이 학살당했다.
고야는 원래 볼테르(Voltaire)를 애독한 계몽주의자였으나, 이 그림을 통해 프랑스 혁명이 낳은 전쟁의 비참
함을 상징적으로 표현했다. 부르크하르트도 이 그림을 보았을 것이다.

| 옮긴이의 말 |

이 책『역사의 매력: 새로운 문화와 역사를 위해』는 Johan Huizinga, *Im Bann der Geschichte: Betrachtungen und Gestaltungen*, Akademische Verlagsanstalt Pantheon, 1942의 제1편 '역사의 이론과 방법'의 큰 제목 아래 담긴 여섯 편의 글과 요한 하위징아의 역사관 및 문화관을 이해하기 위한 핵심적인 논고로 간주되는 「역사 개념의 미적 요소」(1905), 「르네상스의 문제」(1920) 및 「문화사의 과제」(1926) 등 세 편의 글을 엮은 것으로, 내가 감히 '새로운 문화와 역사를 위해'라는 부제를 달았음을 밝힌다.

『중세의 가을』(*Herfsttij der Middeleeuwen*, 1919) 및 『호모 루덴스』(*Homo Ludens*, 1938)의 저자로 우리에게 낯설지 않은 하위징아는 『이탈리아 르네상스의 문화』(*Die Kultur der Renaissance in Italien*, 1860)를 저술한 야코프 부르크하르트와 더불어 사학사상(史學史上) 가장 특출한 문화사가(文化史家)로 꼽힌다.

하위징아와 부르크하르트는 그들의 저작에서 드러나듯이 주제의 선택이나 서술 방법, 역사, 문화관에서도 유사한 점이 많다. 그런데 부르크하르트가 역사나 문화에 관한 이론적 규명이나 사학사적 논의를 거의 외면한 반면, 하위징아는 강연이나 학술지를 통해 적극적으로 역사와 문화, 역사학과 문화사를 둘러싼 자신의 견해와 입장을 밝혔다.

『역사의 매력』에서 시사하듯이 역사와 문화를 둘러싼 이론적 규명은 다른 역사가들(이론사학의 연구자를 제외하고)의 경우와 달리 하위징아에게 하나의 소명(召命)과도 같은 과제로 여겨졌다. 레오폴트 폰 랑케는 『근세사의 제(諸) 시대』(*Über die Epochen der neueren Geschichte*)의 서론에서 오늘날에도 역사학도가 귀담아들을 만한 자신의 역사 서술의 방향이나 역사관들을 언급했다. 이 거장을 본받아 많은 역사가들이 저작과 논문의 머리말에서 관례처럼 자기의 역사 서술에 대한 입장을 언급한다. 그러나 저명한 역사가들은 주제 선택이나 역사 서술 자체를 통해 메시지처럼 자신의 역사관 내지 세계관을 시사하고 전하기 마련이다.

그렇다면 『중세의 가을』의 저자가 바람직한 역사-문화관에 대해 그처럼 체계적으로까지 정성을 다한 이유는 무엇일까. 하위징아에게서 그 이유는 명확하다. 이 책에 실린 글들을 통해 하위징아는 '르네상스'의 경우처럼 특정한 용어나 개념으로 시대구분을 일삼고 인간의 삶처럼 복잡 미묘하고 불확실한 역사의 세계를 교과서적으로 정의(定義)하고 재단하는 어리석음을 경고하는 등 역사 서술가나 독자가 명심할 사항들을 상기시키고 있다.

이제 우리는 하위징아의 저작들을 반듯하게 독해할 열쇠라고 할 『역사의 매력』을 저술한 그의 참뜻에 대해 생각해보자.

하위징아는 1941년 「19세기 중엽 이후 역사의 형태 변화」(이 책 117~35쪽)라는 글에서 전통적 역사학의 종말과 새로운 역사학의 도래를 예고했다. 그 배경으로 그는 정치의 이데올로기적 타락과 특히 날로 증대되는 경제의 우위를 지적했다. 그 바람직하지 못한 현상은 그에게 역사 세계에서의 '형태의 상실'로 나타났다.

하위징아에게 역사는 무엇보다도 '형태'(form)로서, 바로 보편적 정신 창조의 표출이며 상징인 형태로 부각되고 인식되었다. 그가 미적 요소를 역사의 본질로 중요시하고 역사를 이미지로, 서사시적·극적 이야기로 관조한 입장도 형태로서의 역사의 본질과 깊이 관련된다. 반 에이크의 그림에 감동하여 『중세의 가을』을 묘사하게 된 사실도 그로부터 연유되었다고 할 것이다. 그러나 하위징아에 따르면 고대나 중세와 달리 근대 이후의 역사는 형태 상실로 특징지어진다. 그 예로서 그는 프랑스 혁명과 달리 소비에트 혁명에서의 극적인 요소의 결핍을 지적한다.

특히 형태 상실 내지 그 변위(變位)는 남북전쟁 이후의 미국에서 두드러지게 드러난다. 조지 워싱턴, 토머스 제퍼슨, 앤드루 잭슨과 같은 뛰어난 인물의 이미지나 이야기로써 부각되는 건국 초기 미국의 역사는 바람직한 형태로 하위징아에게 깊은 인상을 남겼다. 그에 따르면 정치적 전환기에는 개별적 요소가, 즉 뛰어난 인물이 역사의 한복판에 극적으로 등장하는 데 비해 경제적 요인이 우세한 시대에는 집단적 요소가, 즉 대중이 역사의 무대에서 큰 역할을 한다. 그 결과 우리는 "극중 인물의 개개인의 형태"를 볼 수 없게 되고 "집단의식과 리얼리즘"에 파묻힌다. 하위징아에게서 아름다움과 이미지, 이야기의 상실은 바로 역사-문화의 일대 위기다.

미국풍의 프래그머티즘과 비즈니스 마인드의 범세계적 확산에 발맞추어 자연과학은 날로 기술 지향적이 되고 사회과학 또한 '경제'를 최대의 주제로 내걸게 되었다. 역사학도 그러한 메커니즘으로부터 자유로울 수 없었으니 많은 역사 논의에서 경제적 통계가 활개를 치게 되었다. 하위징아는 역사적 세계의 수량화는 역사를 특정한 개념, 일정한 이데올로기로써 개괄하고 재단하는 것과 마찬가지로 역사로부터 이야기와 그림, 상상력을 빼앗는 행위라고 우려했다.

우리는 하위징아의 그러한 두려움에 공감하면서도 하나의 의문을 제기하지 않을 수 없다.

하위징아는 몇몇 뛰어난 인물이 주도하는 역사를 높이 평가했다. 그는 프랑스 혁명에서 그리고 소비에트 혁명에서도 민중의 역할을 과소평가한 것일까. 한 세기 이전의 괴테처럼 민중운동에는 관심이 없었던 것일까. "역사학은 모든 교양인이 공유하는 역사적 문화에 근거한다"는 자신의 말 그대로 하위징아에게 문화란 바로 교양인의 문화를 뜻했다. 그렇다면 그가 간절히 바란 문화 공동체란 필경 대중 부재의 교양 공동체로서 머무는 것일까.

하위징아가 문화 중심의 역사관을 연이어 피력한 1930년대 유럽 역사학계는 백가쟁명(百家爭鳴)의 반체제적 성격을 기치처럼 내걸었다. 당시 하위징아도 역사의 문을 여는 새로운 열쇠로 경제학, 사회학, 인류학을 생각하고 그 모두가 역사학을 풍요롭게 한다고 인식했다. 그러면서도 그는 "순수 역사학적 방법은 이렇게 특수한 관점과 독립하여 보편적이며 전체적이어야 한다"고 역설했다. 그의 문화지상주의는 대중을 필경 교양 없는 집단으로 여긴다는 인상을 짙게 풍긴다.

대중은 1789년을 전후해 인민주권에 눈을 뜬 '인민'(peuple)이 되고 바야흐로 정치적 주체로서 역사에 등장했다. 그리고 이 인민대중은 근대적 국민국가의 형성과 더불어 정치·사회적 의무, 권리와 함께 문화적인 자산과 이념을 공유하는 국민 공동체의 구성원이었다. 하위징아는 문화의 기초 조건으로 정신적 가치와 물질적 가치의 균형을 역설하고 자기의 역사 연구가 원래 "사회적 혹은 정치적으로 모든 연관을 가지고 있고 이에 의존함"을 밝힌 바 있다. 그렇다면 국민 전체를 문화의 주체로 생각할 수 없었을까? 그는 교양-문화가 교양인과 교양 공동체에 의존함을 강조한다. 이때 '교양'이란 엘리트 계층이 전통적으로 누린 고대 그리스-로마풍의 후마니타스에 근거한 고전적 교양-문화였다.

1950년대에 이르러서도 엘리트와 대중은 확연히 구별되고 '대중'이라는 표현에는 모멸의 뉘앙스가 짙게 드리웠다. 그러나 그러한 대립 개념은 사실 일찍부터 의미를 상실한 편견에 다름 아니었다. 즉 출생과 가문의 권위가 신분 사회의 해체와 더불어 빛을 잃고 도시 상인의 아들들이 대학에서 전문교육을 받으면서, '재산과 교양'을 구비한 그들 부르주아지가 근대 시민사회의 최대 파워 집단이 되었다. '재산과 교양'이라고 표현하지만 사실은 '재산과 지성'의 시민계급이라고 칭하는 것이 더 적절하다고 본다.

19세기에도 교양은 고대 고전을 통한 학습, 몸가짐과 예절, 심미적 취향을 귀하게 여기는 영국의 젠틀맨이나 프랑스의 오네톰(honnête homme, 궁정풍 사교가), 즉 귀족이나 귀족의 후예들에게 남겨진 카리스마의 마지막 그림자로 여겨졌다. 그러나 교양은 그들의 독점물일 수 없었다. 지성과 교양은 서로 연관되고 그 차이는 본질적인 것이 아니었다. 더욱이 신분 상승의 길을 튼 고학력 경력을 맘껏 누린 상층 시민계급과 그들에 이어 국민 대다수가 속한 중산층까지도 교양을 추구하게 되었다. 오늘날 이른바 교양-문화와 대중문화(신문, 잡지, 영화, 방송 등)의 차별이 얼마나 설득력이 있을까. 옛 고전 중심의 교양의 반시대적 성격에 대한 반성은 19세기 말 이후 유럽에서 활발하게 일어났다. 그리고 오늘날 우리는 하위징아가 귀하게 여긴 고전적 교양과 함께 카를 마르크스와 알버트 아인슈타인, 발터 벤야민도 고전으로 가까이해야 하는 시대에 살고 있다. 이것이 바로 『역사의 매력』을 고전으로 평가하면서도 비판적으로 읽어야 할 이유다.

프리드리히 니체는 모든 책은 '거꾸로' 읽어야 한다고 말했다지만, 고정관념으로부터 벗어나 다양하게 해독되는 점 또한 반듯한 고전 읽기의 묘미가 아닌가 생각한다. 하위징아와 동시대인인 마르틴 하이데거는 '존재의 집'인 고향의 상실을 경고했고, 영국의 시인 T. S. 엘리엇은 『황무지』(1922)에서 유럽의 정신적 황폐를 반영하고 그로부터의 탈주 가능성을 암시했다. 그리고 테오도르 아도르노는 "아우슈비츠 이후 시인은 더 이상 장미를 노래할 수 없다"고 한탄했다. 하위징아는 스스로가 "초국가주의와 마르크스주의 이데올로기의 광풍"이라고 개탄한 1930년대에 『호모 루덴스』와 『역사의 매력』을 집필했다.

　이 『역사의 매력』 속에 우리는 하이데거나 엘리엇, 아도르노와 비슷한 하위징아의 고뇌와 그로부터의 치유의 소리를, 유럽과 교양-문화의 재생이라는 자아 탐구의 절실한 바람을 듣는다. 치유로서의 문화, 문화란 무엇인가? 인간이란 무엇인가? 이 하위징아의 물음은 오늘날 육영 산업, 출판 산업, 문화 산업이라고 하면서 만사를 시장 논리로 헤아리는 이 땅의 우리에게 절실한 관심사가 아닐 수 없다. 우리 모두가 하위징아에게 귀 기울여야 할 이유다.

* * *

　사족(蛇足) 한마디. 대체로 정치사학이 주류를 차지한 1950년대 초 대학의 역사학과에 진학한 나는 역사학 전공에 적잖은 회의를 느꼈다. 그러다가 대학 3학년 때 고서점에서 우연히 부르크하르트의 『이탈리아 르네상스의 문화』 독일어판 호화본을 발견하고 낮과 밤을 가리지 않고 탐독했다. 그리고 얼마 뒤 하위징아의 일본어판 『중세의 가을』도 내 책상에 놓았다. 참으로 흥미진진하고 고혹적인 세계였다. 역사학을 전공하면서 부르크하르트와 하위징아를 본받을 수 있다면 일생 보람이 있으리라고 다짐하며 대학원에 진학했다. 그런데 지도 교수였던 K 교수는 나의 관념적 심성을 지적하는 것과 아울러 역사가는 리얼리스트가 되어야 한다면서 비스마르크 연구를 권하셨다. 부르크하르트와 하위징아의 매력에 끌려 역사학에 인도된 나로서는 K 교수의 제안을 거역할 수밖에 없었다. 『역사의 매력』을 번역하는 보람 있는 나날 속에서 떠오른 지난날의 사사로운 에피소드다. 마지막으로 이 책의 출간에 성심성의를 다한 이승우 기획실장과 편집을 맡아 수고해준 권나명 씨 그리고 이번에도 원고 정리 등 여러 가지 수고를 아끼지 않은 김지연 씨에게 감사드린다. 동서고금의 고전과 차차 그 반열에 오를 책들만 엄선하여 출간에 힘쓰는 도서출판 길에도 경의를 표한다.

2013년 봄을 맞으면서
분당 문구방(文丘房)에서
이광주

차 례

제1부

역사의 이론과 방법

근대과학으로서의 역사 발전에 관한 네 개의 장

역사 개념의 정의

19세기 중엽 이후 역사의 형태 변화

근대과학으로서의
역사 발전에 관한 네 개의 장

1. 18세기 이후의 역사학의 진전

1934년 산탄데르(Santander)에서 열린 국제 하계대학의 개강에 맞춰 채택된 토론 제목은 적절했다. 20세기의 3분의 1이 지났다. 지난 수십 년 동안의 이해득실을 계산하는 것은 가령 그것이 잠시만 통용된다 하더라도 문화생활의 진행 속도로 보아 충분히 받아들일 수 있지 않을까. 초청된 여러 국적의 사람들이 학문의 모든 주요 분야와 오늘날 사회생활의 모든 영역의 지배적인 흐름에 관해 피력했다. 역사학에는 네 가지 강연이 할당되었다. 즉 역사의 성격과 가치에 관해서였는데, 시대가 역사의 노력을 어느 정도 결정할까 하는 물음과 함께 역사가 다른 여러 학문의 계열에서 차지하는 위상과 이 시대 삶의 역사적 의의에 관해 언급하게 되었다.

이 주제는 바로 두 가지 문제로 귀결되었다. 첫째는 역사학이 어떻게 지금의 역사학이 되었을까 그리고 어떤 변화를 이루었는가다. 두 번째는 역사학의 기능과 사회에 대한 작용에 관한 것이다. 두 문제 모두 현재에 선행한 것과 대비함으로써 역사 인식의 초기 단계 및 문화와의 비교를 통해 가장 잘 이해할 수 있다. 우리는 이들 문제를 논하기 위해 근대과학에까지 이른 역사의 진보에 관해 잠시 살펴보고자 하며, 우선 일반적 방식의 두 가지 유의점을 언급하고자 한다.

첫 번째는 다음과 같은 내용이다. 즉 역사학은 모든 학문 가운데서 가장 독립적이지 못하다. 역사학의 이념을 형성하려면 그 기준을 정하고 그 배경을 채우기 위해서 다른 인식 영역의 도움과 뒷받침이 다른 학문보다 언제나 더 많이 필요하다. 신학, 법학, 민족학, 언어학, 국민경제학, 사회학 등의 도움과 뒷받침이 필요하다는 말이다. 이 모든 것은 보조 학문으로서 역사적 이해를 밀접하게 뒷받침하는 데 이용될 수 있다. 그러나 역사 인식의 이러한 의존성은 더욱더 심화된다. 역사는 단지 다른 학문들뿐만 아니라 문화와 삶 자체에 늘 의존하기 마련이다. 문화의 풍요로움과 방향은 모든 시대에서 그 문화의 역사적 창출의 성격과 가치를 규정짓는다. 역사를 관찰하는 개인의 인격과 삶의 지혜는 그의 역사 인식능력을 좌우하기도 한다. 같은 시대를 살았던 역사 사상가이자 진정한 의미에서 위대한 인물이며 현자인 세 사람 토머스 칼라일(Thomas Carlyle), 레오폴트 폰 랑케(Leopold von Ranke) 및 쥘 미슐레(Jules Michelet)를 생각해보자. 그런데 그들의 관찰 방법과 표현의 반응은 그 차이가 얼마나 컸던가.

문화의 모든 성과, 모든 정신 운동 그리고 모든 사회문제가 역사 전체의 평가를 바꾼다.

역사를 특징짓는 이와 같은 지나친 의존성의 원인은 무엇일까. 역사가 이처럼 많은 다른 지식 영역을 늘 필요로 하고 그럼으로써 자기의 방향을 설정하며 그에 기대어 전개됨은 무슨 까닭일까?

그것은 역사가 모든 학문 가운데서 인간의 삶에 가장 가깝기 때문이다. 역사의 물음과 답변은 개인과 공동체에 대하여 삶 자체로부터 제기되기 때문이다. 개인의 삶, 공동체의 생활에 관한 지식은 무의식중에 역사로 옮겨지기 때문이다. 만약 누군가 나에게 어느 정도의 대사건을 체험하고 있다고 혹은 어느 정도의 대단한 인물을 알고 있다고 말할 때 그는 역사적 인식에 형태를 부여한다고 할 수 있다. 역사의 대상은 인간 사회 그 자체의 대상이다. 즉 사건, 상황, 관련성이다. 그러나 이 모든 현상은 (역사의) 대상으로서 다른 어느 학문의 대상보다 더욱더 광대하고 복잡하고 분산되어 있다. 앞에서 지적한 바와 같이 인간의 삶과 뗄 수 없는 결합에 역사의 약점과 강점이 존재한다. 이 결합은 역사의 기준을 끝없이 변화시키고 역사의 확실성을 위태롭게 한다. 그러나 인간 삶과의 접목은 역사에 보편성과 의의 및 성실성을 부여한다. 역사는 때로 학문보다 저평가되기도 한다. 그 까닭은 역사 인식의 엄밀한 정신성은 협소한 한계를 지니기 때문이다. 역사는 학문 이상의 것이다. 왜냐하면 그것은 특수한 지적 관심의 지평을 초월한 요구를 받아들이기 때문이다. 역사는 삶에 부여하는 가치를 인생 자체와 떼어놓을 수 없는 결합에서 퍼올린다.

역사학의 진전에 관해 살펴보기에 앞서 말하고 싶은 두 번째 유의점은 첫 번째 사항으로부터 파생된 것으로서 다음과 같다. 즉 역사학은 학교의 산물이 아니라는 사실 혹은 제한된 정도로만 학교의 산물이라는 사실이다.[1] 역사는 도처에서 언제나 문화 그 자체에서 나타난다. 문화의 정신적 중심이 있는 곳에서 그 문화에 고유한 역사적 인식이 성립된다. 그 중심은 궁정이나 신전에도 올림픽 같은 큰 경기에도, 아고라나 포럼에도, 수도원이나 군영(軍營)에도, 각료회의나 신문사에도 존재한다. 수없이 많은 위대하고 유명한 역사 서술가가 정치가, 성직자, 재판관 혹은 시인으로서 자신들의 민족과 시대의 삶 한복판에 있었음은 주목할 만하다. 그들이 학교 교사인 경우는 드물었다. 역사와의 관련은 그것이 수동적 방법이건 생산적 방법이건 언제나 모두에게 가능하다. 그리고 그것을

---

1) 이에 대해서는 나의 글, *Wege der Kulturgeschichte*, p. 33ff. 참조.

위한 특별한 학문적 예비지식은 거의 필요치 않다. 역사는 그와 관련되고자 하는 애호가에게 문을 활짝 연다. 역사 서술가가 관직이나 공공 생활로부터 널리 배출되는 나라는 행복한 나라라고 찬양할 만하다.

역사만큼 그 진전을 대학으로부터 적게 혜택받는 학문은 없을 것이다. 고대 후기에 세련된 교육체계가 형성되었고 그것은 7개의 자유학예(artes liberales)로서 중세 전체와 근대의 적지 않은 부분을 지배했다. 그런데 역사(Historia)는 이 자유 7과에 포함되지 않았다. 근대 학문의 대부분은 학예의 건물을 뒤덮고 있는 신학, 법학, 의학이라는 세 가지 중요한 연구의 전문화 혹은 분립으로 형성되거나 3학과나 4학과에 포함된 이들 학예(artes) 그 자체로부터 형성된 것이다.[2] 그런데 역사에 관한 한 이것은 극히 제한된 정도였다고만 말할 수 있다. 역사의 소재는 수사학의 한 장(章)을 이루며 신학과 법학의 연구에 때때로 이용되었다. 그리고 역사는 어느 학부에서도 학문적으로 취급되지 못했다. 그것은 처음부터 이미 나와 있었던 소재이며 그 대부분은 성서와 고전 작품으로부터 파생되었다. 또한 낭독과 도덕적 관찰에 도움이 되었으나 연구나 비판의 대상은 아니었다. 그것은 스콜라학의 방법과 삼단논법에 맞지 않았다. 역사는 대학에서 웅변과 시의 부속물, 유용한 선례, 교양의 장식에 머물렀다.

19세기에 이르러 비로소 역사의 과제가 극히 변질되었다. 18세기 동안 학문이 서서히 문화와 삶을 구성하는 불가결한 요소가 되었다. 비판적 역사 연구에 대한 요구가 더욱 엄밀하게 제시되었다. 그리고 역사학은 이 발전을 받아들였다. 17세기에 일반적 관심이 전적으로 자연과학에 쏠렸

----

2) 이 체계에서는 공직을 지닌 교양 있고 능력 있는 로마인이 필요로 한 기예(技藝)를 알 수 있다. 3학과는 문법과 수사와 변증법, 즉 언어 지식과 변론술과 담론의 재능을 포함했다. 그것은 포럼(forum, 토론의 장)에서 필요한 기예였다. 4학과는 산술, 기하, 천문, 음악으로 이루어졌다. 이 가운데 처음 셋은 본래 전원생활의 필요에서 채택된 것이며, 음악은 실제의 음악이 아니라 (기독교의) 전례(典禮)의 의미로 이해되어야 한다.

을 때[3] 역사학도 두 가지 관점에서 진전되었다.

프랑스의 베네딕트파는 엄밀하고 정확한 사료 비판 방법, 고풍스러우면서도 전문적인 학술 방법을 정립했다. 그런데 그에 관해서 교양 있는 일반 독자는 아무것도 몰랐으며 훗날 볼테르(Voltaire)는 참으로 부당하게도 그것을 경멸하고 불신했다. 베네딕트파의 지극히 방대한 저작의 일부는 오늘날 역사 연구의 일반적 도구로 이용되고 있다. 그러한 역사적 활동이 배타적일수록 사람들은 더욱더 쉽게 피상적이면서도 회의적이며 파괴적인 비판에 지배되었다. 바야흐로 계몽주의가 나타나기 시작할 무렵 이러한 비판은 피에르 벨(Pierre Bayle)이나 그와 같은 성향의 사람들을 통해 어떠한 검증도 없이 받아들여진 지난날의 세계사관을 흔들었다. 이러한 부정적인 충격은 역사학을 진전시키기보다 오히려 가로막았다. 그리고 그 손실이 보상되고 메워지는 계기는 몽테스키외(Montesquieu)와 볼테르가 적극적으로 새로운 관점에 기초하여 역사학을 위한 테두리를 만들면서부터였다. 물론 그들이 이 테두리를 순수한 학문으로 채우지는 못했다. 그러나 사람들은 『법의 정신』(Esprit des lois)과 『풍속에 관한 시론』(Essai sur les mœurs)에 의해 역사를 거대한 관련 속에서 관찰하는 것을 배웠다. 역사는 더 이상 교회와 구원이라는 교리에 의해 결정되는 것으로 여겨지지 않고 오히려 변화하면서도 법칙에 따라 움직이는 국민과 국가의 생활로 여겨졌다. 새로이 태동한 낭만주의는 역사학에 대해 다른 새로운 방식의 이익을 도모했다. 새로운 고전주의에 열중한 18세기에는 또한 기사도와 고딕을 통해 오랫동안 가벼이 여겨졌던 중세가 재발견되었다. 낭만주의적 의식은 단지 역사적 정신 태도의 부활을 의미할 뿐만 아니라 지난날에는 결여되었던 요소, 즉 과거 자체에 대한 강한 애정 및

---

3) 나의 연구, "Natuurbeeld en Historiebeeld in de 18e eeuw", *Neophilologus*, Nr. 1, 1934. 참조. 수학과 천문학을 제외하면 자연과학은 주로 의학부의 비호 아래 발전했다.

지난날과 접촉하고자 하는 감성적인 그리움을 낳았다. 그리고 그간의 고문서에 근거한 사료 비판이 전적으로 정당한 것으로 널리 인식되었다. 그러므로 사람들은 세 가지 가능성을 새로이 획득했다. 즉 엄밀히 검증된 것만 진리로 받아들이는 비판적 감각, 다양한 관련성을 조망할 수 있는, 지난날에는 상상하지도 못했던 넓은 관점과 판단 그리고 과거의 모습에 시적인 필치를 부여하는 표현 능력의 강화가 그것이다. 이 세 가지 가능성에 의해 역사에 대한 인식이 성숙하여 역사는 근대 학문의 요구를 충족할 수 있게 되었다.

그러나 역사는 그 요구들을 전적으로 새로운 종류의 기술적·물질적 조건 아래에서만 철저하게 이룩할 수 있었다. 바람직한 역사학은 서고나 사료의 출판물, 이용할 수 있는 문고(文庫) 등의 시설과 함께 발견될 수 있고, 그 방법론적으로 비판적인 교육은 이제 대학에서 혹은 대학과의 밀접한 관련 속에서만 발견될 수 있었다. 그러므로 역사는 대체로 19세기 초에 이르러 학교의 학문이 될 운명에 놓였다. 이후 역사가를 기르는 가장 풍요로운 터전은 대학이 되었다. 이러한 성과를 처음으로 그리고 가장 완벽하게 낳은 영예는 독일에 돌려야 할 것이다. 나는 역사 방법을 성취하고 역사적 물음과 사상을 형성하고 중요한 역사 사상가를 배출하는 데 19세기 독일이 가장 크게 이바지했다고 생각한다. 이 점에 있어 대다수의 나라들은 곧바로 혹은 뒤늦게 독일의 뒤를 따랐다.

나는 어느새 우리 역사학의 역사적 발전을 개관하게 되었는데 이제 일반적인 관찰로 되돌아가보자. 학교로 향한 역사학의 변화는 문화적인 삶과의 직접적인 접촉을 포기한 것일까? 우리가 그것을 확인해야 한다면 이는 참으로 슬픈 일일 것이다. 국민, 문화, 국제적인 문화와의 활발한 관련을 상실하고 교양 있는 공중(公衆)으로부터 생생한 관심을 받지 못하는 역사는 건전하다고 할 수 없다. 그 결함은 역사 자체에도 있을 수 있다. 그리고 그 결함이 문화생활 자체의 퇴화에 기인할 수도 있다. 마침내는 이 두 가지 원인이 동시에 존재할 수도 있다. 이러한 문제에 대한 판단은 우리 시대 역사학의 기능에 관해 논할 제4장의 문제로서 유보하고자 한다. 그러나 여기서 우선 19세기 역사학의 발전 추이를 살펴보자.

우리는 이 발전을 우선 외면적이고 기술적인 측면에서 관찰하고자 한다. 19세기에 학문으로서의 역사의 적극적인 진전은, 첫째로 그 방법론이 완성되고 정밀해진 것이며, 두 번째는 사료가 풍부해진 것, 세 번째는 그 영역이 광범위해진 점이다.

(1) 방법론의 완성에 관한 한 역사는 문헌학으로부터 분리할 수 없다. 이것은 고대에 관한 지식에서 특히 그러하다. 그리스, 로마의 고대상(古代像)은 실제로 중세 말 이래 정신문화의 모든 시기에 되풀이되어 새로이 형성되어왔다. 처음에 이 인문주의자들은 새로이 발견된 사료에 크게 기뻐하고 그리스 문화를 재수용했음을 자랑하면서 옛 언어와 원전(原典)의 순수성에 전적인 정열을 불태우고 고대를 본받아야 한다는 굳은 신념으로 고대상을 창출했다. 그 고대상은 세계를 빛내고 예술과 사상에 영혼을 불어넣었다. 이미 바로크 시대(17세기)에는 고대를 (르네상스 시대와는) 달리 보았다. 그리고 18세기가 끝나기 전 요한 빙켈만(Johann Winckelmann)과 괴테의 신고전주의에서 고대관은 전적으로 새로운 형식과 색채를 띠게 되었다. 고대에 관한 이미지에서는 문학과 더불어 조형예술이 더욱더 중요한 위상을 차지하게 되었다. 그러나 19세기에 이르러 비로소 거대한 방법론적 혁신과 완성이 이루어졌다. 즉 문학적인 전승을 문헌학적·역사적으로 연구함과 동시에 비명학(碑銘學)과 고고학이 인식 수단으로 이용되었다. 지난날에는 볼 수 없었던 두 학문 분야, 즉 종교학과 사회학의 영향 아래 역사 인식이 심화되었다. 그러나 그에 관해서 여기에서는 더 깊이 들어가지 않겠다.

중세를 둘러싼 학술 연구는 1800년 이후에야 비로소 진정 활발해졌다. 그것은 처음부터 역사적·문헌학적 방법과 고고학적 방법의 결합에서 크게 혜택을 받았으나, 그 결합은 고전 고대의 연구에 의해 발전했다. 중세 연구의 경우 우선 사료의 비판적 간행이 불가결했다. 그 가운데 약간은 불충분하나마 낡은 판본으로 일반적으로 이용된 것이었으나 그 대부분은 지난날에는 알려지지 않았던 것들이었다. 중세사 연구의 규범을 이룩한 위대한 공방(工房)은 게르마니아 모누멘타(Germaniae Monumenta, 게르마니아 고기념물)의 발간에 의해 형성되었으며, 그것은 나폴레옹 시대가 종말을 고한 뒤에 조직된 것이었다. 그러나 중세의 인식을 위해서는 연보(年譜)나 연대기보다도 비할 바 없이 대단한 고문서 검증이 더욱더 큰 성과를 약속했다. 17세기의 예비 작업의 토대 위에 고문서학, 연대학, 고서체학(古書體學)이 엄밀한 비판의 방법을 완성했으며, 그것은 역사가에게 불가결한 것이었다.

근대사를 위해서는 특히 문서고(Archive)의 이용이 고도로 엄밀한 방법(론)을 가능케 했다. 그럼으로써 역사 서술의 확실성과 신뢰 그리고 동시에 다양성이 크게 향상되었다.

그렇듯 역사가의 방법론적·비판적 작업이 극히 심화된 사실은 많은 효능과 더불어 미래에 대한 위험도 잉태했다.[4] 즉 세세한 역사 연구와 분석적인 전문 논문에 때때로 지나치게 집착하게 되고 그 경우 역사 서술과 전체적 처리가 소홀해졌다. 이제 사람들은 어떠한 경우에도 원사료에 충실할 것을 강조했다. 이러한 요구는 그 자체로는 유용하다 하더라도, 필경 사료를 간행해 헛되이 쌓아 올릴 뿐 이들 사료를 연구하고자 하지 않고 중요한 것과 세세한 것을 충분히 구별하지도 않았다. 그리고 양심적 비판 또한 비판을 위한 비판에 빠지기 쉽고, 그러한 지나친 비판은 전적으로 확정된 성과에 지나치게 관심을 기울이는 까닭에 오히려 역사의 확실성에 관한 적절한 규범을 버리게 되었다. 그 결과 드러난 피해가 실제

---

4) *Wege der Kulturgeschichte*, p. 12ff. 참조.

로 어느 정도일까 하는 문제에 관해서는 뒤에서 다시 한 번 생각해보자.

(2) 방법(론)이 엄밀해지면서 사료가 풍부해졌다. 이미 언급한 대로 간행물이나 문서고에서 이용할 수 있게 된 풍요롭고 새로운 사료와 비문(碑文)이나 (역사적) 대상의 무궁무진한 발굴은 역사의 영역을 무한히 확대했다. 그러나 거기서 멈추지 않았다. 사료의 풍요로움은 이제까지 불충분하게만 알려졌던 문화, 예를 들어 고대 인도, 이집트, 중동 문화의 수수께끼를 해독하게 만들었다. 바빌로니아와 아시리아는 구약성서의 희미한 빛 속에서 부각되었다. 그리고 그 뒤 그보다 더 앞선 옛 시대 사람들에 관해서도 알려지게 되었다. 동아시아와 그 비밀은 이미 유럽 사람들을 이끌어왔으나 그 동아시아가 역사 연구의 분야로 채택되었던 것이다. 단 하나의 제한된 영역, 고대 이집트의 폐광(廢鑛)이 전적으로 새로운 학문 분야, 즉 파피루스학의 성립을 도왔다.

(3) 사료의 풍부함과 역사 영역의 확대는 원래 결부된 것이었다. 그러나 역사 영역의 확대는 관점을 예리하게 하고 역사에 대한 관심을 심화했다. 학문적인 진화 과정은 밖으로 확산되는 동시에 내면화되었다.

19세기의 역사적 업적을 전체로서 개괄할 때 그것을 세 부분으로 구분할 수 있다. 그러나 그것은 극히 애매한 상태 및 관점으로 파악해야 하며 그것들을 33년(한 세대)으로 이루어진 세 시기와 결부시켜서는 결코 안 된다. 첫 번째 상태에서는 아직도 주로 정치사가 중요시되고 있다. 그렇다고 하더라고 그와 더불어 이미 다른 많은 문제가 태동하고 있다. 19세기 초 유럽 역사학의 가장 대표적인 인물들은 국가의 역사를 쓰고 있다. 나는 랑케, 토머스 매콜리(Thomas Macaulay), 시몽드 드 시스몽디(Simonde de Sismondi), 루이 티에르(Louis Thiers) 및 알렉시스 드 토크빌(Alexis de Tocqueville)을 말하는 것이다. 그러나 그들의 정치적인 입장은 칼라일과 미슐레에게서는 적잖이 약화되었다. 앞서 열거한 역사가들은 정치사의 모티프를 주로 정치 영역 자체 속에서, 즉 외교문서, 국가 간조약, 의회의 논의, 여론에서 찾았다. 그들은 그 성과를 대체로 이야기 형식으로 서술하고 있다. 그들 역사가의 저술에서는 역사적 사실을 원칙으로 환원하고 있으며, 역사의 체계화는 극히 사소하게 기능하고 있다. 역사적 사건과 상태를 이야기할 때 그들은 품위 있게 그리고 엄격히 시대순으로 서술하여 마치 드라마 이론에서 지적하는 통일로써 총괄된 듯하다. 19세기를 통틀어 대단히 뛰어난 그리고 아마도 최고의 역사 서술은 그것을 따르고 있다.

두 번째 국면은 본질적으로 잠재적인 성격의 것이므로 역사 기술이 실제로 형태 변화를 일으켰다고 할 수 없을 것이다. 이 상태에서의 변화는 오히려 철학으로부터 역사에 제기된 요구에 관한 것으로서, 역사상(歷史像)의 새로운 창출을 통해 이 요구 자체를 실현했다고 할 수는 없다.

이제 큰 문제는 다음과 같다. 즉 인간 역사의 일반적인 관련은 어디에 존재할까. 인간 역사의 핵심과 본질적 의미는 무엇일까. 이 국면에서는 기초와 도식에 대한 추구가 문제였다. 요한 고트프리트 헤르더(Johann Gottfried Herder)는 이미 18세기에 이 문제에 관해 다음과 같이 답했다. 즉 역사 과정은 신이 인류를 인간적으로 교육하는 것이라고. 헤르더의 교설(教說)에서는 합리주의의 낙관론이나 인간에 대한 사랑이 낭만주의의 태동에 의해 확대·심화된 역사적 의식이나 감정과 하나가 되고 있다. 그러한 국면에서는 자생적인 민족정신이나 역사적으로 생겨난 것들이 있는 그대로 숭배된다. 역사의 '유기적인' 구성이라는 풍요로우면서도 위험한 개념이 나타난다.

빌헬름 폰 훔볼트(Wilhelm von Humboldt)가 앞의 헤르더 이론의 중점을 역사적 과정 자체의 경험적 인식으로 옮긴 데 대해 헤겔은 그것을 엄밀하게 철학적으로, 역사는 세계정신이 자유를 향해 스스로를 실현하는 것이라고 주장했다. 랑케는 역사학의 과제로서 처음에 훔볼트를 따랐지만 훔볼트의 이념에 형태를 부여했다. 헤겔의 이론은 역사 자체에 대해서는 거의 도움이 되지 않았다. 그것은 역사 위를 철학적인 넓이로 떠돌 뿐이었다.

그간 처음에 마르퀴 드 콩도르세(Marquis de Condorcet)에 의해 진행된 프랑스 합리주의의 움직임은 오귀스트 콩트(Auguste Comte)에 의해 다시 채택되었다. 사회와 문화에 관한 반세기에 걸친 학문적 인식, 특히 국민경제학의 풍요로운 전개를 기초로 하여 콩트는 자신의 체계를 이룩했다. 그것은 몽테스키외부터 콩도르세에 이르는 사상가들의 체계보다 본질적으로 더욱더 광범위하고 견고하게 형성되었다. 콩트는 사회적인 힘, '사회적 역학'의 이론을 구축했다. 그는 인간 집단을 결정하는 요소를 인종과 환경으로 믿었다. 그러나 이 경우 프랑스의 저술가들은 '인종' (race)을 거의 인종학적 의미에서 이해하지 않았다. 그들에게 그것은 민족 (volk) 이상의 것을 의미하지는 않았다. 처음에 인간은 전적으로 충동적 작용에 의해 지배된다. 그러나 지능의 요소는(우리는 거기에서 이전 시대에 쓰인 이성이라는 개념의 새로운 형태를 볼 수 있다) 인간적인 문화 상태에 작용하고 충동적 감정과 그로 인해 생겨난 그릇된 관념을 억제한다. 그러므로 인류는 신학적·형이상학적인 사고 단계를 하나하나 지나서 마지막으로 지능에 의해 과학적 혹은 실증적인 사고로 인도된다. 콩트의 인식에 따르면 이 마지막 단계, 즉 실증적인 사고는 진정한 인식의 유일하고도 순수한 원천이다.

그러나 콩트의 체계는 그 성격상 역사보다 오히려 사회학으로 인도되었다. 콩트의 체계를 역사 서술에 적용하고자 한 헨리 토머스 버클 (Henry Thomas Buckle)의 시도는 콩트의 사상을 일면적으로 협소화하는 것을 의미하며, 그 위에 토르소로서 머물렀다. 훨씬 뒤에 비로소 콩트의 이론은 다시 한 번 역사 서술로 시험되었다. 역사의 기초에 관한 고찰은 앞서 말한 대로 역사 학문 자체에 대해서는 대체로 잠재적 가치를 지녔다. 그럼에도 불구하고 이러한 철학적 고찰은 역사에 대해 분명히 중요한 의미를 지니게 되었다. 그것은 문화사를 역사학 가운데서도 가장 폭넓고 보편적인 영역으로, 역사의 전면으로 강하게 밀어붙였다. 그 밖에도 그것은 적절한 시기에 특수한 것에 대한 비판에 파묻힌 나머지 거대한 연관을 둘러싼 이해에 대한 요구를 역사가 망각해서는 안 된다고 상기시켰다.

이제부터 내가 말하고자 하는 세 번째 국면 또한 제1, 제2의 국면에 이어지는 장면이 아니라, 새로운 이념으로서 앞선 국면들과 겹친다. 역사의 신(神) 클리오(Klio)는 참으로 많은 손자들이 자기 집에서 성장하는 장면을 보았다. 나는 여기에서 전문적인 연구 분야, 그 본질은 역사적이면서 역사 자체와는 합쳐지지 않은 것들을 떠올리고 있는 것이다. 우선은 예술사, 문학사, 법률사, 국가사, 경제사, 선사시대사 등 역사 자체의 부분을 의미한다. 그런데 종교학, 역사언어학과 비교언어학, 민족학, 지리학, 심리학 및 민족경제학 같은 자주적 분야 또한 이에 속한다. 기계공업의 세기, 기술적으로 더욱더 완벽을 기하는 교통의 세기, 발전하는 자본주의와 끊임없이 압박하는 사회적 문제의 세기는 랑케나 매콜리가 거의 문제시하지 않았던 문제들 그리고 적어도 그들의 시신(詩神)을 향해 "그대와도 관련이 있노라"(Tua res agitur)라고 협박하듯이 호소하지는 않은 문제들을 제공한 것이다.

학문의 관점에서 문화사가 시대의 요구라는 점은 당연하다. 그러나 이 시대 자체로서는 오히려 낡고 태연한 자주적인 정치사를 대신하여 경제사, 사회사를 우선순위에 놓으려 했던 것일까. 특히 대표적인 사회주의 사상가들은 그렇게 여겼다. 사실 카를 마르크스는 역사를 총체적으로 이해하기 위해 새로운 열쇠를 주머니에 지니고 다녔다. 계급투쟁 사상과 역사적 유물론이 그것이다.

그런데 주목할 만한 사건이 일어났다. 마르크스와 프리드리히 엥겔스의 역사적 유물론이 형성된 그 무렵 자연과학 분야에서 하나의 이론이

제시되어 역사에서의 효력 여부를 역사적 유물론과 같은 수준에서 요구했다. 이 이론이란 다윈주의, 즉 '종의 발견'에 관한 학설이다.

그러나 우리가 19세기 후반 역사 서술의 업적을 전체적으로 개괄할 때 다윈주의의 형태를 지닌 발전 개념이나 계급투쟁 개념으로부터도 뚜렷한 영향을 받고 있지 않은 듯 여겨진다. 역사는 도식과 체계에 대해서 지극히 냉담한 태도를 취하며, 그것이 어떻게 자신의 길을 걸어갈지 우리는 되풀이하여 볼 것이다. 물론 그렇더라도 한 시대의 지배적 이념이 역사 사상에 어떤 영향을 주는가 하는 연구가 유용함은 결코 부인할 수 없다. "생존경쟁, 자연도태, 적자생존, 환경 순응" 같은 다윈주의의 상투적 용어는 역사 이해에 별로 도움이 되지 않았다. 다윈주의는 가령 사람들이 그 공리(公理)를 역사에서 찾고자 노력했더라도 결국 생물학이었다. 그러나 보편적인 발전 개념이 역사에서 아직도 중요한 위상을 지니지 못한다고 말해서는 안 된다. 진화의 개념이 역사적 이해 일반에 대해 지닌 가치에 관해서는 또한 뒤에서 언급할 것이다.

진보와 발전이라는 두 가지 개념은 일치할까? 이 물음에 대해 아니라고 답해야 할 것이다. 진보라는 단순한 개념은 단지 상태의 시간적 연속을 전제로 할 뿐이며, 이때 뒤의 상태는 앞의 것보다 언제나 높은 가치를 지닌다. 이미 스콜라학에서 낮은 것으로부터 높은 것으로 서서히 상승하는 이러한 진보의 가능성이 주목받았다. 르네상스 때는 재발견된 고대의 지식과 아름다움에 열광하여 그러한 상승을 인류의 삶에서 체험할 수 있다고 확신했다. 그러나 르네상스 때는 그것을 걸음으로, 갑작스러운 각성으로 보았으며 느긋한 전개로 이해하지 않았다. 계몽주의에서는 이미 인류의 끊임없는 진보가 확신을 얻었다. 19세기 내내 기술적·학문적으로 큰 성취가 있었고 진보는 세계의 보편적 과정이라는 확고한 신념을 지니게 되었다.

진보의 이념은 그 과정을 자연의 유기적인 발전에 견주어볼 때 더욱 깊은 내용을 지닌 듯 여겨졌다. 그러나 이러한 이미지 개념으로부터 역사는 파생되지 않았다. 인간의 모든 투쟁에 관해 다음과 같이 말하는 것은 쉬운 일이다. "생존을 위해 투쟁을, 적자생존을." 모든 문화에 대해서도 마찬가지로 말한다. "사람은 환경에 순응한다"고. 그러나 이렇게 집착한들 진정한 역사 인식에는 도움이 되지 않는다. 다원주의의 상투적 표현에서는 역사 이해를 위한 중요한 의미를 찾아볼 수 없다. 즉 국가, 민족, 공동체, 제도, 종교, 예술, 사상은 유기체와 마찬가지로 근원적으로 주어진 경향으로부터 환경과 상황에 따라 처음 미개 상태에서 고도의 완벽함으로 상승한다고 일컬어졌다. 이러한 견해가 역사 과정에 고도로 숙명적인 성격을 부여함은 불가피했다. 그것은 동시에 특수한 사건이나 중요 인물에게 주어진 관심을 큰 흐름과 대중의 생활로 바꾸어야 했다. 그렇게 해야만 발전의 관념이 그대로 적용되었던 것이다. 이러한 역사 발전 과정에 관한 정확한 지각이 불충분할 수밖에 없음을 사람들은 간과했다. 왜냐하면 발전이 이루어지고 있다는 역사적 연관은 결코 다른 것과 완전히 떼어놓을 수 없으며, 발전 과정의 경과가 표현되고 있는 작용은 불변의 것이 아니기 때문이다. 그러나 이제 발전은 이 시대의 모토가 되었으므로, 역사학 이론은 에른스트 베른하임(Ernst Bernheim)에 의해 밝혀졌듯이 역사가 이제 진정 발전사가 되었다는 이유만으로 역사학이 근대적인 완벽한 학문이라고 증명할 수 있다고 믿게 되었다.

진보, 발전 및 보다 완벽치 못한 것과 완벽한 것 간의 시간적인 연속성, 이 모든 것은 근본적으로 세계에서 일어나는 일들을 종말론에 따라 파악할 수 있다는 옛 요구가 아니었던가. 이러한 요구는 원래부터 문화의 정신을 지배했다. 이미 고대 말기에 네 세계 제국, 즉 아시리아, 페르시아, 마케도니아, 로마의 도식(圖式)이 만들어지고 그것이 저마다 앞선 것보다, 그들에 의해 정복된 것보다 강대해지고, 저마다 몰락할 운명에 놓여 있다고 여겨졌다. 이어서 아우구스티누스가 이 관념에 기초하여 『신국론』(De Civitate)에서 시간의 경과에 관해 대단한 관념을 설정했다. 그에 따르면 원죄(原罪)에 그 기원을 둔 지상의 나라의 마지막 모습은 로마 제국에서 드러난다. 시간의 종말이 가까워진다. 이스라엘은 신의 나라에 선행한 그림자였다. 이스라엘의 뒤를 잇고 더욱 승화된 형태와 힘을 지닌 것이 교회다. 그러나 지상의 나라는 자신에게 남겨진 짧은 기간 교회를 섬기면서 스스로 정화될 수 있었다.

　기독교의 구원의 교리는 모든 인류의 역사가 종말까지 단 하나의 동일한 과정을 밟는다는 관념을 받아들였다. 그러나 역사 과정에 관해서는 다른 관념도 생각할 수 있었다. 그것은 상승, 번영, 쇠퇴, 몰락이라는 주기적인 반복의 형태를 취한 순환 사상이다. 즉 작은 규모로는 혈족, 민족, 국가가, 규모가 큰 것으로는 세계 주기(週期)와 영겁이 영원히 되풀이되는 원을 그리며 교체된다. 예부터 오리엔트 문화는 이러한 생각에 기울었다. 고대 말기에는 스토아 학파가 그러했으며 니콜로 마키아벨리(Niccolò Machiavelli)는 스토아 학파의 영향을 받아 그렇게 생각했다. 그것은 잠바티스타 비코(Giambattista Vico)의 리코르시(ricorsi) 이론, 즉 끊임없이 되풀이되는 역사 과정의 이론으로 새로이 나타난바, 그에 따르면 원시사회는 공상과 폭력의 단계에서부터 지성과 법의 단계에 이르고 마침내 다시 야만과 무질서로 귀결된다. 이러한 사상은 18세기 합리주의나 낙관주의와 맞지 않았다. 19세기에 이르러서야 비코는 몇몇 사람들에게 이해되었다. 그러나 19세기에는 또한 진보를 넓게 이해하고 있었으므로 비관주의적 세계관과 언제나 결부된 순환 사상에 유리한 기반이 결코 아니었다. 오스발트 슈펭글러(Oswald Spengler)가 비로소 순환 사상을 인상 깊은 환상적 형태로 채택했다.

　'르네상스'의 개념 또한 순환 사상 혹은 역사적 여러 시기가 되풀이된다는 관념과 어느 정도 비슷하다. 물론 르네상스 개념의 경우 순환은 더욱 특별한 의미를 지닌다. 그리고 거기에서는 역사의 모든 과정을 도식으로 파악함을 주장하지 않는다.

인간 정신은 보다 바람직하고 한층 고도의 문화를 위한 노력을, 옛적의 순수성, 질서와 지혜를 다시 찾아 이미지로 재생한다. 이러한 형상 속에 인문주의자들은 그들 자신의 시대의 영광을 발견했으며, 그들의 시대와 찬란한 고대로부터 구별된 시대를 가볍게 여기며 중세라고 칭했다. 비슷한 방식으로 민족이 모든 특수한 영역에서 새로운 역량을 발휘하는 시대에 대해 왕정복고, 리소르지멘토(Risorgimento, 19세기 전반 이탈리아의 통일운동), 레베유(Réveil, 각성), 혁명이라는 명칭을 부여한다. 15, 16세기에 특히 이탈리아에서 태동한 대전환을 의미하는 르네상스란 개념은 위대한 스위스인 야코프 부르크하르트(Jacob Burckhardt)의 저작에 의해 색채와 내용을 크게 빛냈다. 그의 『이탈리아 르네상스의 문화』(*Die Kultur der Renaissance in Italien*)는 1859년에 발간되었다. 그는 그 저작에서 미슐레의 사상을 더욱 확장하여 그 현상을 개인적인 견해에 눈뜬 정신에 의한 세계와 인간의 발견으로 묘사했다. 19세기 말에 이르러 비로소 부르크하르트의 사상은 그에 걸맞은 영향력을 행사했다. 그로부터 역사 사상은 부르크하르트가 제시한 문제에서 결코 자유로울 수 없었다. 사회속의 집단주의에 맞선 개인주의의 한계, 정신적 속박과 정신적 자유 간의 대립이 언제나 되풀이되는 것이다.

19세기의 마지막 4반세기 이래 문화의 역사를 파악할 수 있다고 주장하는 이론적인 도식 또한 여럿 존재했다. 역사를 고대, 중세, 근대로 나누는 학교풍의 구분법은 대체로 1700년경에 보급되었다. 그것은 불충분하며 결함투성이였다. 그럼에도 불구하고 사람들은 이 구분법을 버리지 못했다. 고대, 중세, 근대라는 명칭은 불확실하고 애매했으나 모두 충분한 의미를 지녔다. 그 명칭들은 문화적인 특징을 포함하는바, 사람들은 이러한 특징들을 처음에는 어떻게든 필요로 했다. 거대한 시기의 명칭에 따르는 내용과 경계의 결함은 그 대신에 문화의 여러 국면을 밝히는 다른 도식을 이용함으로써 메꿀 수 있었다. 예를 들어 수렵, 어로 생활, 목축, 농업, 상공업 등의 연속이 있었다. 더욱 특수한 경제형태에 주목한 자연경제와 화폐경제라는 구분이 있고, 카를 뷔허(Karl Bücher)에 의해 제시된 단계, 즉 폐쇄적 가정경제, 도시경제, 국민경제가 존재했다. 마르크스주의가 주장한 단계, 즉 봉건제, 자본주의 및 사회주의가 있다. 이 경우 계급투쟁이 역동적인 요인을 이루었다. 민족학은 모권과 부권의 대립에 주목했다. 종교학은 종교적 발전의 연이은 관계에 관한 학설을 제안했으나 그 출발점이던 정령숭배(精靈崇拜, 애니미즘)는 오늘날 이미 오래전부터 학문적 옥좌(玉座)를 빼앗긴 것이다. 마지막으로 예술사의 양식을 둘러싼 제(諸) 시기가 있었다. 각 단계의 명칭이 저마다 심상치 않을 정도로 확대될 경향이 있었다. 모든 도식이 본질적으로 그것이 결코 적용될 수 없는 영역으로 확대될 두려움이 언제나 있었다. 르네상스 개념이 그렇게 되고 말았으며 새로운 세기에서 고딕과 바로크라는 명칭이 같은 운명에 놓였다.

그 모든 것과 관련된 인물들은 랑케의 이념론의 숭고한 편안함과 얼마나 멀리 떨어져 있을까. 그 이념론에서 예술과 학문의 신(神) 무사(뮤즈)는 각의실(閣議室)과 회의실에 혹은 적어도 장군의 천막에 자주 출입했으나 정열과 광기, 어려움과 노동 및 대중과 그들의 본능을 결코 인식하지 못했다. 역사는 모든 면에서 도식을 작성하고 간결한 기본 개념으로 정리하는 데 동의하도록 요구받았다. 역사가 이처럼 엄밀해질 때 비로소 그것은 진정 학문이 되리라고 사람들은 믿었다.[5]

역사학에 대한 사람들의 바람이 바뀐 근본적인 원인은 근대적 사고가 날로 자연과학에 강력히 지배되었다는 사실에 있다. 17세기 자연과학의 빛나는 발전 이래 진정한 인식을 향한 노력은 더욱더 측정, 계산, 분해,

....
5) 같은 글, p. 18ff. 참조.

실험으로, 요컨대 양적인 것의 방향으로 향하게 되고, 그 성과는 숫자로 표현되고 입증된 정식(定式)이 되고, 그 이상(理想)은 지극히 당연한 자연법칙이 되었다. 학문은 엄밀해야 한다는 인식은 무의식중에 보편적인 전제가 되었다. 이러한 준칙을 그 무렵의 역사학에 적용하자 역사학은 실제로 극히 결점투성이로 여겨질 수밖에 없었다. 옛 그대로의 이야기풍 역사에서 사람들은 분명히 확정된 현상에 관해 과연 얼마나 엄밀한 인식을 찾아볼 수 있었을까, 개별적인 인물의 운명을 둘러싼 묘사에서 혹은 국가의 태동과 몰락에서조차 사람들은 무엇을 얻을 수 있었을까?

사회적 문제의 증대된 중요성 그리고 민주주의적 본능은 사람들이 자연과학으로부터 도출하여 역사학에 부과한 요구와 일치했다. 사람들은 대중의, 공동체의, 노동의, 국민생활의 역사를 요구했다. 이미 볼테르가 그러한 것들에서 미래 역사 서술의 목표를 보았다.

1891년 이래 라이프치히 대학의 역사가 카를 람프레히트(Karl Lamprecht)의 『독일사』(Deutsche Geschichte) 첫 부분이 발간되었다. 이 책에서 비로소 뛰어난 전문 학자가 민족정신의 역사를 갖가지 과정을 거쳐 진전시킨 발전이라는 견지에서 묘사했다. 람프레히트는 연이은 문화의 제 시기라는 도식으로 독일사를 파악할 수 있으리라고 믿었으나, 그것을 위해 자기가 의식한 이상으로 콩트와 부르크하르트를 이용했다. 그는 자신의 사회심리학적 문화사를 완전히 자연과학적인 규범으로 형성할 수 있으리라고 믿었다. 람프레히트는 역사적 현상에 관해 어디에서나 통용되는 엄밀한 규율을 확립하는 것을 역사학의 유일한 목표로 여겼다. 그에게는 개념과 그 타당성이 소중하며, 다른 한편 특수한 사실의 이야기라든가 개인적 운명의 묘사는 그의 인식에 따르면 결코 학문적 역사의 대상이 될 수 없었다.

람프레히트의 저작의 첫 부분은 훌륭했으나, 그것이 역사학에 대한 그의 요구에 어느 정도 적합했는지에 관해서는 여기에서 언급하지 않기로

하자. 오늘날 그것을 다시 펼쳐든 독자들은 틀림없이 사실에 관한 적절한 기술에 매료되며 그에 반해 개념적인 체계에 끌리는 일은 없을 것이다. 1894년 이래 그에게 제기된 격한 도전은 그 저작의 내용보다 오히려 그의 일반적인 이념의 방식에 대한 것으로서, 그는 그것을 그 논쟁에서 비로소 완전히 정리했다. 역사학은 그 본질에서 람프레히트가 요구하는 자연과학의 엄밀성을 따르지 않음이 명백하다. 역사학은 그것을 우리가 학문으로 지칭하건 그렇지 않건 일회적인 것, 특수한 것의 정립과 기술(記述)을 주요 과제로 삼는 것을 고집했다. 얼마 뒤 철학 진영으로부터 역사학에 바람직한 뒷받침이 주어졌다. 즉 철학은 개념과 엄밀한 술어로 표현되는 것만이 학문으로 지칭되는 것이 결코 아님을 밝혔다. 특히 하인리히 리케르트(Heinrich Rickert)와 빌헬름 빈델반트(Wilhelm Windelband)는 그 무렵 학문적 방법의 바람직한 타당성과 완벽성이 개념적일 수 없다는 담론으로 명백히 입증했다.

자연과학적인 사고의 속박으로부터 정신과학 혹은 문화과학이 해방된 것은 1900년경 정신생활의 가장 중요한 성과 가운데 하나다. 그것은 단지 본래 의미로서의 역사뿐만 아니라 또한 인간의 삶과 정신 활동을 연구 영역으로 삼고 있는 모든 학문(언어학, 국민경제학 혹은 민족학 등이 역사가 도달할 수 있는 것보다 한층 고도의 규범적 보편타당성과 엄밀한 인식을 가능하게 할지라도)에 영향을 주었다. 당시 이룩한 것은 두 번 다시 상실되지 않았다. 오늘날 자연과학의 인식 방법에 관한 방식을 가장 넓은 의미의 역사 인식에 관한 방식과 비교해볼 때 오늘날 그것은 지난날과 완전히 다른 위상임이 이해된다. 문화과학이 지난날 자연과학으로부터 실천할 수 없는 과제를 강요받고 양보했다 하더라도 그것보다 훨씬 큰 규모로 자연과학은 고유의 확실성, 인과관계의 엄밀한 원칙, 과학 법칙의 타당성을 잊은 듯이 생각된다.

그러므로 또한 20세기 초의 역사학은 그것이 다할 수 없는 증언의 굴

레로부터 자유로워지고 예부터 더듬어온 길을 더욱더 조용히 거니는 권리와 의무를 확인했다고 할 수 있다. 역사학은 결코 자연과학이 될 필요가 없으며, 사회학으로 변질될 필요도 없었다. 그 과제는 여전히 한 시대가 인간 사회의 과거에 관해 알고자 원하는 것, 그러한 과거가 남긴 전통적인 관행을 알 수 있는 것들을 확정짓고 서술하는 광대하고 변화무쌍한 것이었다. 역사적 인식이란 관찰하는 것, 관련의 이해이며 특수한 사실에 대한 표상이다. 이 경우 극히 특수한 지역사의 일이건 여러 세기에 걸친 포괄적인 판단이건 상관없다. 역사학의 대상은 그것이 작든 크든 언제나 복잡하고 애매하다. 왜냐하면 그것은 사건의 흐름으로부터 떼어놓을 수 없고 되풀이되지 않으며 원칙적으로 돌이킬 수 없기 때문이다. 역사 인식은 언제나 인간의 판단과 세계관의 테두리 속에 있다. 그것은 한 사람 한 사람 관찰자의 정신적 능력에 의존하며 결코 만인에 동일한 것은 아니다.

그러므로 역사 인식은 흔들리며 불확실한 것이라고 해야 할까? 가령 그렇다 하더라도 이 불확실성은 역사뿐만 아니라 그 밖의 많은 것에도 적용되리라. 그것은 단지 인류가 자신의 모든 인식능력의 한계를 잊지 않기 위해 끊임없이 필요로 하는 저 성스러운 가르침을 포함한다 할 것이다.

2. 역사 인식의 정신적인 과정

역사학은 (첫 장의 맺는 글에서 말했듯이) 20세기 초에는 인류의 과거의 개별적인 사실을 대상으로 그것을 포괄적인 전체의 연관 속에서, 또한 다채로운 모양새로서 파악하는 학문으로 정의된다. 역사적 사건이나 인물에 관한 서술의 기능을 비과학적·지엽적 일로 폄하하고 그 대신 사회학적 도식과 공식을 수립하는 과제를 부여하고자 한 시도는 다음과 같은 사실에 의해 실패했다. 즉 역사는 그 모습 그대로 끊임없이 상상력에 호소함으로써 삶의 필요를 충족시키고 사회가 분명히 그에 부과한 사명을 다했다.

역사를 연구하는 대부분의 사람들은 원칙과 이론에 관한 그간의 논쟁을 거의 인식하지 못했다. 역사 연구와 역사 서술의 활발한 작업은 모든 나라에서 조용히 진전되고, 새로운 발견을 통해 그 자료가 갈수록 풍부해지고, 방법(론)과 비판은 날로 세분화되었다. 그러나 그 방향과 목적은 바뀌지 않은 채 여전했다. 1900년이 역사학에서 한 시대의 종말 혹은 시발을 의미한다고 할 수는 없다. 20세기 초 역사가와 19세기 말 역사가의 유형이 서로 대립되는 것으로 볼 수는 없다. 현대 역사학의 위대한 대표자들의 일생일대의 저작은 때때로 세기의 전환기를 즈음하여 쓰였다. 즉 프랑스의 에르네스트 라비스(Ernest Lavisse), 벨기에의 앙리 피렌(Henri Pirenne), 독일의 에두아르트 마이어(Eduard Meyer)를 생각할 수 있을 것이다. 역사적 업적의 완만한 형태 변화는 19세기의 마지막 25년경부터 현재에 이르는 기간에 실현되었다.

역사학의 형태를 변화시킨 여러 특징을 살펴보면, 단지 외형적인 특징에만 관련되는 한 가지가 가장 두드러진다. 그것은 학문의 협동 작업의 증대다. 역사 서술 작업에서 많은 사람들이 협력한 경우는 이미 오래전부터 있어왔다. (종교개혁 운동이 본격화된) 1559년 이래 프로테스탄트의 입장에서 '마그데부르크(Magdeburg) 시의 몇몇 사람들에 의해 세기를 단위로 편찬된'(이로 인해 '마그데부르크의 세기인'이라는 명칭이 생겨났다) 교회사가 나타났다. 17, 18세기에는 특히 교단이 역사 분야에서 이렇게 성과 있는 협업의 모범을 보였다. 예수회는 요하네스 볼란두스(Johannes Bollandus)의 지도 아래 『성인전』을 펴냈으며, 프랑스의 베네딕트파는 그 엄격한 학문적 활동을 교회사와 옛 국민사의 거의 모든 영역에 바쳤다.

이후 아카데미와 그 밖의 학술 단체가 자주 교단의 사업을 계승하거나 본받았다. 그리고 때로는 개별 연구자도 역사학의 협력 아래 그러한 조직을 만들었다. 루트비히 헤렌(Ludwig Heeren)은 1829년에 방대한 편찬집인『유럽 제국사』를 간행하기 시작했으나 그것은 아직도 완결되지 않고 있다. 원칙적으로 이러한 옛 편찬집은 개별 저작자가 손수 쓴 독립된 저술로서 이루어지는데, 각각 다른 저자가 그가 관련된 작품이 완결되기 전에 서로 교체되지 않는 한 그러하다(예를 들면 지금 지칭한 연속물 가운데 스페인사가 그런 경우로, 그것은 4명의 저자가 썼다).

이에 반해 19세기 말경 원칙적으로 작품의 장(章)과 동일한 수의 협력자를 두는 형식으로 역사학의 협력 틀이 성립되었다. 이러한 원칙에 의한 세계사의 예로서 1893~1901년에 라비스와 알프레드 니콜라 랑보(Alfred Nicolas Rambaud)의 주도 아래 유명한 『4세기에서부터 현대에 이르는 세계사』가 쓰였다. 이 저서는 그러한 종류의 것으로는 여러 측면에서 아직도 뛰어나며 시대에 뒤처지지도 않는다. 이러한 형태의 역사학적 협업은 훨씬 큰 규모의 케임브리지 대학에 의해 기획되고 실현된 많은 저작에 적용되었다.

여러 연구자 아래로 일을 지나치게 분화하는 데 따른 폐단은 너무나 분명하다. 때때로 동일한 대상이 여러 부문에서 갖가지로 취급되고, 중요한 인물이나 중대한 사건이 자주 무시되곤 한다. 예를 들면 라비스와 랑보에게 단테라는 인물은 전혀 일정한 지위를 차지하지 못했다. 이러한 편집물에서 관련성이 단절되거나 장의 연결이 끊어지는 것은 거의 불가피하다.

그러므로 근래에 여러 저자에 의해 이루어진 역사 저작물들은 대체로 상당 분량을 한 사람의 저자에게 맡긴다. 라비스의 주도 아래 『세계사』 뒤에 출간된 훌륭한 프랑스사라든지, 또 현재 여러 나라에서 출간되고 있는 많은 세계사도 이 경우에 속한다.

학문적 협업을 필요로 하는 이유는 분명하다. 그것은 연구자의 전문화가 진행되면서 역사서에 대해 독자들이 점점 더 다양하고 완전하게 배우고자 하는 열망에서 비롯된 자연스러운 결과다. 사람들이 아직도 구태의연한 의미에서의 정치사를 읽고자 희망하는 시대에는 때때로 단 한 사람의 역사가, 즉 랑케나 매콜리 혹은 티에르 등이 교양 있는 독자층의 요구를 충분히 만족시킬 수 있었다. 그들 독자층은 모든 건전한 역사학적 활동의 공명판(共鳴板)이었다. 그러나 서서히(그것은 대체로 1900년경 전적으로 일반화되었다고 할 수 있으니) 역사 저작을 읽는 독자들은 정치사 서적과 더불어 경제사, 사회사, 법제사 및 문화사 서적 또한 요구하게 되었다. 오히려 정치사에 대한 관심이 배후로 밀려난 듯 보이기도 했다. 수요는 상공업사나 미술사와 사상사의 저작에, 말하자면 문화사적 내용의 서적들을 향했다.

역사 분야의 전문화와 개별화 과정의 명백한 결과는 최근 위대한 역사 사상가의 이름이 역사 일반의 영역에서보다 특수사의 영역에서 자주 부각된다는 사실이다. 근대 역사학은 대체로, 극히 일정하고 대단히 한정된 학문 분야의 연구자들에 의해 진전되었다. 몇몇 이름을 들자면, 프레드릭 메이틀런드(Frederic Maitland), 하인리히 브루너(Heinrich Brunner) 같은 법학사가, 게오르그 폰 벨로(Georg von Below) 같은 법제사가, 알폰스 도프슈(Alfons Dopsch) 같은 경제사가 및 하인리히 뷜플린(Heinrich Wölfflin) 같은 미술사가를 생각할 수 있다. 미하일 로스토프체프(Michael Rostovtzeff) 같은 다방면의 역사가들까지도, 어떤 의미에서는 그가 여러 특수 영역의 지식을 종합하고 있다는 이유로 다방면일 수 있는 것이다. 문제는 일정한 종류의 거대한 문화 현상에 관해 우리의 통찰을 예리하게 하고 명석하게 하는 일이다. 일정한 시기에 관해 그 형상을 그리기 위해서는, 당시 국가기구는 어떻게 움직이고 변화하였던가, 산업 생활은 어떻게 진행되었던가, 예술품은 어떠한 상황에서 어떠한 목표를 지니고 창조되었던가 그리고 사상은 어떠한 길을 걸어갔던가를 알아야 한다. 이 모든 것을 우리는 해당 시대의 역사에서 주요한 사회생활의 모든 영역에 걸친, 특수한 것에 주목하면서 전문적인 훈련에 의해 가능해진 연구를 통해서만 배운다. 그러므로 일반적인 것에 주목하면서 과거 어느 시대의 생활 전체를 이해하고자 하는 근대 역사가의 활동은 많든 적든 특수한 일터의 수확물이 몰려드는 집하장을 관리하는 것과도 비슷하다. 그는 다음 사항에 진지하게 유의하여야 할 것이다. 즉 자신의 학문이 발전함에 따라 작업이 분업화되고 기술적으로 정밀화된 탓에 자신의 마음속 자료를 기계적으로 처리한 요소가 몰래 들어오지 않도록 하는 것이다.

연구의 기술적 정밀화는 다른 학문에도 결여된 것은 아니지만, 특히 역사학에서 그 뚜렷한 특징이 나타난다. 나는 이 문제에 관해 잠시 생각해보고자 한다. 내 생각을 분명히 하기 위해 나는 역사 분야에서의 당신들 자신의 체험에 호소하고자 한다.

사람들은 역사 현상을(그것이 진정 사실적이건 오히려 추상적인 종류의 것이건 불문하고) 역사 개론서나 학술 논문에서 공부하고 그럼으로써 역사적 대상에 관한 어떤 도식적인 관념을 취득한다. 그러나 이제부터 사료 자체를 읽고 그것을 인식함으로써 우리의 관념을 비로소 진정한 생명으로써 채워야 한다. 그리하면 처음에는 어떤 환멸과 혼란으로 어리둥절해질 것이다. 사료에서 단지 자신들의 도식을 발견하지 못할 뿐만 아니라 그러한 도식과 전혀 모순되는 듯 보이는 많은 사실을 대하게 될 것이다. 그 중요한 역사 현상이 우리 앞에 뚜렷이 모습을 드러내는 대신 안갯속에 희미하고 혼돈된 모습으로 숨어 있음을 보게 되리라. 역사 현상에 관해 지난날 지녔던 역사적 지식을 그대로 사료 속에서 인식하는 일은 거의 없다. 그러면 진정한 역사적 인식이란 무엇이었던가? 그것은 교과서에서 얻은 뚜렷이 부각된 도식적 관념이었던가 아니면 직접적인 전승이 전한 산만하고 복잡한 제 모습일까.

이러한 물음에 올바르게 답하기 위해 우리는 뒤에서 역사 인식의 이론에 관해 논해야 할 것이다. 우선은 이러한 물음을 던짐으로써 단지 다음과 같은 사실을 확인하게 된다.

　어떤 일정한 역사적 과정을 간략하게 서술할 경우, 언제나 어느 정도 축약되고 단순화되기 마련이다. 그것은 생명에 찬 과거의 다채로운 형상에는 사실 견딜 수 없는 일이다. 역사적 도식이란 그 모두가 불만족스럽기 마련이다. 학문적 훈련을 받은 연구자일지라도, 역사에 흥미를 가지나 경험이 적은 사람들에 관해 내가 방금 추측한 체험을 언제나 동일하게 느끼기도 한다. 보다 상세한 모든 연구는 그로 하여금 종래의 연구 성과를 다소 거짓으로 보이게 한다. 그러나 그렇다고 해서 그가 역사 현상의 서술에 무엇인가 형태를 부여하려는 자신의 노력을 포기할 것인가, 결코 그렇지 않다. 오히려 그는 지나치게 단순화된 낡은 도식 속에 이전에는 등한시되었던 경향을 첨가하여, 그러한 방법으로 그 도식을 정정하고자 끊임없이 시도할 것이다. 그럼으로써 때때로 다음과 같은 일이 생겨난다. 즉 역사의 일정한 부분의 학문적 형상이 종래 그려진 것보다 덜 명확해지고 애매해진다. 역사가가 이전에는 원시적인 목각(木刻)처럼 선명하고 단순한 것으로 보았던 역사적 상황, 역사적 관련, 역사적 상태가 이제 그에게는 오히려 인상파의 판화나 수채화처럼 보이게 된다.

　몇 가지 예를 들어보자. 약 40년 전 역사학은 여전히 태연하게 자연경제와 화폐경제를 대립된 것으로 다루었다. 역사학은 당시 15세기에 이르기까지의 중세 전체를 대규모 상업이 단지 사소한 역할만 담당한 비자본주의적 비신용경제의 시기로 특징지었다. 이러한 견해가 오늘날 남긴 것은 무엇인가. 그간에 우리는 자본주의적 경제형태와 신용 체계가 많은 지역에서 이미 12세기에 나타났음을, 우리가 종래 생각한 것보다 훨씬 전에 더욱 완전히 대두했음을 알게 되었다. 그리하여 중세의 비자본주의 경제와 근대의 자본주의 경제 사이의 날카로운 대립 논쟁은 소멸했다.

봉건제와 장원제 같은 현상에 관해서 생각해보자. 신종제(臣從制)와 은대제(恩貸制)의 결합으로 이루어진 봉건제의 기원과 성격은 얼마나 명백히 그리고 철저하게 묘사되었던가! 원초적인 소유 형태로 전제된 토지의 공유에서 처음으로 자유로운 농민 전사(戰士)의 사적 소토지 소유로 옮아가고, 그로부터 프랑크 시대(5세기 말~9세기)의 대토지 소유로 옮아가는 과정이 얼마나 명백히 관찰되었던가! 중세 초에 귀족, 자유민 및 비자유민이라는 갖가지 위계로 이루어진 신분 서열이 얼마나 간단하고 엄밀히 구별되었던가! 이러한 모든 해석은 그 출발점에서 최근의 연구를 통해 의심스럽거나 수용할 수 없는 것으로 인식되었다. 단순한 도식 대신 개관할 수 없을 만큼 뉘앙스가 나타난 것이다.

도식적인 구성을 끊임없이 정정하고 바로잡는, 역사학에서 이제 불가결한 이러한 예는 그 밖에도 많다. 역사학은 전수된 것을 근본적으로 파괴하는 그러한 연구자를 언제나 필요로 한다. 확실히 역사학은 전통적인 도식을 파괴하는 사람들을 처음에는 반감을 갖고 대한다. 왜냐하면 그들은 대단히 분명하고 간단히 서술할 수 있는 것 대신 복잡하고 개관할 수 없는 견해를 제공하기 때문이다. 그들의 파괴적 작업이 개별적인 측면에서는 때로 지나친 점이 있더라도 결국에는 그들이 대체로 정당함을 알게 된다.

역사란, 잘 생각해보면, 전에 생각한 것보다 언제나 더욱더 복잡하다. 이는 쉽게 조명되는 진실로서, 그것은 역사 인식의 방법 자체에 뿌리를 두고 있다. 동시에 과거는 현재와 더불어 지난날 사람들이 생각한 것보다 훨씬 많은 특징을 공통적으로 지니고 있음이 때때로 밝혀진다. 우리가 오늘날 고대 이집트의 대체 거래 제도와 제정 로마 시대의 임대 아파트 및 백화점에 관해 알고 있는 것을 생각해보자. 역사학은 일단 형성된 판단이라도 끊임없는 수정을 요구한다. 역사학은 영웅의 찬탈을 되풀이하고 때로는 악인을 복권시키기도 한다. 후자가 그럼으로써 영웅의 역할을 하는 것이 아니라, 기껏해야 쓸모 있는 도구나 안목 있는 정치가가 될 뿐, 새로운 수정이 항시 가능하다. 단순한 사실 확립을 넘어서서 관련된 것들의 판단이 문제될 때는 역사 연구의 성과 가운데 확정적인 예가 거의 없거나 전혀 없다.

이러한 결론이 역사 인식의 애호가들에게는 실망을 줄 것이다. 그리하여 역사의 학문적 기초는 몇 세기를 고려한 건물을 전혀 세울 수 없을 만큼 허약한 것인가, 우리는 그 위에 언제나 단지 일시적인 정신의 건물만 세울 수 있을 것인가 그리고 그 건물은 다음 세대가 파괴하고 다시 개축할 것인가 같은 의문이 제기된다.

역사학 성과의 잠정적인 성격을 인정한다고 해서 그것이 절망적인 회의주의를 의미하는 것도 아니며, 결코 역사의 학문적 가치를 부인하는 것도 아니다. 이러한 사실을 이해하기 위해 우리는 이미 서장(序章)의 결말에서 언급한 역사적 이해의 원칙으로 돌아가야 할 것이다.

피상적인 관찰자에게 역사의 대상은 단순하고 명백히 정해진 듯이 보인다.[6] 그는 역사를 가지고 인류사의 지식을 획득하고자 시도한다고 말할 것이다. 이때 역사는 많은 전승에 의존한다. 그런데 만약 이 전승이 해당 시기에 관해 지나치게 많다면 역사가는 저 과거의 모습을 단순히 전승의 제 요소로써 구축하면 될 것이라고 이 피상적인 관찰자는 생각할 것이다.

그러나 조금만 생각해도 역사 인식의 정신적 과정이란 그처럼 단순하게 이루어지는 것이 아님을 곧 알게 된다. 물론 사료의 전승이 연구자에게 이미 정리된 역사 인식이라는 형태로서 소재를 제공하는 경우도 있다. 그러한 경우 연구자는 소재의 확실성을 결정하기 위해 단지 자신의 비판적 방법을 응용하면 될 것이다. 예를 들어 페르시아 전쟁이나 포에니 전

....
6) 같은 글, pp. 14, 24ff. 참조.

쟁에 관한 우리의 인식은 본질적으로 그러한 경우에 속한다. 그러나 이 경우 역사 인식이 이미 사전에 근본적으로 형성되고 그럼으로써 역사 인식이 원래 어떻게 성립되느냐 하는 문제는 뒷전으로 물러나게 된다.

다음과 같은 의문이 여전히 남는다. 즉 어떻게 하여 과거가 된 사회 상태에 관해 전승으로부터 역사상(歷史像)이 생겨나는가? 연구자가 접촉하지 못한 인간의 과거 단편은 파편적으로 전수되며 한없이 다양하고 가공되지 않은 물리적·생물적·정신적 사항의 다양성으로 제시된다. 그러므로 이러한 복합체는 역사적인 관찰과 집약에 직접 도달할 수 없다. 그러면서도 이 모든 것이 서로 결합되어 일정한 과거와 관련된다는 생각은 본질적으로 역사가의 행위로부터 비로소 생겨난다. 전승에 일정한 물음을 제기하고 그러한 물음에 관련되는 일정한 자료를 구별하고 정리함으로써, 비로소 역사가는 그 과거에 관한 역사적 인식을 형성한다. 역사가의 행위는 항시 선택하고 해석하는 것이다. 과거에 관해 인식할 수 있는 모든 것을 아는 것이 결코 역사가의 목표도 이상도 아니다. 그는 과거를 생생하게 볼 수 있을 것이나 그것을 그 자신이 선택한 정신적인 형태 속에서 보고자 한다. 그는 생활 형태, 국가 형태, 경제 형태, 종교 형태 및 사상 형태를 추구하며, 그 형태를 위한 범주와 규범은 그 스스로 자신의 정신 속에 준비하고 있다. 그 형태 가운데 어느 것도 마치 자연의 제 사실이 우주에 포함되거나 감추어져 있듯이 과거의 소재 속에 직접 주어진 종류의 것은 아니다. 가령 서로 이어진 사건의 단순한 경과에 관한 물음이나 인물의 생애에 관한 물음 혹은 도시와 국가의 성립 및 몰락에 관한 물음이라 하더라도 **어떠한** 것을 사람들이 알고자 원하는지의 물음, 즉 알 만한 가치 여부는 역사가가 선험적으로 부여하는 기준에 의해 정해진다.

자연과학이 원칙적으로 자연에 관계된 모든 사실을 설명하고자 시도하는 데 반해 역사는 결코 과거에 관해 알 수 있는 **모든** 사실을 그 존재 속에 끼워 넣고자 하지 않는다. 지나간 시대의 사건 전체가 역사의 대상인 것은 결코 아니다.

역사가 제기하는 물음은 한 시대 혹은 한 민족이 과거와 맞서는 정신적 입장이나 문화적 태도에 달려 있다. 원시시대에 관한 역사적 물음은 우주 생성론과 신화의 영역에서 두드러질 것이다. 인간과 동물은 어떻게 생겨났던가, 누가 우리에게 농업을 가르쳤던가 등등이 그 예다. 옛 문화의 협소한 공동체에 관한 역사의 물음은 왕후 가문의 명성이나 자신이 속한 국가의 법률과 제도의 기원 및 조상의 영웅적 행위로 향해질 것이다. 문화가 넓어지고 깊어짐에 따라 역사적 시야와 지식에 대한 욕망 또한 넓어지고 깊어질 것이다.

그러므로 모든 시대에 관한 역사적 지식이 언제나 상대적이며 잠정적인 성격을 지니기 마련이라는 것에 대한 이유가 어느 정도 시사되었다. 역사적 지식의 잠정적 성격은 역사 인식 자체의 존재 방식과 본질에 뿌리를 박고 있다. 과거에 대한 역사의 관계는 결코 기계적으로 반사된 영상과 같은 것이 아니다. 그것은 언제나 과거에 관한 어떠한 통찰이나 일정한 파악과 결부되며, 이전에 존재한 것에 대한 해석 및 주어진 정신적인 것 전체에 관한 의미와 관련된 이해와 결부된다.

요약하면, 옛사람들은 과거를 역사 속에서 재현하는 것으로 생각했으나, 역사학은 그 원리를 반성함으로써 그러한 소박한 리얼리즘을 전적으로 포기했다. 역사는 이러한 필연성을 명백히 인식함으로써 학문으로서의 위치도, 회의주의에 대한 방어도(아마도 피상적인 관찰자가 믿게 되듯이) 약화되기는커녕 오히려 강해졌다. 이러한 주장은 오늘날 역사학의 많은 논쟁을 돌이켜볼 때 더욱 분명하다고 할 것이다. 이 경우 출발점이 되는 명제는 모두 얼핏 보기에 역사 인식의 가치의 결함을 입증하는 듯이 보인다.

그 첫 번째 명제는 역사는 지극히 부정확한 학문으로서 특징지어진다는 사실이다.[7] 역사의 개념은 언제나 극히 일정하지 않으며 애매하다. 그 이유는 다음과 같다. 즉 생사(生死)의 날짜나 계보 및 그와 유사한 사실들을 확정짓는 따위의 가장 간단한 사실 등을 제외하면 역사적 상황이란 모두가 언제나 지극히 복잡하고 완벽한 분석이 불가능한 듯 보인다. 역사적 사건이란 모두가 인간과 인간 간의 태도에 기인한다. 모든 인간의 태도는 자유의지의 문제를 일단 간과한다면, 그 전모를 결코 알 수 없는 많은 생물학적·심리학적 조건에 기초하고 있다. 그뿐만 아니라 그것은 또한 이러한 정해진 조건에서 자유로운 인간의 여러 상황과의 만남, 즉 그 운명에 기초를 두고 있다. 역사가는 해명할 수 없는 것을 해명함으로써 인식에 도달하는 것이 아니며, 또한 실제로 작용한 모든 요소를 결코 자기의 추론 속에 끌어들이지 않고 또 그럴 수도 없음은 명백하다. 역사가는 항시 헤아릴 수 없이 많은 미지의 덩어리에 작용하는 자신의 해석을 통해 풀 수 없는 거대한 복합체를 파악하고, 실험적이고 계산적인 방법에 따라서가 아니라 그 개인의 삶의 지혜, 통찰 및 인간 인식에 의해 그것을 행한다. 제임스 브라이스 경(Lord James Bryce)이 역사학을 세련되고 건전한 인간 이해라고 특징지었음은 자연스러웠다. 역사적 사실을 총괄한다는 것은 알고자 원하는 모든 것을 하나의 공식에 환원하는 것이 아니라 결국은 상태 혹은 사건을 기술함을 말한다. 이때 그 기술 능력이 독자를 설득하느냐의 여부는 그 역사상이 어떠한 삶으로 충족되어 있느냐 하는 데 달려 있다. 그러한 총괄이란 개별적인 것의 결합에 대해 언제나 느슨하며, 새로운 세부 사상(事象)으로써 항시 보충되고, 기성 개념을 더욱더 갱신한다.[8] 물리학의 개념은 위대한 물리학자의 머릿속에서건 학생의 머릿속에서건 근본적으로 다를 것이 없다. 물론 학생이 그 개념을 바르게 이해한 경우에만 그러하다. 그러나 역사의 개념은 그

....

7) 같은 글, p. 22ff. 참조.
8) 같은 글, pp. 26ff, 32 참조.

것을 자기 것으로 만든 모든 사람들에게 다양하다. 학생은 단지 몇 개의 극히 애매한 혹은 뚜렷하더라도 대단히 낭만적인 이념을 그러한 개념과 결부시키는 데 반해, 숙련된 역사가들에게 그 개념은 많은 특수한 것으로 채워지고 그것도 또한 역사가의 정신이 통계적 경향이냐 환상적 경향이냐에 따라 저마다 다르다. 그에 더해 역사적 개념의 명확성의 정도는 서술의 범위에 좌우된다. 지나치게 간결해도 그리고 너무 자세해도 불투명해진다. '간략한 개관'이 얼마나 무미건조한지는, 지나치게 광범위한 논문이 말할 수 없이 애매모호함은 주지의 사실이 아닌가.

내가 말하고자 하는 두 번째 관점은 다음과 같다. 역사적 사건을(다시금 모든 극히 사소한 사실들을 제외한다면 그 세세한 사실을 통해 알게 되지만) 사물의 광범위한 관련으로부터 결코 떼어낼 수는 없다.[9] 르네상스에는, 프랑스 혁명에는 혹은 제1차 세계대전에는 어떠한 사실이 **속하고** 있는가? 이렇듯 '무엇엔가 속하는 것'은 존재하지 않는다. 나의 정신이 문제가 되는 역사 현상과 관련되리라고 여긴다면 그것은 언제나 바로 사실로 존재할 것이다. 역사적 전체의 범위와 내용에는 한계가 없다. 그것은 르네상스나 혁명처럼 역사가가 하나의 연관으로 파악함으로써 비로소 형태를 갖추는 현상이건 합스부르크가(家)나 아라곤 공국처럼 물리적 혹은 생물학적 현실을 통해 정해지는 역사의 대상이건 마찬가지다.

이렇듯 역사의 대상에 경계가 없다는 사실은 지극히 의미 있는 결과를 포함하고 있어 나는 그것을 제3의 관점으로 제기하고자 한다. 그것은 역사적 법칙의 불가지성(不可知性), 아니 심지어는 불가능성과 관련된다.

이러한 문제는 적잖이 논의된 바 있다. 사람들은 되풀이하여 역사학에 대한 경고라고 호소했다. 즉 그대가 진정 학문이기를 원한다면 그대는 과거에 일어난 일들의 규칙적인 현상으로부터 미래를 헤아릴 수 있든지

---

9) 같은 글, p. 29 참조.

어떻든 과거에서의 법칙적인 규칙을 제시할 수 있어야 한다고 말이다.

이러한 요구를 비판함에 있어 나는 논점을 가장 외적인 것에 한정할 수밖에 없다. 차제에 나는 역사의 법칙에 관한 논쟁이 일어난 이래 자연과학에서조차 자연법칙의 본질에 관한 인식이 1900년경에 아직도 일반적으로 통용된 견해보다 한층 느슨해졌다는 사실은 덮어두고자 한다. 학문적인 법칙성은 다음과 같은 형태로 확립되어야 한다는 도식을 견지하고자 한다. 즉 A와 B가 생긴다면 C 또한 생겨야 한다. 이때 이들 기호는 일반적 개념, 즉 추상을 의미한다. 역사를 이러한 종류의 공식에 끌어들일 수 있을까? 그러기 위해서는 우선 A와 B가 그러나 C 또한 완전히 정해지고 엄밀히 기술되는 역사적인 사물을 대표하고, 그럼으로써 우리는 A, B, C라는 표현으로 일련의 서로 전적으로 동일한 경우에서 역사적 상황의 항상적 구성을 입증할 수 있어야 할 것이다. 역사적인 요인이 그러한 성질의 것이 되지 못함은 여기에서 생각하는 유의 일반적인 역사 개념의 양식을 이해하는 사람이라면 누구나 잘 알 것이다. 국가 형태이건 민족운동 혹은 그 밖의 어떠한 역사적 현상이건 마찬가지다. 그것들을 파악하는 연관은 느슨하며 폐쇄적인 것이 아니다. 어떤 현상을 역사의 과정 속에서 극히 한정된 일련의 요소로 환원하는 것은 불가능하다. 여기에서는 또 다음과 같은 사실이 전혀 고려되지 않고 있다. 즉 역사적 과정에서는 가장 거대하고 가장 일반적인 상황의 변화마저 법칙적인 진행을 발견할 수 있는 현상과는 어떠한 인과관계도 없는 사건들에 의해 언제나 결정된다는 것이다. 그러한 사건에는 활약 중인 인물의 예기치 못한 죽음이라든가 테르미도르(thermidor, 프랑스 혁명력의 제11월, 태양력의 7월 19일~8월 17일)의 8일에서 9일에 걸친 밤에 로베스피에르의 지배를 종식하는 데 도움을 준 소나기처럼 전적으로 자연에 속할 영향도 있다.

인간 공동체의 현상에 관해 그 법칙성을 탐구할 수 있는 것은 그 현상을 둘러싼 역사적 관련에서부터 그것을 떼내서 경제적 혹은 사회학적 관점으로 관찰할 경우다. 그러나 그렇게 되면 생명으로 가득 찬 그것의 특수성은 박탈당한다. 그 특수성 속에서 역사는 그러한 현상을 보게 마련인데도 말이다.

그러나 오늘날의 정신은 전적으로 정밀과학의 지배 아래에 있으므로, 지식의 영역에는 계산이나 공식으로 정리할 수 없는 것이 있음을 사람들은 쉽게 인정하지 않는다. 정신적 탐구의 형태에는 흩어지고 확정된 세부 사상(事象)들을 완전히 분석하지 않고 결론을 내야 하며 또 낼 수 있는 것이 존재함을 쉽게 인정하지 않는다. 우리는 역사학이 필경 법칙을 제시할 수 있으리라는 요구와 기대를 역사학자들에게서도 자주 듣는다. 그리하여 1920년 프랑스의 역사가인 뤼시앙 페브르(Lucien Febvre)는 다음과 같이 말하고 있다.[10] "과학적으로 구축되고, 방법론적으로 분석되고, 또 말하자면 유기체적 서열로 나누어진 많은 역사적 사실에서부터 서서히 법칙을 끄집어내는 진정한 방법은 참을성 있게 방법론적으로 그리고 서서히 엄밀한 분석에 종사하는 일이다." 헨리 웰스(Henry G. Wells)는 자신의 역사 개관에서 다음과 같이 말하고 있다. "전망이 넓어지면 많은 개별적인 것은 일반 법칙으로 귀결된다." 독일 역사가 쿠르트 브라이지히(Kurt Breysig)는 되풀이하여 역사 법칙의 정당성을 변호하기를 서슴지 않았다.

이 모든 것은 부질없는 환각이다! 언제나 역사 법칙을 발견했노라고 하며 주어지는 공식을 보면 동화의 모티프가 되는 인물이 회상된다. 그는 요정에게서 빛나는 황금을 받았으나 집에 돌아와 보니 나뭇잎에 지나지 않았다는 것이다. 그러한 공식의 한 예를 들면 다음과 같다. 필요한 만큼의 식량이 부족한 민족은 내란으로 몰락하든지 부족한 식량을 정복이나 상공업을 통해 손에 넣고자 할 것이다. 두 번째 예를 들어보자.

....
10) *Revue de synthèse historique*, Bd. XXX, p. 11.

정치적 통일의 역사는 소수의 자유에서부터 시작하여 다수의 자유를 거쳐 모든 인간의 자유로 진전되고 다시 반대의 경과를 취한다. 우리는 이것을 법칙이라고 부를 것인가? 나는 오히려 이러한 규칙은 격언으로 생각하고 싶다. "엄격한 군주는 오래 통치하지 못한다"라는 것도 그렇게 생각하면 똑같이 역사 법칙이라고 할 수 있을 것이다. 이때 이 격언의 정당성 여부는 상관하지 않아도 된다. 역사 법칙으로서 제기되는 정식(定式)은 단지 추측되는 규칙성을 애매하게 말한 데 지나지 않으며, 겨우 몇몇 경우에만 관찰되었을 뿐 실례로 들 수 없는 것이다. 그것에 관해 장차 역사적 연관성을 가정하거나 추측하는 일마저 할 수 없다.

아니, 역사의 지혜는 일반 법칙을 제시하는 것과 다른 영역에 속하며, 일반 법칙이란 기껏해야 교향곡의 마지막 음표와 같은 것으로서 장중하기는 하지만 중요하지는 않다.

역사 법칙을 인식할 수 있다는 믿음은 역사학에서는 어느 정도 인과(因果) 인식이 가능한가에 관한 올바른 파악과 모순된다. 그러므로 우리는 네 번째 관점에 도달한다. 즉 역사적 인과 개념은 극히 한정된 정당성만을 지닌다는 관점이 그것이다.[11]

나는 여기에서도 또한 다음과 같은 사실에 관해서는 언급하지 않을 것이다. 즉 근래의 자연과학도 동일하게 인과 개념의 지나친 엄밀함을 본질적으로 느슨하게 하지 않으면 안 되었다는 사실 말이다. 물리학까지도 그 일탈이 알려지지 않고 있으므로 결과는 대체로 동일하리라고 감히 말할 뿐, 철석같은 자연법칙도 엄밀히 정당하다고는 확신할 수 없다. 그러므로 우리가 역사학으로부터 원인에 관한 절대적 결정을 기대하는 것은 어렵다. 역사가가 그 대상을 관찰하는 모든 사건의 흐름은 복잡하고, 분석이 어렵고, 어디에도 확실히 머물지 않는 것이므로 결코 엄

....

11) *Wege der Kulturgeschichte*, pp. 32, 52 참조.

격히 폐쇄된 인과의 계열이란 존재하지 않는다. 만약 우리가 역사 속에서 A는 B의 원인이 된다고 말할 수 있다고 믿는다면, A나 B는 마찬가지로 한없이 복합적인 것임을 결코 잊어서는 안 된다. 이것은 다음과 같은 사실을 의미한다. 즉 B에는 A의 요소와는 관계가 없는 많은 요소가 무한히 포함되고 있음을 그리고 A에 대한 B의 관계로서 사람들이 확인하는 것은 기껏해야 일반적인 의존 관계임을 말이다. 역사적 인과관계에 관한 관념은 결코 하나의 쇠사슬을 형성하는 부분이라는 비유로서 예견되어서는 안 된다. 역사의 인과관계를 말하는 사람은, 오히려 내가 이미 사용한 형상[12]을 되풀이한다면, 단지 느슨한 꽃다발을 이룬다고 할 것이다. 새로운 생각이 더해질 때마다 꽃다발 전체의 외관이 변한다. 바꾸어 말하면, 역사적 인과관계의 인식이란 연관의 이해이거나 완전히 파악할 수 없는 어떤 조건의 고찰 이상의 것은 아니다.

역사가는 과거 속에서 일정한 형태를 인식한다. 그것을 또한 타인에게도 보이게 하기 위해 그는 그것을 의미 있게 정리하고자 시도한다. 역사가가 사건 속에서 발견하는 그 의미의 개념 자체는 직접적으로 그의 세계관과 진리에 대한 감각에서 유래한다. 후자에 관해서는 다시 뒤에서 언급할 것이다.

역사학에서 엄밀한 인과관계의 확립이 단지 제한된 범위에서만 가능하다는 것이 만약 사실이라면, 그것으로부터 직접 다음과 같은 논의가 뒤따를 것이다. 즉 역사적 과정을 발전으로 이해하는 것은 무리한 비유에 지나지 않는다는 논의 말이다. 그러므로 우리는 제5의 관점에 이르니 그것은 이미 서론에서 언급한 바 있다. 그것은 발전의 관념이 역사학에 별로 도움이 되지 않고 때때로 방해가 된다는 사실이다.[13]

---

12) 같은 글, p. 32 참조.
13) 같은 글, pp. 20~32 참조.

발전의 관념은 1세기에 걸친 학문 연구를 통해 깊이 각인되어, 그것을 표현하는 비유의 언어가 원래 무엇이었던가에 대해 우리는 더 이상 생각하지 않는다. 발전과 전개는 주어진 대상의 모든 자연적 경향이 이미 그 맹아 속에 포함되어 있음을 의미한다. 이 비유를 하나의 식물의 생장이라는 영역에서 식물 종자의 몇 가지 예를 들어 옮기고자 하면(이 경우 발전은 번식과 유전을 통해 전해진다), 비유는 대단히 확장된다. 그리고 우리가 이러한 비유를 생물의 영역에서부터 역사 영역에, 즉 제도, 국가, 민족, 문화의 영역에 가져오면 싹트는 씨앗의 직접적 의미는 본원적으로 더 이상 거의 남지 않는다. 예를 들어 알파벳이 개념 문자로부터 음절 문자를 거쳐 '발전한다'고 기술할 때, 우리는 시적 비유를 사용하고 있는 것이다. 그러한 경우 실제적 경과와 생물적 발전은 오직 완만하다는 특징만이 공통적이다. 그럼에도 불구하고 '발전'이라는 표현을 그러한 관련 속에서 사용하는 역사가는 대체로 그것을 통해, 생물학자가 생각하는 것과 동일한 개념을 쓰고 있다고 굳게 믿는다. 사실 이 말은 생물학 영역으로부터 분리되면 그 함축적 가치를 상실한다. 그러나 다른 한편 우리의 사고 능력은 거의 강제적으로 우리를 둘러싼 세계를 이해하기 위해 이 비유를 사용하도록 요구하는 듯 보인다.

역사 발전의 관념이 생물학적 진화의 관념에 어느 정도 대응하고 있는가를 아주 간단히 살펴보자. 생물학자는 계통발생 과정에서 번식에 의해 되풀이되는 유기체의 내재적 경향과 더불어 외계, 즉 환경의 영향 또한 충분히 인정한다. 그러나 그는 그 영향을 변함없고 항상적인 것으로 본다. 내적 발전의 경향은 그것을 변용시키는 환경의 조건과 합쳐져 생물학자에게는 일종의 조화를 형성한다. 앞에서 말한 영향이 밖에서 작용하여 방해하거나 때로 파멸을 몰고 올 가능성은 생물학자에게 무시된다. 왜냐하면 그는 정상적 방법으로 발전하는 표준형을 생각하므로 그것을 실제적 경과로부터 고립시키는 경우나 단절된 발전의 경우는 고려하지 않기 때문이다.

그런데 이러한 방법을 역사 영역에 옮기면 그것은 거의 우리에게 도움이 되지 않는다. 역사 과정에서는 항상적인 발전형을 제시할 수 없다. 가령 그것이 가능하다고 하더라도 그것을 관찰하고 분석하기 위해 그것을 사건의 흐름으로부터 고립시킬 수 없을 것이다. 역사 과정에서는 밖으로부터 오는 영향을 항시적인 것으로 볼 수도 혹은 무시할 수도 없다. 그러한 영향이 단지 변화할 뿐만 아니라 끊임없이 방해하고 새로운 방향 전환을 일으키는 것이 바로 역사 과정의 본질이다. 우리는 역사 현상의 위치를 환경 속에서 정할 수 없다. 우리는 이러한 현상들이 지닌 내재적 유산을 알지 못한다. 우리는 더더구나 역사 현상 자체를 한정할 수도 없으며, 또한 완벽하게 특징지을 수도 없다. 엄밀한 확인도, 일정한 경향의 추적도, 결정적인 원칙으로의 환원도, 모두가 여기에서는 불가능하다. 역사의 발전이란 만약 우리가 그 표현을 엄격한 의미에서 받아들인다면 그릇된 이념이다.

그럼에도 불구하고 그에 대한 의의는 다음과 같이 제기될 것이다. 즉 우리가 거대한 현상을 발전 과정이라는 관점에서 보기 시작한 이래, 역사학은 인식 가치와 설득력을 상당히 획득해왔다. 국가형태, 제도, 법과 법령, 경제형태, 학문과 문화는 저 발전의 관념에 의해 비로소 우리에게 이해되었다. 철저하게 역사 발전을 부인하는 것에 반대하는 이는 다음과 같이 주장할 것이다. 그러면 과연 우리는 국가를 건설한 현명한 입법자나 종교를 생각해낸 교활한 사제(司祭)의 낡아빠진 관념으로 되돌아가야 할 것인가?

전혀 그렇지 않다. 나는 역사 속에서 발전 개념을 잘 생각하여 사용만 한다면 그것은 불가결하며 유용하리라고 생각할 뿐만 아니라, 오히려 이를 더욱더 강조한다. 즉 나는 학문적인 인식 수단으로서의 발전 사상은 원래 역사적 사유에서 나타나고 쓰였으며 그 뒤 비로소 자연과학에 의해 채용되었다고 생각한다. 18세기에 풍요롭게 꽃핀 자연과학이 경이에 찬 세계의 파노라마를 새로운 정열적 지식욕에 불탄 사람들 앞에 펼쳤을 때, 거기에는 아직도 발전 사상이 없었다. 자연과학에서 아직도 피조물은 처음에 있었던 그대로였으며, 이신론적(理神論的) 신념이 기억을 위해(pro memoria) 신의 창조를 말하건, 깊은 종교적 의식이 옛 믿음 그대로 창조를 받아들이건 마찬가지였다. 같은 시기에 국가나 제도가 의식적으로 창설되었다는 생각을 대신하여 점진적 이행, 끊임없는 변화라는 이념, 성장과 진보의 이념을 주장하는 생각이 서서히 나타났음은 바로 역사의 거대한 현상에 관한 사상에서였다. 이러한 사상은 헤르더의 정신에서 그 깊은 의미와 완벽한 내용을 견지했다. 역사 발전이라는 근대적 의식은 헤르더로부터 시작된다.

이러한 사상을 파악하기 위해서는 그 자체로 전혀 이질적인 일군의 역사 현상을 의미와 본질에 따라서 무엇인가 통일된 것으로 파악해야 했다. 이러한 목적 지향적 통일성을 인정하고 보다 높은 것으로의 환원으로 현상의 의미를 이해함으로써만 사람들은 발전 개념을 역사 과정에 응용할 수 있었다. 이를 위해 사람들은 인식하고자 하는 역사적 전체를 '유기체'(organismus)로서 관찰하지 않으면 안 되었다.

유기체 개념은 분명히 비유적으로 남용될 우려를 안고 있었다. 그것은 결코 근래의 자연과학에서 빌려온 것이 아니다. 그 개념은 오히려 먼 옛날의 신화적 관념에서 유래한다. 국가론에서 국가를 인간적 유기체와 비교하는 것은 이미 고대부터였다. 추상적인 역사적 통일성에 불가결한 표현을 확인하기 위해서는 단지 계몽주의 정신 혹은 낭만주의 정신 같은 이 원초적 사상에 결부시키면 되었다. 역사적 유기체 관념은 발전 개념을 응용하는 데 필수적 조건일 뿐만 아니라 대체로 현재에서건 과거에서건 사회적 존재의 형태를 이해하는 데 불가결한 조건이다. 이러한 역사적 전체 혹은 추상적인 통일이라는 관념을 어느 정도 시인하느냐 하는 물음은 제3장에서 고찰하고자 한다.

3. 역사의 이념

역사 인식의 방법에 관한 발언은 앞에서 언급한 역사 인식의 형성과 불가분하게 결합된 일련의 약점을 드러낼 듯 여겨진다. 그것은 연이어 밝혀졌다. 즉 역사는 고도로 불확실한 학문으로 여겨져야 하고, 그 인과 관계는 결함이 많으며, 역사란 법칙의 개입에 저항적이라는 사실 때문이다. 또한 다음과 같이 설명할 수 있다. 즉 역사 발전 개념은 상당히 유보적인 입장에서만 통용되며, 우리가 역사적 유기체라는 비유를 받아들일 때만 이용될 수 있다.

엄밀히 생각해보면, 이들 반론의 밑바닥에는 언제나 사물에 대한 실제적 혹은 명목론적 파악이라는 이율배반이 존재한다. 우리는 전혀 동일하지 않은 사물의 영원한 흐름으로부터 하나가 된 일정한 집단을 현실로서 현상적으로 특수하게 끌어들여 그에 정신적인 각색(脚色)을 다할 권한을 얼마나 가지고 있을까. 바꾸어 말하자면 가장 단순하게 주어진 사실조차 언제나 한없이 복잡한 역사적 영역에서 통일이란 무엇이며 전체성이란 무엇일까.

그것은 인간일까 개인일까? 그러나 개별 인간이라 할지라도 무한한 복합체다. 그리고 고립된 것으로 여겨지는 인간은 결코 역사적 현상이나 역사의 대상이 될 수 없다. 즉 인간은 생물학적·정신적 통합을 이룬다. 그러나 그 어느 쪽 관점에서 보더라도 인간은 역사의 대상이 될 수 없다. 인간은 오직 그가 놓인 삶의 조건 속에서만, 그의 주변이나 시대와의 관련 속에서만, 그가 속한 국가와의 교류 속에서만 그리고 그의 운명의 과정 속에서만 역사적 통합을 이룬다. 그를 둘러싼 그러한 상황은 한정되지도 않고 결정될 수도 없다.

그럼에도 불구하고 우리의 사고 능력은 피할 수 없는 명목론을, 모든 형태와 모든 사고를 우리로 하여금 언제나 되풀이하여 그 구성 요소로 분열시켜 해체하게끔 원자(原子)화하는 명목론을 불가피한 실재론으로 보충하기를 강요한다. 우리는 영원한 다양성을 전체로서 파악해야 한다. 우리는 그럴듯한 것들의 황야(荒野) 속에서 어떤 복합적인 통합체를 끄집어내어 이름을 부여하고 형태를 갖추어주어야 한다. 이 통합체는 말하자면 이념이다. 우리는 생각할 수 있도록 추상화해야 한다.

이러한 일들은 참으로 피할 수 없으므로, 그러한 전체를 우리가 한정할 경우 개별적 개인 혹은 공간적으로나 시간적으로 단순한 사실에 머무를 이유는 없다. 잘 알려졌다시피 생물학자들은 하등동물의 세계에서 개체와 종 간의 경계를 그을 수 없다. 같은 경우 역사가들에게 그러한 일들은 정신의 영역에서 일어난다. 집단이나 제도 및 국가는 통합체로서 인간의 역사적인 삶을 그 전체상(全體像)으로 환원하며, 그러한 것으로서 역사학에 의해 관찰되고 분석되어야 한다.

역사적인 이념론을 이와 같이 받아들이는 것은 불가피하고 또한 일상적이며, 개인적·사회적인 생활에까지 영향을 끼친다. 인간은 철저한 명목만 가지고서는 살 수 없으며 적어도 정신적으로 살 수 없다. 현존재의 특수성에 형태를 부여하는 불가피성은, 그것이 현재의 것이든 과거에 속한 것이든 간에 전적으로 마찬가지이며 더욱더 여러 결실을 맺는다.

역사 관찰자의 눈앞에 놓인 것은 결코 벌거벗은 단순한 사실이 아니다. 그 사실들은 더욱 광범위하고 일반적인 복합체와 관련되어 있다. 극히 사소한 사실일지라도 그에게 그것은 마음속에서 어떤 방식으로든 그와 관련된 이념의 전체상 속에 정리됨으로써 의미를 지닌다. 역사적 사실은 더욱 일반적인 관념 속에서 구성될 수 있어야만 특수한 존재라는 자질을 지닌다. 오트마르 슈판(Othmar Spann)은 언젠가 이러한 사실을 명확하게 말했던바,[14] 그는 "역사는 이론 없이 생각할 수 없다"고 당당하게 말했다. 그러므로 역사는 일상적인 인간 생활의 사고방식과 밀접하게 관련되어 있음을 다시 입증했다. 바로 일상적인 사고방식은 일반적인 범주, 현상을 이해하는 지적 능력을 받아들이는 이 범주 없이는 거의 존재할 수도 없다.

이러한 극히 근본적인 고찰을 역사적인 방식으로 이제 어떻게 전용할까. 우리는 우선 여러 가지 방법으로 역사학이 그것의 대상인 과거에 개념이나 정식 및 분석이라는 도구를 가지고 가까이 갈 수 있는지 그 능력에 회의를 표시했다. 우리는 역사학이 그 대상을 엄밀하게 한정하고 결정짓는 능력에 이의를 제기했다. 그럼에도 불구하고 우리는 역사학이 그 소재를 언제나 이념적으로 한정짓는 것을 확인해야 했다. 그렇게 함으로써 이제 우리는 역사를 새로운 규범적 학문의 도구로 인정하게 된 것일까. 그렇다면 역사의 소재는 도식과 정식으로 한정되고 환원될 것이다. 그럼으로써 역사학은 순수 사회학으로 변했다는 비판을 받을 수밖에 없는 것일까?

그렇지는 않다. 역사에 특징적인 것 그리고 고도의 삶의 가치(이 가치는 다른 어떤 학문보다도 역사를 인생의 한복판에 끌어들인다)를 역사에 부여하는 것은 언제나 다음과 같다고 할 것이다. 즉 역사는 그 소재를 유기체로서가 아니라 언제나 사건으로서 파악하고 취급한다.[15] 사회학자와 마찬가지로 심리학자에게도 한 상황의 사실이 개념적인 도식에 적합하냐가 주요 관심사다. 이에 반해 역사가에게 적합성의 문제는 크게 작용하지 않으며, 단지 부차적인 의미를 지닐 뿐이다. 이미 '상황'(Fall)이라는 표현이 역사와는 무관하다. '상황'이란 심리학, 법학, 사회학에 관한 사실

14) "Über die Einheit von Theorie und Geschichte", in: *Aus Politik und Geschichte, Gedächtnisschrift für G. von Below*, 1928, p. 303.

15) *Wege der Kulturgeschichte*, pp. 31, 32 참조.

이다. 역사가에게 사실이란 언제나 "언젠가 일어난 일련의 사건"이다.

그리고 우리가 더욱더 보태야 할 것은, 그러한 일들이 달리 일어날 수도 있었다는 점이다. 여기서 관점의 차이가 명백히 드러난다. 사회학자나 심리학자들은 마치 결과가 잘 알려진 요인 속에 이미 주어진 것처럼 대상을 취급한다. 즉 그들은 단지 최종 결과가 주어진 요인 속에서 이미 어떠한 방식에 따라 결정되었는지에만 관심을 가진다. 이에 반해 역사가는 어떠한 대상에 대해서도 비결정적인 관점을 굳게 지녀야 한다. 그는 항시 과거의 순간 속에 자리를 잡으니, 이 순간 속에서 잘 알려진 여러 요인으로부터 다양한 결과가 나타난 것으로 여겨진다. 역사가가 살라미스(그리스의 섬) 해전에 관해 (전쟁 전에) 언급한다면, 페르시아인이 승리할 수도 있을 것이라고 말할 수 있다. 그가 브뤼메르(Brumaire, 프랑스 혁명력의 2월)의 쿠데타에 관해 언급할 때 그것이 아직도 해결되지 않았다면, 보나파르트가 비참하게 추방될 수도 있다고 말할 수 있다. 역사가는 최대한의 가능성을 언제나 확보함으로써 삶의 풍요로움을 진정으로 이해할 수 있다.

이제 우리는 서서히 역사학의 과제에 관해 분명한 인식에 도달했다. 역사가는 인간 공동체의 일정한 과거의 전통적 관행 속에서 의미를 인식하고자 정성을 다한다. 이 의미를 표현할 수 있도록 그는 역사적 현상을 범주에 따라 정리해야 한다. 그런데 이 범주는 그의 세계관, 그의 정신 및 그가 속한 문화에 따라서 생겨난다. 먼저 강조하고자 하는 것은 (그리고 뒤에서도 되풀이하겠지만) 나는 여기에서 상대주의를 역설할 생각은 없다는 점이다. 상대주의는 모든 역사관을, 그것이 그 서술자의 확신에 부합만 한다면 동일하게 진정한 것으로 받아들인다. 나는 역사 서술이 그것이 존재하고 그것을 발전하게 한 문화에 늘 속한다고 확신한다.

역사가는 또한 과거의 현상 속에서 어떤 이념적인 형태를 인식하고 그것을 서술하기를 원한다. 그는 그것을 개념적으로 묘사하지 않고(사회학의 과제는 그러한 것이지만) 일회적인 역사 과정이 형성하는 일정한 관련 속에서 명백히 표현하고 묘사한다. 역사가가 보는 것은 생활 전체의 형태이며, 신앙과 제전(祭典)의 경영이며, 법과 법률의 형태이자 사고의 형태, 예술 창조의 형태, 문학, 국가 생활과 민족 생활의 형태, 말하자면 문화의 형태다. 그는 이러한 여러 형태를 언제나 '행위 속에서'(in actu) 본다. 그 모든 것은 삶의 형태이므로 모든 형태가 기능을 지닌다. 또한 역사가는 이러한 삶의 기능이나 문화의 기능을 도식적으로 형식에 끼워 넣고자 체계적으로 분류하는 것이 아니라 그것들이 시간과 장소 및 풍토 속에서 눈에 보이도록 작용한다는 점을 명백히 하고자 한다. 그 기능이 드러나는 방식은 거의 언제나 투쟁이다. 무장 투쟁이나 견해의 대립은 역사 서술의 주제이기 마련이다. 가령 이러한 힘이 아무리 약화되더라도 역사란 본질적으로 언제나 서사적이며 극적이다.

이와 같은 작업에서 역사적 관점과 사회학적 관점 간의 경계를 양측에서 자주 뛰어넘는다는 사실은 거의 자명하다. 역사가는 자신의 표상을 이해하도록 체계적인 정신과학의 표현과 방편을 자주 이용해야 한다. 묘사적 표현 방식과 형식주의적 표현 방식 간의 경계는 특히 문화의 특정한 측면을 취급할 때 희미해진다. 예를 들어 종교사, 예술사 및 법률사의 경우에서 그러하다.

역사적 인식에서의 이념적인 통일 혹은 전체상에 관해서는 이제 다음과 같은 것들을 명심해야 할 것이다. 그것은 언제나 변화와 관련되며 이 변화는 시간 속에서 복합적인 현상을 띠고 나타난다. 유기체로서의 형태의 발전을 밝히고자 하는 술어(術語)가 상대적으로 정당함은 우리가 지금 인식한 바와 같다. 그러나 이렇듯 유기체를 발전으로 파악함은 목표 혹은 결정을 받아들이는 것이 된다. 우리가 제의한 역사적 연관성(우리의 정신이 창출한)은 우리가 그것을 위해 목표를 설정하거나 일정한 성과에 이르는 길을 언명하는 한에서만 의미를 지닌다.[16] 이러한 성과는 훌륭한 완성에도 멸망 혹은 몰락에도 존재할 수 있다. 그리고 그 목표는 인간 의지에 의해서건 맹목적인 필연성의 귀결이건 혹은 신의 섭리이건 끊임없이 작용하는 창조적 행위이건 상관없다.

그러므로 역사적 사고방식이란 언제나 목적 지향적이다. 과거가 역사에 소재를 제공하고 시선이 뒤를 향하고 정신이 바로 다음 순간을 한 번도 제대로 예견할 수 없음을 알고 있음에도 불구하고, 이 정신은 영원한 미래로부터 움직인다. 역사는 현재를 이해하기 위한 것이라는 널리 알려진 통념은 허구 위에 놓여 있다. 현재란 철학적 사고와 마찬가지로 역사적 사고와도 무관하다. 역사적 물음은 언제나 다음과 같다. 무엇을 위해 그리고 어디로(Wozu und wohin)? 역사학은 지극히 목적 지향적인 학문으로 특징지어져야 할 것이다.

역사적 인식 방법을 지칭하는 데 가장 적합한 표현은 아마도 인간 공동체에 관한 형태학의 토대 위에 이루어진 극문학(劇文學)이라고 할 것이다. 이 경우 역사의 비체계적, 서술적인 성격이나 그것이 그 대상을 '행동 속에서' 찾는다는 사실은 되풀이하여 강조되어야 할 것이다. 역사학이 이렇게 한두 가지 조건을 도외시하는 순간 그 목적은 빗나가버린다. 이 경우 신중함이 얼마나 중요한가를 우리는 이제 역사 인식의 건전한 형성을 위협하는 몇몇 위험성을 들어 밝히고자 한다. 이러한 위험성을 나는 전문용어의 범람, 상투적인 문구와 의인법(擬人法)의 이용으로 특징짓는다. 그 가운데 의인법은 가장 중대하고 근본적인 위험이다. 우선 그 예를 들어보자.[17]

앞에서 처음에 어느 정도 이념의 실재를 인식함은 정신적으로 불가피하다고 언급한 바 있다. 그것은 다음과 같은 의미였다. 즉 우리는 세계

---

16) 같은 글, pp. 16~18 참조.
17) 같은 글, pp. 57~60 참조.

와 인간의 삶에 대한 생각을 밝히기 위해 우리의 명목론적인 자가으로 한없이 많은 원자와 그 작용을 해체할 현상에까지도 통일과 실제를 인정해야 한다는 것이다. 이러한 실재론(스콜라학의 의미에서)에는 불가피하게 어느 정도 가벼운 의인화가 포함되어 있다. 즉 인간의 본질을 엄밀히 말해 그럴 수 없는 개념에 이입하고 있는 것이다. 내가 "사회는 견디지 못한다"라든가 "명예가 그것을 금한다"고 할 때 말하자면 의인법으로 표현하고 있는 것이다. "정부는 체결한다"고 말할 때, 그에 더해 "펜의 힘이 느슨해진다"고 말할 때, 이 모든 것은 피할 수도 결여될 수도 없는 의인법에 속하며 그것 없이는 우리의 표현 능력이 바람직하지 못한 것으로 이해된다.

내가 역사적인 의인화를 위험한 것으로 경고할 때 그 -ismus(이론, 주의)라는 접미어가 그 자체로 정당하고 유용한 수단을 남용하고 있다는 의미로 사용되고 있음을 쉽게 알 수 있다. 내가 경고한 오류를 나 자신이 범하고 있다고 말하면서 언젠가 나를 비난한 비평가에게 나는 내가 가끔 한 잔의 포도주를 즐겨 마신다 하여 나를 알코올 중독자로 비난할 것인가 하고 묻고 싶다.

역사적인 의인법 아래에서 나는 어떤 전체적인 사고방식을, 인간적인 자각을 전제로 하는 행위나 태도를 인정하는 취지로 이해한다. 언어란 그와 같은 비유적 표현 방식을 불가피하게 지니기 마련이다. 경계해야 할 것은 우리가 이와 같은 비유, 은유적인 표현 방법에 기초하여 더욱더 그것을 확대하거나 그럴듯하게 만드는 것이며, 원래의 인간적인 독자성을 감지할 수 없는 형상으로부터 환상이 생겨나고 그럼으로써 학문적 관념 대신 신화적 관념이 무의식중에 생겨나는 것이다. 역사적 관념이 열정적인 의지로 요동칠 때면 그러한 일들이 자주 일어난다. 그 의지가 정치적이건 사회적이건 종교적이건 혹은 그 밖의 어떤 종류의 것이건 그러하다. 그러면서 사람들은 '자본주의'라는 추상적인 개념을 지극히 잔인하고 교활한 악마적 존재로 여기기도 하고, '혁명'을 처음에는 이념으로 보고 얼마 뒤에는 살아 있는 유기체로 보게 된다.

이러한 국면에서부터 수사학적·알레고리적 인격화까지는 바로 한 걸음 앞이다. 그러나 바로 이 레토릭이 때때로 의인관을 해롭지 않게 하고 있다. 강한 레토릭은 독 병에 그려진 해골 마크처럼 작용한다. '왕관'이 '그림자'를 드리우고 혹은 '혁명'이 횃불을 들고 크게 입을 벌려 바리케이드를 짓밟으라고 하면 모두 비유임을 짐작한다.

의인법이 위험스러운 것은 비유가 생각해낸 형상을 철학적 혹은 학문적인 개념으로 이용하고자 분명하게 요구할 때다. 이러한 경우가 오스발트 슈펭글러의 『서구의 몰락』(Der Untergang des Abendlandes)에서처럼 강력한 적은 없다. 슈펭글러가 보여준 천재적인 추리력, 시야의 깊이, 빛나는 전망도 그의 역저가 지닌 근본적인 결함을 보충할 수 없었다. 슈펭글러는 세계사를 과격하게 도식화했으나 이 도식 속에서 그의 마음에 차지 않은 모든 것은(예를 들어 기독교, 아메리카 및 라틴 민족) 경시되거나 왜곡되었다. 그 밖에도 슈펭글러는 자신이 언급한 여러 문화의 위계(位階)를 억지로 정하고, 그것들에 인간의 모양을 부여하고, 이를 마치 생물학적 생애로 받아들이면서 역사를 관리했다.[18]

그러나 이러한 점에서 문화계를 둘러싼 건전한 역사의식은 이미 (슈펭글러의 도식적 사고와는 달리) 승리한 것이 아닐까. 슈펭글러는 담대한 기백으로 영향력을 과시했다. 그러나 그의 저작이 등장한 지 벌써 20년이 지난 오늘날 그 누가 그의 일련의 문화론에 관해 그리고 독일이 아닌 다른 어느 곳에서 '파우스트적 인간'을 역사적인 표현으로 받아들인 적이 있었던가?

큰 두려움이 더욱 역사를 위협한다. 그것은 정치적인 관점이 역사적 소

....
18) 같은 글, p. 58 참조.

재로부터 이상적인 관념을 조작하여 '새로운 신화'로, 즉 사상의 신성한 기반으로 제공하고 군중에게 신앙으로 강요하고자 하는 경우다. 이때 종교와 신화 및 학문의 위선적인 혼동은 우리의 시야를 의도적으로 교란한다. 바라건대 우리 시대의 역사적인 양식이 문화를 삼켜버리는 피에 굶주린 우상을 역사의 이름으로 주장하지 않기를.

그러나 우리는 다시 역사학이라는 평온한 영역으로 돌아가서 생각해 보자. 나는 술어의 범람이라고 지칭한 위험에 관해 논한 바 있다.[19] 이 위험에 관해 나는 극단적인 예를 들어 밝히고자 한다. 르네상스라는 용어는 19세기 중반 역사적 사고에서 1400년부터 1600년에 이르는 분명하게 정해진 기간에 일어난 듯한 정신운동을 지칭해왔다. 그럼에도 불구하고 그 후 우리는 다음과 같은 사실을 깨닫게 되었다. 즉 첫 번째로 이 운동의 성격, 범위 및 시대가 결코 한정되지 않았다는 사실을, 두 번째로는 비슷한 운동이 다른 시기, 다른 지역에서도 일어났다는 사실을 말이다. 이제 사람들은 르네상스라는 용어의 사용 범위를 엄청나게 확대했다. 사람들은 르네상스가 이미 13세기에 시작되어 17세기까지 지속된 것으로 여겼다. 사람들은 카롤링거 르네상스('12세기 르네상스'라고도 함)를 운운하고 르네상스 일반을 논했다. 그러면서 이 용어는 어느새 그 핵심, 그 향기, 그 가치를 상실했다. 왜냐하면 역사적 용어란 그것이 극히 분명한 역사적 과거에 따라 향기를 품고 명백한 모습으로 상기됨으로써만 그 가치를 지니기 때문이다. 이탈리아 르네상스에 관해 말할 때 나는 도나텔로(Donatello)와 베첼리오 티치아노(Vecellio Tiziano) 사이에 있는 것들을 눈여겨보며, 그 이상의 것은 결코 아니라고 생각한다.

그처럼 르네상스의 개념은 범람했다. 이러한 일은 고딕이나 바로크라는 표현에서도 일어났다. 이 두 용어는 처음에 극히 명확한 건축과 조각

....
19) 같은 글, p. 60ff. 참조.

의 양식을 뜻했다. 그 뒤 사람들은 이들 양식의 확실한 특징이 동시대의 그 밖의 정신적인 창출에도 특유하게 존재함을 발견했다. 그로부터 사람들은 이제 그 시대의 모든 문화를 이 표현으로 특징짓고 마침내 그 이념을 극히 보편적 의미를 지닌 추상적인 양식 개념으로 드높였다. 이 모든 것은 어느 정도 바람직하다. 그러나 그간에 이 용어는 역사가에게서 그 참뜻을 잃어버렸다. 그것은 꽃이 달린 가지 대신 수술대의 기구가 되었다.

세 번째의 위험으로 나는 '틀에 박힌 문구'를 들었다. 역사는 바로 비체계적이며 엄밀하지 않은 특징으로 인해 틀에 박힌 문구라는 위험에 처하게 된다. 역사는 보편적인 개념을 쓰면서 많은 현상을 파악할 수 있어야 한다. 동시에 역사가 사용하는 개별적인 이념은 모두 동일한 형태를 띠지 않으며, 선택된 것이고 비교할 수도 한정될 수도 없는 것이어서, 그 보편적인 개념의 엄정한 적용 여부는 사료(史料)를 통해 엄밀히 검증할 수 없다. 그런데도 단 한 번 발견해 도움이 된다고 믿어진 개념에 대해서나 도식적인 사고와의 관련성을 검토하여 지칭해야 할 대상에 대해서도 틀에 박힌 문구를 사용하고자 하는 유혹이 크다. 이 경우 생각되는 것은 사회적·정치적 현상이나 원리를 개념적 의미, 보편적인 술어로써 거의 모든 것에 너무도 안이하게 사용하는 태도다. 그러한 술어로 우리는 자본주의, 봉건제, 반동, 부르주아지, 민주주의 그리고 그 밖의 대단히 많은 것들을 들 수 있다. 역사학에는 이러한 개념들이 불가피하다. 그러나 역사가는 과거를 생생하고 분명히 재현해야 한다는 점을 진지하게 명심해야 한다. 그는 감성과 한(恨)으로 가득 찬 이러한 표현을 상투어로 쓰지 않도록 조심하고 경계해야 한다.

아마 여기에서 우리가 고대, 중세 및 근대라고 칭하는 극히 도식적인 시대구분의 중요성에 관해 잠깐 언급해야 할 것이다.[20]

----

20) 같은 글, pp. 19~21 참조.

고전 문화의 줄기에 접목된 기독교는 세계사의 흐름을 서로 이어지는 세계 제국이라는 도식으로 보았으며 그 마지막은 로마 제국이어야 했다. 인문주의가 처음으로 시대의 연속성에 관해 적절하게 새로운 견해를 나타내고 그것이 필경 역사 구분의 보편적인 원리가 되었다. 휴머니스트들은 고대를 빛나는 영광의 시대로 여기고 그 완벽함이 부활하리라고 확신했다. 그들을 위해 새로운 위대한 시대가 열렸다. 그리고 그들은 이제 고대의 빛나는 시대로부터 그들을 갈라놓은 암흑의 야만 시대를 '중간 시대'(media aetas, medium aevium)라고 칭했다. 중세 혹은 중간 시대를 뜻하는 이러한 지칭은 전적으로 부정적인 의미를 지녔다. 훨씬 뒤인 1700년경에 이르러서야 비로소 이처럼 구분된 고대, 중세, 근대가 교재용 시대구분으로 역사학에서 널리 자리잡게 되었다. 이제 서서히 그 자체로 전적으로 연대기적인 그 지칭이 저마다 감성적 내용과 결부되었다. 고대는 처음부터 그와 결부된 영광으로 더욱 빛을 발했다. 중세는 야만, 무지 및 공포를 의미했다. 근대는 신세계 정복, 서적 인쇄, 종교와 예술의 갱신, 학문의 상승 및 다른 많은 것들을 의미했다. 이와 같은 현상은 낭만파가 중세의 형상에 아름다움과 향수의 빛을 덧붙일 때까지 지속되었다. 그렇듯 이후 이 세 가지 표현은 저마다 적극적인 내용을 지닌 문화 개념의 가치를 지니게 되었다.

그러나 사람들은 역사적 시대구분의 배후에 있는 그와 같은 생생한 전망을 보게 되자 이 연대기적 시대구분에 만족할 수 없음을 명백히 알게 되었다. 476년 서로마 제국의 종말은 1492년 아메리카 대륙의 발견 및 그라나다(스페인 남부의 주州이자 그 중요 도시)의 정복과 마찬가지로 문화의 경계를 의미하지는 않았다. 이제 관용어로 자리잡은 표현을 쓰고자 하는 욕구는 그 연대기적인 근거의 결함보다 더 강했다. 근대와 중세의 경계를 1600년으로 설정하는 것이 보다 바람직하지 않느냐는 논쟁이 일어나고, 그것은 지금도 여전히 진행되고 있다. 그 밖에도 사람들은 중세라는 표현을 한 시기를 구분하는 기술적인 개념으로서 다른 문화에도, 예를 들어 그리스, 인도 그리고 일본 문화에도 적용하게 되었다.

이러한 일반적인 시대구분의 결함을 인식한다 하더라도 역사가가 그 표현을 앞으로 사용해서는 안 된다는 뜻은 아니다. 우리는 그것이 단지 보조 수단임을 알고 있다. 그러나 다음과 같은 사실은 극히 중요하다. 즉 역사는 일반적인 관련(가령 그것이 혼란스럽다 하더라도)을 각별한 말로 나타내는 표현을 원하므로, '중세' 같은 본래 무의미한 용어가 그처럼 강렬하고도 특별한 울림을 지니게 되고 역사만이 제공할 수 있는 대단히 생생한 이미지를 우리에게 불러일으킨다는 사실 말이다.

역사적 사고란 언제나 우리가 일련의 대립물 사이를 드나드는 데 귀착한다. 역사가 인식하고자 하는 것은 특수한 것일까 보편적인 것일까, 구체적인 것일까 추상적인 것일까, 일회적인 것일까 되풀이되면서 규칙이 된 것일까? 역사적 인식은 직관적인 관념일까 아니면 개념을 대상으로 할까? 역사학의 방법론적인 지향은 분석에 있을까 종합에 있을까, 그 대상은 개인일까 대중일까, 그것은 개별적 작용일까 집단적 작용일까?

역사의식은 그 자생적인 자질을 기반으로 언제나 특수한 것, 직관적인 것, 구체적인 것, 일회적인 것 및 개인적인 것으로 기울어진다. 역사적인 시선은 언제나 다채로운 사건이나 헤아릴 수 없는 흐름으로 향한다. 인간과 사물을 그 삶과 그 운동 **속에서** 관찰한다는 것을 망각한 인식은 가치 있는 것이더라도 더 이상 역사로 간주될 수 없다.

한편 이미 삶에서와 마찬가지로 역사적 이해에서도 특수한 것은 보편적인 것과 관련되었음을 알게 되었다. 일회적인 사건이란 역사에서 오직 일반적인 관련 속에서만 이해된다. 비역사적인 관찰자에게서 알브레히트 1세의 살해 혹은 알브레히트 폰 발렌슈타인(Albrecht von Wallenstein)의 살해는 신문의 '일상다반사'와 같은 하잘것없는 보도에 지나지 않는다.

구체적인 것은 단지 추상이라는 방식으로만 파악된다. 이미지와 개념은 완전히 대립된 것이 아니다.

역사 인식의 이 양극이 제대로 파악될 때 사람들은 의견의 차이가 생겨 활발히 논의된 여러 질문에 쉽게 답할 수 있다. 이렇게 답할지 저렇게 답할지 서로 모순된 듯한 모든 질문에 관한 답변은 언제나 다음과 같다. 즉 양쪽이 언제나 문제이며 각각 다른 편 속에 존재한다.

역사는 특수한 사실을 인식해야 할까 거대한 현상이나 관련성을 인식해야 할까? 양쪽 모두다. 역사는 특수한 사실 속에서 거대한 연관을 인식하며 특수한 경우의 인식 없이는 일반 현상의 인식이 무미건조하고 무기력하다. 율리우스 카이사르는 오직 한 번(기독교의 출현 직전의 로마 제국에서 그리고 무수한 조건 아래 전적으로 단 하나의 조건을 띠고) 생존했다. 그러나 나는 카이사르를 알렉산드로스 대왕이나 나폴레옹과 비교함으로써 비로소 이해할 수 있다. 그것은 또한 내가 장군이나 황제의 독자성을 비교하기 위해서일까. 만약 그렇다면 나는 내 역사 연구가 끝난 뒤에 마치 생물학자가 자신이 실험에서 이용한 물품들을 물통에 버리듯 카이사르와 알렉산드로스 대왕 및 나폴레옹을 버릴 수 있을 것이다. 그러나 역사가에게 카이사르라는 인물 유형이 중요하며 역사가는 카이사르의 독자성 및 헤아릴 수 없이 많은 타자와의 이질을 그리고 몇몇 인물들과의 유사성을 규명하고자 한다.

진정한 발전 개념은 역사에서 단지 불완전하게 적용될 뿐이라는 사실을 인정할 때 이미 특수한 사실을 인식할 불가피성을 품게 된다.[21] 왜냐하면 인간의 예측할 수 없는 운명은 모든 운명 개념을 퇴색게 하고 때때로 세계의 몰락이나 상승을 가로막거나 촉진하는바, 역사 인식의 형태에서 그러한 개인의 운명을 등한시하면 반드시 벌을 면치 못하게 되기 때

---

21) 같은 글, p. 32 참조.

문이다.

우리가 이미 언급한 요구는 얼마나 소리 높이 그리고 오래도록 메아리쳤던가. 이제 더 이상 영웅도 폭군도 필요 없다. 요람에서 무덤까지 이르는 개인의 삶에 대해 더 이상 쓰지 말도록 할지어다. 개인의 동기에 관해서도 더 이상 캐묻지 말라. 우리에게 대중의 삶을, 그들의 어려운 노동과 고통을, 그들의 희망과 그릇된 관념들, 정열과 거친 행동을 그려다오. 아팠노라, 그러나 많은 사람들이 좌절했을 때 처음으로 생각을 드러내고 행동하는 용기를 굳게 다지고 생사를 걸고 싸워 이겨서 혹은 (시대를) 증언하며 고뇌했던 그 개별적 인물들의 모습을 떠올리지 않는다면 그대는 아무것도 이해하지 못할 것이다. 적어도 역사적인 의미에서는 말이다.

집단에 대한 새로운 숭배 및 모든 개인주의에 대한 혐오라는 현대 정신은 대단한 자신감을 품고 공언했다. 역사를 만드는 것은 영웅이나 개인이 아니라 집단과 계급 혹은 인종이라고. 사실 그렇다. 그런데 그와 더불어 그 집단이나 민족의 구성 요소가 자루에서 새어나온 곡물이라면 그 주장은 절정을 이루었다고 할 수 있다. 이 곡물에 대해 헤라클레이토스(Heracleitos)는 다음과 같이 질문했다. "떨어지는 소리를 낸 것은 어느 것일까? 최초의 것 아니면 천 번째 것이었을까?"

그러나 헤라클레이토스가 결론을 맺지 **않았던** 점에 주목하자. 즉 곡물은 모두가 합쳐서 소리를 낸다. 그것으로써 모든 것이 마무리되었다. 헤라클레이토스는 오히려 그 질문을 통해 사물을 일반화하는 모든 판단의 논리적 결함을 증명했다. 그러나 과정 속의 모든 개체가 하나의 소우주인 경우, 일반화는 더욱더 심각한 결함을 지니기 마련일 것이다. 역사를 만드는 것이 개인이냐 집단이냐 하는 물음은 논리적으로도 답할 수 없으며 역사가에게 상관없는 일이다.

그럼에도 불구하고 역사가의 과제가 분석이냐 종합이냐 하는 순수 방법론적인 질문이 아직도 존재한다. 여기에서도 답은 다음과 같다. (그것은 다른 모든 학문과 마찬가지일 테지만) 역사가는 두 방법 모두를 사용해야 한다.

역사학은 아마도 다른 모든 학문 이상으로 확실히 분석적인 연구를 지나치게 행한 과오를 범했으며, 오늘날에도 범하고 있다. 그 경우 때때로 사물의 추이를 둘러싼 거대한 관련에 관한 느낌이나 세세한 일들을 알고자 하는 바람에는 한계가 있다는 의식을 상실한 것 같다.

그러나 이 점에 관해 역사가는 더욱더 스스로를 정당화할 수도 있는 세 가지 변명을 할 수 있다. 첫 번째는 역사가는 사료를 통해 역사를 따로따로 연구해야 하기 때문에 역사는 서로 좀처럼 만날 수 없는 학문이라는 것이다.[22] 사료(앞서 말한 것들을 되풀이하자면)는 무한히 다양하고 복잡하다. 역사적인 소재에 관한 생생한 지식을 얻기 위해서는 오직 특수한 사실에 다가가야 한다. 하지만 그것이 언제나 일반적인 원칙에 환원되는 것은 아니다.

두 번째로(이미 언급했듯이), 특수한 것은 일반적인 것과의 관련 속에서 인식함으로써 이해할 수 있음을 명심해야 한다. 그렇다고 모든 지방사 연구자가 언제나 세계사를 명심해야 한다는 것은 아니다. 그의 순수한 연구는 전체에 대한 인식을 전적으로 고려해야 하며 한정된 범위에서 종합해야 함을 의미한다. 이와 같은 지방사 연구자는 도시, 마을, 길드, 수도원 혹은 가족력 같은 세부적인 사실에 부지런히 몰두하여 그것들을 생생하게 비춰준다. 이제 그로부터 거대한 관련으로 선을 그어보자. 예를 들어 종교, 민족, 국가 혹은 대륙 같은 것들 말이다. 그러면 중요한 것과 단지 관심을 끄는 것 간의 경계는 어디에 있을까 하는 질문은 무의미해진다. 사실 그러한 경계는 어디에도 존재하지 않는다. 역사적으로 주어진 모든 소재는 바로 영원한 것 속으로 흘러 들어간다. 국가를 그것의 과거

....
22) 같은 글, pp. 10~12 참조.

에 비추어 관찰하는 것이 중요하다면, 마을과 그 밖의 다른 것들의 경우 또한 마찬가지다. 역사 연구의 의의를 결정짓는 것은 연구 대상의 크기가 아니다. 세계를 움직이는 투쟁을 규명하는 역사가가 좁은 시야의 분석에 몰두하는 경우도 있다. 중요한 것은 연구하는 마음가짐이다. 아마도 역설적이기는 하나, 사실은 다음과 같다. 역사학에서 종합은 이미 어느 정도까지 분석되어 있다.[23] 왜냐하면 역사적 인식이란 주로 "무엇인가를 드러내는 광경을 인지하는" 것이기 때문이다. 그것은 마치 앞으로 발을 내딛으면서 어떤 아름다운 풍경과 맞닥뜨리는 것과도 같다.

이제 지방사가에 관한 담론에서 이제까지 거의 언급하지 않았던 관점에 대해 생각해보자. 역사에 대한 관점은 사람에 따라 상이하며, 역사 연구 영역의 선택은 이미 대상을 향한 경향, 취향 및 친근성에 의해 정해진다. 사람들은 자신의 취향에 따라 전공을 선택한다. 그러나 우리의 역사적 관심은 과거의 일정한 부분에 대한 취향이 순수 학문적인 노력을 초월한 다양한 감성에 의해 좌우된다. 거기에는 환상과 즐거운 편안함(Gemüt)이 크게 작용하고 있다. 역사적 관심은 과거에 대한 사랑이며 존재하지 않은 옛것을 따뜻한 삶의 빛 속에서 소생시키려는 충동이다.

헤아릴 수 없이 많은 사람들이 자신이 선택한 일정한 대상에 관해 언제나 소소하게 연구하고 있는데, 그러한 연구가 바람직함은 앞에서 말한 이유에서다. 니체가 언젠가 과거에 대한 소소한 집착을 골동품적인 관심이라고 경멸했는데 그것은 전적으로 부당하다. 그것은 지적 충동으로서 지극히 바람직한 현상이다.[24]

역사의 딜레탕트가 더 전적으로 정당하고 불가피한 것은 여기에 기인한다. 학문의 여러 분야에서 누구나 가까이할 수 있는 역사의 영역만큼

....
23) 같은 글, p. 16 참조.
24) 같은 글, p. 14 참조.

딜레탕트가 쓸모 있고 환영받는 곳도 없다.

앞에서 언급한 관찰은 우리로 하여금 다시 한 번 이미 언급한 대립을 이제 긴요한 것으로 다가오게 만든다. 그것은 역사적 행위의 주관적 요소와 객관적 요소 간의 대립 문제다. 우리는 역사 연구 및 역사 인식의 서술 방법에서 주관성을 더욱더 강조함으로써 역사학이 지닌 확실성의 정도를 전혀 문제삼지 않았을까?

우리는 이제 이 확실성 여부를 이 장(章)의 맺음말로 다시 한 번 고찰해야 할 것이다.

이미 앞에서 언급한 모든 역사 인식의 주관적 요소에 관해 정리해보자. 이 요소는 필수 불가결하다. 그것은 이미 답변을 원하는 질의를 하는 경우에도 해당된다. 질문 방식에 따라 별개의 사실이 관찰 대상이 되고, 연관성이 달리 고려되고, 사료가 다른 의미를 띠게 된다. 역사적 관련성은 역사적인 사실과 우리가 그것에 부여하는 해석에 좌우된다. 관련의 모든 확실성이란 그것을 생각하는 주체가 그 사물에 인정하는 가치와 관련된다. 역사적 인식은 개체의 정신적·정념적(情念的) 삶으로부터 용솟음친 울림과 높이가 없다면 죽음과도 같고 아무 쓸모도 없다. 중요한 것은 개인적인 평가가 얼마만큼 판단을 지배하고 비판할 수 있는가 여부다.

그런데 역사가가 자신의 세계관을 소중하게 여기고 자신의 원칙을 열정적으로 인식할수록 그의 역사적 판단은 그릇되기 십상이다. 문제를 둘러싼 불가피한 주관적 파악은 빗나간 편견과 당파성으로 쉽게 옮아가기 마련이다. 이러한 사실로 인해 역사상(歷史像)은 전적으로 '판에 박힌 듯한 옛이야기'이며 불안정하고 쓸모없는 지식을 드러낼 뿐이라는 지나친 회의주의에 어떻게 대응해야 할까. 아마 역사 자체가 위안을 제공할 것이다.

역사적 회의주의는 이미 고질병이지만 그것을 철학적인 회의주의와 동일시할 수 없다. 그것은 결코 근대 학문 이론이나 비판적 방법론의 소산이 아니다. 마찬가지로 역사적 회의주의는 옛 그리스의 피론(Pyrrhon)의 회의주의로부터 유래한 것도 아니다. 그것은 정신의 활발한 새 흐름이 생겨나면서 역사에 대한 관점을 새로이 정하게끔 강요받았을 때 항상 되풀이된 것 같다. 인문주의도 그러한 회의주의의 파도를 불러일으킨다. 후안 루이스 비베스(Juan Luis Vives)와 네테스하임의 아그리파(Agrippa von Nettesheim)는 그 대표자다. 17세기에도 새로운 회의주의가 나타났으며, 이는 피에르 벨과 베르나르 퐁트넬(Bernard Le Vovier De Fontenelle)에 의해 입증되고 있다. 당시 회의주의는 세련되면서도 잡다한 형태로 나타났다. 후자는 주로 사료의 진실성을 부정한다. 그러므로 1700년경 프랑스 예수회의 장 아르두앙(Jean Hardouin)은 고전의 전승(傳承)과 초기 중세의 전승들 또한 기독교를 해치기 위해 위조된 것으로 공언했다. 그에 반해 세련된 형태의 회의주의는 사료의 선험적(a priori) 진실성을 부정하는 것이 아니라, 가령 그것이 동시대인이나 목격자에 의해 생겨난 것일지라도 사실의 재현이 반듯할 수 없다고 한다. 그것이 월터 롤리(Walter Raleigy)에 관한 에피소드의 의미다. 그는 감옥 안뜰에서 일어난 소동을 보았는데 이후 그의 식사를 담당한 간수로부터 사건의 전말을 들었다. 그리고 자신의 관찰이 다른 목격자의 그것과는 사뭇 다름에 놀라 막 완성한 세계사를 불 속에 던져버렸다.

이러한 종류의 회의는 물론 충분한 근거가 있다. 발언의 심리학은 잘 알려졌듯이 롤리의 체험을 놀랄 만큼 정확히 입증할 수 있다. 대학 강의실에서 미리 잘 약정된 소동을 연출하고 그것을 모르고 참석한 사람들에게 그 사건을 재현토록 요구해보자. 그러면 그 목격자들의 묘사는 판이하게 달라진다. 이제 결론에 다가왔다. 목격자를 신뢰할 수 없다는 것이(그것도 일상생활의 단순한 사건에서) 그처럼 쉽게 입증될 수 있다면, 간접적이며 때론 당파적이고 장식물로 전락하기 쉬운 일에 관한 보도는 과연 얼마나 신뢰할 수 있을까. 이렇듯 기본적인 역사적 회의주의에 끌려드는 자는 대개 다음과 같은 사실을 망각하고 있다. 첫째는 근대의 비판적인 역사학은 그 지식이 의식적으로 만들어지고 서술된 사료로부터가 아니라 과거로부터 내려온 직접적인 유물이나 문서를 우선시한다. 그리고 역사학의 방법도 역사적 증언을 엄밀히 음미하는 가치를 배웠다. 여러 증언을 과소평가하는 형법(刑法)의 심리학 또한 반증을 제기했다. 즉 서로 모순된 증거가 능숙한 재판관의 수중에 들어오면 대부분이 결함투성이의 재료에서 반듯한 과정이 마치 실험을 위해 이전부터 약속이나 한 것처럼 재구성되었다.

다음과 같은 사실도 주목할 만하다. 극단적으로 비판적인 역사 연구자, 즉 극도의 회의주의자는 사실에 관한 **자신의** 편향된 서술로 인해 환상적인 구성으로 도피할 수밖에 없다. 그리고 그것을 통해 그는 비판적 의혹으로부터 근거 없는 경솔한 믿음으로 빠진다.

그러나 역사적 회의주의에 맞선 가장 의미 있는 논의는 다음과 같다. 즉 정당한 역사적 지각, 역사적 전승의 가능성을 의심하는 자는 자신의 지각, 판단 및 종합에서 이러한 회의를 제거할 수 없다. 그는 그러한 회의를 자기의 역사적 비판에 한정짓지 못하고 자신의 삶에 관해서도 적용할 수밖에 없다. 그리고 곧바로 자신이 전적으로 분명하다고 여긴 자신의 삶의 모든 상황에 관해서도 충분한 증거가 없을 뿐만 아니라 증거를 제출할 수 없음을 느낄 것이다. 요컨대 그는 역사적 회의주의와 함께 일반적인 철학적 회의주의도 받아들일 수밖에 없게 된다. 그런데 일반적인 철학적 회의주의는 과연 아름다운 사고의 놀이임이 분명하나, 그에 따라 산다는 것은 불가능하다.

이렇듯 역사학이 인간의 삶 자체와도 밀접한 관계가 있음을 알 수 있다. 우리는 언제나 명백하게 개연성에 따라 생활하고 판단한다고 확신하며 살고 있다. 많은 경우 우리는 개연성에 이르지 못한 채 확신하며 행동한다. 역사학에서도 그것이 이용할 수 있는 확실성의 정도는 개연성이다.

개연성의 수용에서 역사학은 일상생활보다 더욱 엄격하다. 왜냐하면 역사학의 방법은 믿을 만한 추측이 극히 한정되어 있기 때문이다.

신빙성 있는 문서에 기초한 비교의 방법과 체계적 비판을 통해 회의적 무력감이 역사학에 끼칠 위험은 감소했다. 정밀한 관찰은 숙달과 비교를 통해 거짓이거나 믿을 수 없는 사료를 배제할 수 있으며, 그에 따라 진정하고 올바른 사료의 가치와 확실성을 높인다. 숙련된 역사가는 자신의 기준을 취하는 데서 충분한 확신을 지닌다. 단지 비숙련자가 역사에 관여할 경우에만 공공연한 거짓을 받아들이고 오히려 가장 믿음직한 것들을 버리는 경향이 있다. 역사를 식별하는 능력은 세 가지 특징을 요구한다. 건전한 이성과 훈련 그리고 무엇보다도 역사 감각이다. 역사 감각은 질적 감정의 고도의 형태로서, 이 감정으로 예술에 통달한 인물은 진정한 예술 작품을 위조품으로부터 식별하고 하나의 양식을 다른 양식과 구별해낼 수 있다.

우리 시대에 어느 정도의 역사적 식별 능력은 모든 교양인의 공유재산이 되었다. 모두가 시대나 양식 및 문화의 이질성에 대해 어느 정도의 감각을 갖고 고대의 삶, 중세, 르네상스 그리고 18세기의 환경 속으로 들어갈 수 있다. 우리의 정신과 문화는 역사적인 것들을 고도로 받아들이게 되었다. 역사적 사고는 우리의 혈관으로 스며들었다.

이제 우리는 우리의 연구의 네 번째 물음에 다다랐다. 역사학은 우리 시대에 어떠한 위상과 기능을 지니는 것일까?

4. 역사학, 그 현대적 위상과 삶을 위한 가치

역사는 우리 시대의 정신적·사회적 삶에서 어떠한 위상과 기능을 지니고 있을까.

우리 시대의 역사 연구를 융성하는 학문이라고 할 수 있을까. 그것은 우리의 삶에서 영예로운 지위를 차지하고 있을까. 또한 널리 인정할 수 있고 신뢰할 수 있는 것일까. 이에 대한 답은 간단치 않다. 여기에는 문화를 둘러싼 다른 많은 요소와 마찬가지로 혼돈과 극심한 불일치와 이견이 뒤따른다.

전 세계에서 유례없이 많은 역사 서적이 출간되고 있다. 이들 저작은 다른 학문에 비해 다음과 같은 차이를 드러낸다. 즉 역사 서적의 많은 부분이 역사 전공자보다 광범위한 일반 독자들을 대상으로 하고 있다는 사실은 다른 영역에서 있을 수 없는 일이다. 모든 교양인이 이해할 수 있도록 하는 것이 역사의 특권이며 주요 의무다. 모든 학문이 전적으로 전공자가 가까이하는 저작 외에 일반 독자들도 읽을 만한 저술의 출간을 또한 시도하고 있다. 그러한 저술은 대부분의 학문에서 부산물일 따름이다. 그러나 일반 독자를 위한 저작은 역사학 분야에서 본질적인 부분에 속한다.

그런데 역사학은 문화에 대한 일반적인 자각을 밝히고자 하는 욕망을 충족시키고 있을까. 외면적으로는 그럴듯하다. 모든 지역에서 다량의 세계사 화보집, 대중을 위한 역사 개론서, 회고록, 전기, 역사소설과 함께 마침내는 신비스럽고 예언자적인 울림을 지니며 그럴듯하게 보이는 잘 다듬어진 역사책까지도 넘쳐난다. 그러나 이 모든 것들은 학술 연구 자체의 최고의 그리고 완전한 최종 업적으로 볼 수 없다. 그러한 갖가지 읽을거리는 단지 역사학의 외곽에서 성행할 뿐, 대다수는 출판사의 요구에 따라 나온 것들이다. 그러면 역사학 본연의 임무를 모두 담당하고 있는 많은 연구자들은(개인이건 연구소에 속해 있건) 무엇을 지향하며 연구하고 있을까. 요컨대 역사학의 광범위한 기술적 장치는 어떤 성과를 지향하고 있는 것일까. 연구의 진보, 문제의 대응 방식 그리고 학술 업적의 질이 진정 시대가 역사학에 부과한 과제에 부응하고 있는 것일까.

많은 사람들은 이 물음에 바람직하지 못한 답변을 할 수밖에 없다고 믿고 있다. 그들은 이렇게 생각한다. 즉 역사학은 얼마나 중요한지 식별할 수 없는 많은 사료를 늘 간행하고 세부적인 것들을 엄밀히 비판하는 데 기력을 소진하고 있다. 역사학은 특수한 것, 국지적인 것에 관한 매우 이질적인 연구에 빠져들고 있다. 역사학은 모든 사료를 수집하고 선택하고 미리 정비함으로써 비로소 사람들이 그것에 기대하는 큰 성과를 이룩할 수 있다는 환상에 사로잡혀 있다. 역사학은 이러한 모든 사소한 일들을 불가결하고 유용한 예비 연구로 정당화하고자 한다.[25]

일전에 나는 역사학은 그 성격에 따라 분화되며 특수한 사실을 반드시 연구해야 할 충분한 가치가 있다고 말한 바 있다.[26] 우리 문화가 문서고의 먼지 속에 파묻힌 역사학으로부터 과연 무엇을 얻고 있는가 질문하면서 이에 동조하는 것은 역사학이 무언지 전혀 알지 못하고 이해하지도 못하는 비평가들이 즐기는 합창이다. 그들은 극히 사소한 역사 연구에서조차 단 한 번도 노력하지 않았을 뿐만 아니라 반듯하고 진지한 역사학이 한 나라의 문화에서 차지하는 지위에 관해서도 알지 못한다. (이에 관해서는 프랑스가 좋은 예다.) 이러한 비평가들은 문화라는 말을 부르짖을 때 단지 자기가 가진 제한된 관심의 좁은 범위에 머무르고 있다.

그러나 많은 사람들이 역사를 외면하는 것이 단지 세상에 아무 쓸모도 없어 보이는 전문적인 학술 연구가 무척 많기 때문만은 아니다. 오히려 사람들은 역사적 인식 자체의 가치도 부인하고 정신이 역사 지향적이라고, 시대의 삶에 바람직하지 못한 영향을 준다고 여긴다. 역사주의와 반역사주의의 대립에 우리는 보다 주목해야 할 것이다.

옛 시대의 문화는 예외 없이 과거에 관한 지식을 가치 있는 것으로, 아

....

25) 같은, 글 pp. 1~15 참조.
26) 같은 글, p. 65.

니 그보다도 거의 성스러운 것으로 받아들였다. 이 점에서 고대와 중세, 르네상스 사이에, 아시아와 유럽 문화 간에 어떠한 차이도 없다. 역사가 진정한 지식의 근원이 아니라고 분명히 거부한 최초의 인물은 르네 데카르트(René Descartes)였다. 17세기 자연과학의 빛나는 흥기가 실제로 아직 미숙한 기술과 옛 그대로의 형태를 띤 역사를 오래도록 그늘에 방치했음은 잘 알려진 사실이다. 그렇다고 역사를 몰아낼 수는 없다. 일전에 간략하게 말했듯이[27] 18세기 역사는 데카르트주의로 인한 상처를 완전히 치유했다. 19세기는 극히 역사적인 사고의 세기가 되었다. 그로부터 사람들은 사물의 현상을 파악하기 위해 그것을 그 기원과 성장 속에서 보게 되었을 것이다. 언어, 법률, 국민경제, 국가, 종교 및 사회는 역사적으로 관찰되고 역사적으로 이해되었으므로 헤아릴 수 없이 많은 정신적 수확을 거두었다. 그러나 거기에는 또한 거대한 위험도 도사리고 있었다. 사물의 현상이 오직 역사이며 갖가지 국면의 전망이라고 확신할 때 우리는 부질없는 상대주의에 빠진다.

이러한 사실은 이미 프리드리히 니체(Friedrich Nietzsche)가 1873년 자신의 비시대적 고찰인 『삶에 대한 역사의 이해에 관하여』(*Vom Nutzen und Nachteil der Historie für das Leben*)를 저술했을 때 통찰했다. 그는 그 저술에서 역사학의 본질을 단지 부질없는 골동 취미라고 비난했을 뿐만 아니라 의식적 사고의 제한과 맹목적인 일면성이 거대한 행위의 조건임을 이미 역설했다. 이러한 가르침의 성과를 우리는 일상적으로 감지하고 있다.

역사학은 부단히 자신의 길을 더욱 다듬고, 뛰어난 가치를 끊임없이 입증하고, 그 특징이 삶의 문화적 필수품임을 유연하게 지켰다. 그럼에도 불구하고 역사적 사고의 과잉과 역사적 입증의 과대평가에 대한 반대

....
27) 같은 글, p. 8.

가 심화되었다. 역사주의라는 말은 인식 수단으로서 역사를 지나치게 중시하고 오용하는 것에 대한 비난으로 1892년 처음으로 쓰였다.[28] 역사주의와 불가피하게 결부된 것으로 여겨진 상대주의에 대한 반감은 한층 강화된 듯 보였다. 그러나 1914~18년의 세계대전이 비로소 반역사주의로 일컬어지는 그 끔찍한 결과로 귀결되었다.

이제 데카르트 같은 위대한 사상가의 입으로부터가 아니라 잡스러운 합창 속의 격한 부르짖음의 어조가 들려온다. 즉 역사여, 그대의 세월은 지나갔다. 그대의 인식은 가치가 없다. 과거는 끝났다. 이러한 낡은 잡동사니는 버려라. 삶은 우리의 자발적인 힘을 요구한다. 죽은 자의 외투가 그것을 가로막아서는 안 되며, 낡은 체험이나 지혜의 무게가 괴롭혀서는 안 된다. 이러한 힘은 맹목적으로 격렬하게 발휘되어야 한다. 미래가 우리를 부른다.

베네데토 크로체(Benedetto Croce)는 이미 12년 전에 이러한 근대적 반역사주의를 야망과 황폐로 특징지었다.[29] 그 후 지나간 세월이 이 판단을 느슨하게 하는 계기를 크로체에게 주었다고 여겨지지는 않는다. 크로체는 문화의 거대한 전환기에 정신이 그 길을 앞서 나가기 위해 어느 때보다 더욱 의식하고 자각하여 과거의 유산을 부정해야 함을 잘 알고 있었다. 그러나 그는 그처럼 역사와 단절된 지난날과 달리 오늘날의 반역사주의에서는 새로운 문화의 서광을 발견할 수 없었다.

우리는 스스로가 철저한 역사주의의 위험을 충분히 인식하면서도 그렇다고 명백한 반역사주의의 함정에도 빠지지 않을 것처럼 여긴다. 역사

....

28) *Historische Zeitschrift*, Band 149, p. 303에 실린 카를 호이시(Karl Heussi) 저서 『역사주의의 위기』(*Die Krise des Historismus*)에 대한 프리드리히 마이네케(Friedrich Meinecke)의 비판적 서평.

29) 1930년 9월 옥스퍼드에서 열린 국제철학자회의에서 행한 「반역사주의」(Antihistorismus) 강연. 카를 포슬러(Karl Vossler)의 독일어 번역은 *Historische Zeitschrift*, Band 143, p. 457에 실려 있다.

의 척도를 꼭 하나로 적용하는 것은 분명히 정신적 삶을 추구하는 데 치명적이다. 지난날 모든 규범과 진실을 역사적으로 재구성하고자 한 것처럼 보인 시대가 있었음을 부정할 수 없다. 정신생활의 철저한 역사화는 문화를 위협한다. 그러한 구제받을 수 없는 환상으로부터 탈출구를 찾아야만 했다. 에른스트 트뢸치(Ernst Troeltsch)는 『역사주의』(*Der Historismus*)라는 마지막 저서에서 그와 같은 해방이 갖가지 방향에서 가능하다고 보았다. 그는 이성적인 것, 종교 혹은 심미적인 것을 가능한 길로 여겼다. 그는 자신이 선택하게 되었을 때 그러한 개별적인 방법보다도 역사적 사고 자체를 철학과 결부시켰다.

역사 연구가 상대주의를 요구하는 것이 진실이라면 묻고 싶다. 모든 시대의 위대한 역사가는 그와 같은 원칙이 없는 상대주의자였을까. 투키디데스(Thucydides), 플루타르코스(Ploutarchos), 아우구스티누스(Augustinus) 등은 상대주의자였을까. 랑케, 토크빌 혹은 미슐레는 상대주의자였을까. 전혀 그렇지 않다.

우리 자신의 마음을 살펴보자. 우리의 역사적 이념은 우리의 굳은 신념과 대립되는 것일까. 나는 그렇게 생각하지 않는다,

나 자신은, 역사 연구가 애매하거나 파괴적으로 작용함을 한 번도 체험한 적이 없다. 역사에 깊이 몰두함은 이 세상이 좋아 그 관찰에 힘을 다하는 한 가지 형태로 여겨진다. 역사는 자연과학 못지않게 자기중심적 처지에서 그리고 그를 둘러싼 상황의 의미나 효력의 지나친 평가로부터 우리를 치유한다. 우리 자신의 한정된 사람됨을 시공을 넓혀 지난날과 앞날에 결부시켜 관찰하는 것 이상으로 바람직한 것은 없다. 인간은 영원히 불완전하며, 영원히 노력하는 존재이며, 인간의 모든 능력은 한정된 것이며, 천재와 영웅 또한 보다 강력한 힘에 의존한다는 것을 통찰하는 것이 얼마나 바람직한 일일까.

스스로 과거에 대한 사랑으로부터 역사에 눈을 돌린 사람은 역사주의

의 해독(害毒)을 두려워할 필요가 없다. 그는 역사 속에서 정신적인 자유의 한 형태를 체험하며 이 자유는 그에게 주어진 최고의 선물이다.

역사학의 활동은 이제까지 반역사주의에 의해 그것에 가해진 충격에 별로 고통받지 않았다. 그러한 공격은 기껏해야 역사학의 기능의 종류와 의미에 관해 새롭게 해명하기를 촉구할 뿐이었다.

역사학은 무엇을 원하며 무엇을 할 수 있을까라고 물음을 제기할 때 우리는 우선 이미 오래전에 이 물음에 답하여 널리 정론으로 받아들여진 답변을 버려야 할 것이다. 그 답변은 도식적으로 구분한 것으로서, 에른스트 베른하임의 역사적 방법에 관한 극히 유용한 교과서에서 성취된 듯 여겨진다.[30]

베른하임은 역사 연구의 제(諸) 형태를 서로 이어지는 세 가지 단계로 구분하고 서로가 앞선 것보다 더 높은 가치를 지닌 것으로 보았다. 가장 오래되고 근원적인 것은 이야기되며 되풀이되는(보고되는) 역사였다. 원시 문화는 아이들과도 같은 즐거움에서 호기심과 명예욕 그리고 환상의 소망을 충족시키기 위해 조상의 위업을 이야기한다. 그보다 더욱 앞선 문화는 기억 자체를 위해 혹은 제례나 정치적 목적을 위해 중요한 업적과 연월일, 조약 문서, 일련의 왕후(王侯)나 관료 등을 기술할 것이다. 이러한 모든 기술은 베른하임의 견해에 따르면 아직은 학문이라고 할 수 없다.

두 번째 국면은 교훈적 혹은 실용적인 역사다. 여기서는 조상이나 선인들의 운명으로부터 미래를 위한 교훈을 도출하는 것이 중요하다. 우선은 정치가가 역사로부터 그러한 교훈을 끄집어내야 한다. 역사 연구의 이 국면에서 사람들은 인간 행동의 동기와 정치적 변화의 원인을 추구한

---

30) *Wege der Kulturgeschichte*, p. 158 참조.

다. 리비우스(Livius), 타키투스(Tacitus), 마키아벨리의 관점이 그와 같다.

베른하임의 관점에 따르면, 그의 이른바 세 번째 형태에서 역사 서술은 학문적인 특징을 지니며 그는 그것을 발생적인 역사라고 지칭했다. 이제 사람들은 모든 역사적 현상이 어떻게 지금의 모습이 되고 그것이 현상의 연관 속에서 어떻게 발전했던가를 알고자 한다. 베른하임이 생각했듯이 19세기에 들어서야 그러한 학문적 관점이 비로소 형성되었다. 19세기의 이러한 기능은 풍속이나 국가형태의 끊임없는 변화를 관찰하고 종교, 법률, 예술 및 경제의 관련을 하나의 전체로서 이해하고 그리고 원사료를 비판적으로 취급함으로써 가능해졌다.

베른하임 자신은 역사의 과제로서 이러한 세 단계를 서로 엄밀히 구분하지 않았다. 가장 최근의 그리고 가장 완벽한 형태는 환상, 회상 및 교훈을 향한 옛 역사의 욕망까지 동시에 충족하면서도 그것들을 부차적 요구로 만든다. 발생학적 관찰 방법의 흔적은 이미 중세에서도 볼 수 있다고 그는 말하고 있다. 그러나 나는 이러한 도식의 상대성을 인정한다고 해도 그것을 쓸모없는 것으로 여긴다. "이야기적, 교훈적 및 발생적" (erzählend, belehrend und genetisch)이라는 세 가지 지칭은 결코 논리적인 삼자를 구성치 못한다. 그것은 어느 정도 멋대로의 의미 없는 특색일 뿐, 그러한 특색은 보다 더 치밀하게 관찰하면 세 가지 모든 단계에서 감지되어야 한다. 모든 역사가 이야기다. 역사의 고유한 본질은 입증하고 정식화하는 것이 아니라 이야기하는 것이다. 모든 역사가 발생적이다. 이 경우 베른하임은 상당히 강하게 근대 발전 개념의 기반 위에 서 있다. 역사적 소명은 끊임없는 물음에 있다. 이 모든 것은 어떻게 그리되었을까? 우리는 어디에서 왔을까? 우리 앞에는 어떤 일이 일어났던가? 이러한 물음에 대한 답변이 신화, 전설 및 노랫말로 혹은 실제 이야기로 주어진다 하더라도 본질적으로 다르지 않다. 모든 소산(所産)은 이렇게 질문하는 사회에 관한 것, 곧 역사다. 답변이 유기체나 발전 같은 학문적 형태의 교설 위에 뿌리를 내리고 있는지 여부는 부차적인 문제다. 원인을 묻는다 함은 생성에 대해 묻는 것이다. 이미 헤로도토스가 "무슨 연유로 그리스인과 페르시아인이 전쟁을 벌였던가"를 지적하기 위해 서술하지 않았던가. 우리는 분규가 관찰되는 곳에서 발전에 주목한다.[31] 그런데 이때 개별 인간의 운명에서 그 흔적을 찾을 것인지 인류 전체의 발전에서 찾을 것인지 하는 문제는 중요하지 않다.

마지막으로 이 도식에 대립하는 가장 중요한 이의(異議)에 관해 언급하자. 모든 역사는 교훈적이며 교훈적이기를 원하고 또 교훈적이어야 한다. 그런데 이러한 관점에는 큰 오해가 도사리고 있다. '역사는 인생의 교사'(historia vitae magistra)라는 옛 격언은 물론 그것이 지난날에 지녔던 소박하고 교과서적인 의미를 더 이상 지니지 못한다. 역사는 더 이상 교훈이나 범례의 무기고로서 우리에게 도움이 되지 않는다. 사람들은 역사로부터 더 이상 '교훈'을 바라지 않으며 정치가도 자신의 행동 지침을 역사로부터 얻을 수 있다고 더 이상 믿지 않는다. 사람들은 역사가 '도움이 되는' 까닭에, 즉 기술적 충족이나 정당한 조작을 가르쳐주리라고 여기며 역사를 연구하지 않는다. 사람들은 과거를 알고자 역사를 배운다. 어떤 목적일까. 지금도 가끔 이런 답이 나온다. 미래를 예견하기 위해서라고. 극히 많은 사람들이 현재를 파악하기 위해 과거를 알고 또 배우고자 한다고 여긴다. 나 자신은 그렇게 폭넓게 생각한 적이 전혀 없다. 나는 역사가 과거 자체를 관찰하고자 노력한다고 확신한다. 그러면 무슨 목적에서일까. 지적 충동에서 우리는 목적 지향적인 요소를 배제할 수 없다. 역사 연구의 목적은 언제나 '이해'에 있다. 그러면 이 이해의 대상은 무엇일까. 그것은 혼란한 현재의 특수한 가능성이나 상황이 아니다. 이

....

31) Entwicklung(발전)은 Auseinanderwicklung(분규)이라는 표현과 대립되는 것으로서 전적으로 정당한 역사적 표현이다. 그러나 사람들이 국가나 제도의 Entwicklung이라고 말할 때 그 의미는 아니다. 그 경우 그것은 대체로 생물학적인 비유다.

견해를 고집하고자 하는 이는 오늘날 (독일) 교회 정책의 문제를 이해하기 위해 루터를 알고자 한다든가 1920년경의 인상주의를 파악하기 위해 미켈란젤로를 알고자 한다는 (타인의) 추측을 두려워해서는 안 될 것이다. 아니 과거를 알고자 하는 사람에게는 어두운 현대의 질풍이 문제가 아니라 세계와 삶 자체의 영원한 의미, 영원한 충동, 영원한 평온이 관심사다. 이러한 사실을 부르크하르트는 잘 알려진 말로 적절히 표현했다. "원래 개인의 삶에서처럼 지난날 고뇌와 기쁨이었던 것이 이제 인식되어야 한다. 그럼으로써 '역사는 인생의 스승'이라는 명제 또한 보다 고도의 그리고 신중한 의미를 지니게 된다. 우리는 체험을 통해 '언젠가' 현명해지고자 하는 것이 아니라 '영원히' 지혜로워지고자 원한다."

이러한 의미에서 모든 역사는 실용적이라고 할 것이다. 무엇인가를 이야기함은 하나의 **의미**를 전하는 것이며 **관점**을 부여하고 배우면서 총명해지는 것이다.

이 점은 현대의 가장 명석하고 진정한 의미에서 지도적 인물 가운데 한 사람에 의해서도 오해되었던 듯하다. 그는 역사적 인식의 가치도 부인하고 스스로 역사의 적임을 자인했다. 나는 폴 발레리(Paul Valéry)를 생각하고 있는 것이다.[32] 시인이자 철학자인 그가 오늘날 반역사주의의 말 많은 대변자로서 반역사적인 관점을 취하지 않고 있음은 전적으로 분명하다. 그의 저작을 알고 있는 사람은 한순간이라도 그렇게 믿지 않을 것이다. 발레리는 오히려 데카르트의 엄격하고 신랄한 반역사주의를 갱신하는 것으로서 프랑스 사람들도 그를 분명히 데카르트와 비슷하다고 말하고 있다. 발레리는 명석, 정확 및 수학적인 명증(明證)에 대한 취향으로 역사의 환상을 부인했다.

....

32) 그의 글, "De l'histoire, Regards sur le monde actuel", 1933, p. 63; "Le fait historique, Oeuvres", *Variété*, Bd. 1, 1934, p. 153.

그럼에도 불구하고 그는 역사를 오해했다. 그는 웅변에 능하고 확신에 찬 역사의 신(神) 클리오(Clio)의 이미지를 언제나 머리에 떠올리며, 이 여신은 교사처럼 가르치고 상도 주고 만사를 밝힐 수 있고 끝내는 도덕까지도 부여한다고 생각한다. 그러나 우리의 시신(詩神) 무사(뮤즈)는 더이상 그렇지 않다. 내가 보는 시신은 오히려 그림자 나라의 명계(冥界)에 피는 꽃 아스포델루스(Asphodelus)의 뜰에서 그 꽃들을 조용히 진지하게 엮고 있다. 우리의 중세적 과거와는 정반대로, 모든 노력과 모든 학문이 인간의 삶을 지향하는 시대에 역사는 무엇인가 죽음으로 향하면서 철학으로 직접 접근한다.

우리는 우리 시대의 정열이 역사에 다른 사명을 억지로 떠맡기기를 원하고 있음을 잘 안다. 사람들은 역사를 눈앞의 소란으로부터 분리하여 냉정하게 관망하려고 하지 않는다. 역사는 현존하는 사람들의, 현재 지배하고 누리고자 원하는 사람들의 소원과 이해에 이바지해야 한다고 말한다. 역사학은 지금 세 가지 형태로 그릇되고 그 본질이 오인되고 순수성이 더럽혀지고 있다고 여겨진다. 이러한 형태는 저마다 앞에서 언급한 세 요소들, 즉 이야기, 교훈 및 발전적인 해명의 하나하나를 똑같이 과장하고 과대포장한 것으로 여겨진다.

'새로운 역사'(The new history)라고 크게 부르짖는 학파가 있거나 있었다. 이 점에서 우리는 성급하게 살고 있다. 그것은 (제1차) 세계대전 전후의 산물이며 미국과 이탈리아로부터 일어났다. 그 예언자인 해리 반스(Harry E. Barnes)[33]는 역사 연구에서의 분석적 영역에 관해, 정치적인 것의 강조에 관해, 역사의 이야기적 성격에 관해 격한 항의를 하며 싸움을

....

33) H. E. Barnes, *The new history and the social sciences*, 1925. 이탈리아에서 이 운동은 어느 정도 그와는 다른 방향으로 진행되었다. 그것은 『신역사평론』(*Nuova Rivista Storica*)과 그 편집인 코라도 바르바갈로(Corrado Barvagallo)로부터 발의되었으며, 그는 주관주의와 직관을 극도로 추진하고자 했다.

시작했다. 반스의 인식에 따르면 역사는 **모든** 사회적인 사실을 역사적 구조 속에 엄밀히 재구성해야 한다. 이러한 재구성은 인간과 관련된 모든 학문의 장치로서 추구되어야 하며, 사회의 합리적인 운영을 촉진하려는 목적을 다해야 한다. 이러한 관점에서는 역사의 진정한 대상, 즉 과거의 사실을 둘러싼 인식은 무용지물이 된다.

이 경우 발전적인 역사관이나 정밀한 방법의 적용 가능성이 역사학에서 과대평가되었음은 분명하다. 그 밖에도 이러한 역사론에서는 교훈적 요소가 옛 그대로의 방식으로 지나치게 강조된다. 그것은 실제로는 역사학에 가해진 사회학의 새로운 공격이며, 이러한 관련에서 이 운동이 그 대변자들이 믿었던 것처럼 새로운 것은 결코 아니었다. 역사가 사회학으로 개종되어야 한다는 비슷한 요구는 사실 유럽에서 이미 1890년경에 뿌리를 내렸다.

의심의 여지 없이 진지하고 학문적인 이러한 충동으로부터 장차 무엇이 일어날지 알 수 없으나 약 17년간에 걸친 활동에서 '새로운 역사'가 선언한 학문의 혁명이 실현되었다고 장담할 수 없다.

말하자면 억지로 뻗어 나간 역사학의 두 번째 형태는 그 스스로 불가결한 역사적 환상이라는 요소를 과장하고, 그렇듯 이야기적 요소를 과장한 것이었다. 나는 여기서 이른바 '로맨스의 역사'를 떠올린다.[34] 나는 역사소설을 비난하는 것이 아니다. 그것은 문학 장르로서 전적으로 바람직하다. 역사소설은 그 소재를 역사로부터 끄집어내고 역사적 과거의 일정 부분으로부터 이미지를 재현한다. 그러나 역사소설은 그것을 철저하게 문학으로 제공하여, 가령 저자가 역사적 환경을 둘러싼 자신의 서술을 정당하다고 여길지라도 엄밀한 진실로서 가치가 있다고 주장하지는 않는다. 그에 대해 오늘날 일반적인 문학으로 채색된 역사 서술은(나

---

34) *Wege der Kulturgeschichte*, pp. 33~46 참조.

는 이 경우 에밀 루트비히Emil Ludwig와 그 밖의 여러 저술가들이 쓴 윤색된 전기를 떠올리고 있지만) 역사를 묘사하고 있다고 주장한다. 그러나 그들은 단지 문학적 수단을 지나치게 사용하고 있을 뿐만 아니라 바로(이것이 중요한바) 근본적으로 문학적인 의도를 갖고 쓴다. 이러한 저술가들에게는 식별할 수 있는 진실이 관심사가 아니다. 그들은 그것을 심리적인 방식으로 생각해낸 특수한 것으로 보충하거나 전승 이상의 여러 지방색으로 채색한다. 여기에서는 향수를 뿌린 역사가 그 역할을 한다.

이러한 사람들은 무지를 겸허히 받아들일 줄 모른다. 그리고 침묵을 지킨다는 좋은 취향과도 거리가 멀다. 그들은 독자들의 환상을 가볍게 여기지만, 독자에게 역사소설의 겉치레와 장식은 무용지물이다. 이에 대해 반론이 있을 수 있다. 즉 이러한 종류의 문학이 거둔 영향력은 학문이 채우지 못한 역사의 읽을거리에 대한 갈망을 드러낸 것이라고 반론하는 것이 가능하다. 그것은 물론 옳은 말이다. 그러나 이러한 윤색된 역사문학에 대한 흥미는 판단력의 쇠퇴와 취미의 타락, 영화에 물든 대중의 정신적 쾌락을 의미하는 것이 아닐까 하는 의문이 당연히 생긴다. 한 세기 이전 교양 있는 독자는 랑케와 매콜리를 애독했다. 이러한 독자는 분명 오늘날의 독자보다 훨씬 적었다. 그러나 그들은 훨씬 많은 역사적 감각을 지니고 더 진정하게 역사에 대한 관심을 갖추었다. 사람들은 나에게 이들 독자는 독서에 주의를 기울이는 시간을 많이 지녔다고 반문할 것이다. 이 점에서 우리 시대의 근본적인 악 가운데 하나가 있음을 나는 부정하지 않는다. 그렇다고 지금 막 비난한 역사문학의 유형에 대한 나의 고언이 힘을 잃지는 않는다.

어쨌든 진지한 역사가는 역사를 문학적으로 가꾸고 꾸미는 경향을 따라서는 안 된다는 점에 나는 동의하는 것이다. 그럼에도 불구하고 여러 역사가가 그렇게 한 사례가 있으니 유감스럽다.

필경 충분히 주목할 만한 학문적 의도를 지닌 '새로운 역사'보다 그리고 눈부신 특색을 공공연히 드러낸 미사여구의 역사 서술보다 더욱 조심스럽고 위험한 것은 역사학의 세 번째의 타락 형태다. 나는 그것을 노예화한 역사로 특징짓고 싶다. 우리들 도처에서 역사를 정치적 혹은 사회적인 의도를 갖고 그릇되게 이용하는 경향이 범람하고 있다. 엄정한 학문의 세기에 이어 모든 공정성을 포기하듯 여겨지는 시대가 도래했음은 참으로 실망스럽다. 정해진 가르침을 받들도록 강요하는 지배 권력의 폭정 혹은 정치학이 새로운 과제에 저항 없이 극도로 복종적인 것처럼 한심한 것이 있을까. 지난날에 정신적·문화적으로 주도적인 위치를 차지한 나라들이 지금은 폐쇄적인 역사학의 영역이 되었다.

역사학은 18세기 이래 20세기 초에 이르기까지 종교적 혹은 정치적인 당파성을 역사의 이미지로부터 배제하고자 많은 노력을 기울였다. 이러한 과제는 어렵고도 실현된 것이 극히 희소하다. 세계관이나 애국심 및 사회적 지위는 여전히 강력한 요소였으므로 관점의 차이를 가능한 한 최소한으로 좁히는 것은 어려웠다. 그러나 가톨릭적·프로테스탄트적 역사학이 서로 이해하려 하지 않았던 시대와 비교하면 1900년경은 참으로 많은 것이 성취되었다.

역사는 언제나 비당파적이어야 하며 아마도 이상적이 아닐지라도 고도의 비당파성을 이룰 수 있으리라고 **모두 합의했다**. 학문의 자유와 더불어 그 숭고한 사명이 보편적 진리를 위해 진지하게 봉사함은 당시 학문에 종사하는 사람들이 명심한 확신이었다.

그런데 오늘날은 사뭇 다르다. 도처에서 왜곡된 역사학의 유령이 우리를 비웃고 있으며 그것은 입장이나 권력의 부질없는 원리의 노예가 되어버렸다. 그것은 마르크스주의로부터 비롯되었다. 사회주의의 창시자들이 여러 사회적 일면성에 대해 전통적인 역사학이 내포한 견딜 수 없는 편파성에 저항할 충분한 이유가 있었음에는 아무런 이론이 없을 것이다. 그러나 마르크스주의는 바로 자신의 목적뿐만 아니라 학문 전반의 목적도 뛰어넘었다. 그것은 마르크스와 엥겔스의 사적 유물론에서 그 세계관과 학문론을 확보한바, 이후 역사학은 그에 적응해야 했다. 마르크스주의의 교리가 이 경계 내에 멈추는 한 그 가르침은 바로 교회가 지난날에 요구하고 지금도 요구하고 있는 것을 원했던 것이다. 즉 사람들이 내디딜 이념적인 원칙의 장치 말이다. 마르크스주의의 교리를 처음으로 역사에 적용하는 것은 하나의 이상이었다. 이 이상은 그 자체로는 순수할 수 있었다. 사회주의가 도처에서 탄압받고 반대에 부딪혔을 때 마르크스주의는 그 입장으로 인해 학문의 자유를 요구하며 역사의 경제적인 해명의 보편적인 가치를 주장할 수 있었다. 그러나 사회주의가 러시아에서처럼 일정한 형태로 지배권을 이루면서 처음으로 사적 유물론은 강요된 교리가 되고 노예처럼 역사학의 우상이 되었다. 소비에트 국가의 학자들은 자발적으로 혹은 외부의 압력을 받아 임무를 맡고 학술 모임에 참가했다. 그 임무란 세계사가 마르크스의 도식에 따라 진행됨을 증명하는 것이었다.

사적 유물론의 부당성을 증언하는 것이 지금의 과제는 아니다. 그 결함은 다음과 같다. 그러한 방식으로 역사학은 모든 사실적 연관에 대해 사전에 일정한 해명을 하게끔 강요받는다는 점이다. 이 점에 관해 나 자신이 역사적 과제가 그 기원과 범위가 일정한 세계관이나 문화 속에서 발견된다고 밝힌 것에 대해서는 반론하지 말도록 하자. 분명히 그러한 구속은 있다. 그러나 연구자의 연구가 저마다 다른 결과를 초래한다면 그러한 세계관을 포기할 자유를 지닌다. 이 경우 부정해야 할 것은 바로 강제다.

그런데 애국주의라는 형태가 지배하고 있는 나라에서는 사태가 더욱 심각하다. 마르크스주의는 일면적이고 비논리적이라 하더라도 모든 것에 통용되는 세계사에 관한 해명을 지닌다고 언제나 주장하고 있다. 마르크스주의는 보편적 경향을 갖춘 일반적인 교리다. 그에 반해 극렬한 국가주의는 충분한 의식 아래 분명한 의도를 갖고 역사를 한정된 이해(利害)관계에 따라 봉사하게 한다. 이러한 국가주의의 지지자들은 다음과 같이 주장한다. 즉 이러한 이해관계의 배후에는 최고의 이념, 민족과 국가의 이념이 굳건하게 존재한다고 주장하고 있는 것이다. 그러나 민족과 국가의 개념을 그처럼 높이 평가하더라도 사려 깊은 사람으로서 영원하지도 않고 보편적이지도 못한 민족이라는 존재를 한정된 영역 내에서 실현하는 것을 정신적 과업의 규범적 척도로 받드는 자가 있을까.

의식적으로 관점을 한정하고 제한하는 문화는 단지 역사의 풍자화(諷刺畵)일 뿐이다. 그리스 문화는 모든 이방인을 야만인으로 여겼으며 반종교개혁은 가톨릭이 아닌 것을 모두 악마의 소행으로 여기고 그 반대로도 생각했다. 그러나 이러한 문화의 관점이 더욱 광범위하게 닿지 못한 데 반해 오늘날의 문화는 우리로 하여금 의도적으로 그 관점을 좁히도록 하고 있다. 날로 더욱더 크게 멀리 그리고 깊게 관망하는 것이 우리 시대의 귀중한 특권이 되었다. 이러한 보람을 가볍게 여기는 자는 참으로 가련하다! 정신과학을 위한 주관적 요소의 불가피성을 밝힌 근대의 인식론을 악용하면서 내셔널리즘을 그릇되게 옹호한 자들은 주관과 직관을 역사 인식의 출발점으로 삼고 있다. 그럼으로써 지난 세기 승리한 왕들의 업적을 찬양한 낡은 나팔보다도 백배 거짓 소리를 내는 역사 서술이 우리들 한복판에 출현한다.

이 모든 것은 본질적으로 반역사주의다. 그것은 모든 역사 인식의 기반이 되어야 할 것을 잘못 알고 있다. 그 기초는 오직 하나, 진리의 추구이며 그것을 이룩할 수 있는 최고의 이성적인 것, 오묘한 양심으로서의 규범 말고는 어떤 것도 따르지 않는 것이다.

모든 진정한 문화는 '자신이 지닌 최대한의 성의를 다해' 역사를 쓴다. 이 성심이 볼품없고 무비판적이라면 역사 서술 또한 결함투성이가 될 것이다. 그럼에도 불구하고 그것은 그에 상응한 시대에 역사로서 이바지하고 문화를 넓힐 것이다. 그것은 삶과 진정성의 필요를 만족시키고 방법론적·비판적인 모든 수단을 다해 의식적으로 역사를 위조한 그릇된 산물보다도 천배 고급스럽다고 할 수 있다.

모든 문화는 '자신이 지닌 최대한의 성의를 다해' 역사를 쓴다고 말했다. 최대한의 성의는 고도의 요구에 직면한다. 우리는 더 이상 무비판적인 권리를 지니지 못한다. 우리는 20세기에 이르는 옛 문화와 새로운 문화의 다양성과 특징을 알고 있다. 우리는 60세기에 걸친 인류에 관해 어느 정도 알고 있다. 우리의 모든 역사적 과업은 이렇게 광범위한 배경을 지니며 부각되어야 할 것이다. 그리고 세계만이 우리의 역사적 울림에 공명하는 반향판이 되어야 한다. 우리에게 주어진 비판적 방법은 학문적 증언에 엄격한 요구를 부과하며, 그것을 귀하게 여기지 않으면 그것은 바로 우리 문화와 모든 역사 사상가 개인의 양심을 부정하게 된다.

우리의 역사적 양심은 오직 자유와 겸손 속에서만 기능한다. 학문에 대한 복무는 존경과 순종을 요구한다. 그러나 이 순종은 오직 최고의 가치에만 향한다. 그리고 부질없는 권력 조직이 우리의 가장 생생한 충동에 아무리 호소한들 그것은 관여하지 않는다.

우리 시대의 그릇된 영웅주의만큼 학문의 미래에 위험한 것도 없으며 학문의 정신을 그처럼 심각하게 질식시키는 것도 없다. 그것은 7대 악덕의 첫 번째인 오만의 현대적 형식이다.

칼라일은 영웅적 행위를 오늘날의 과장된 인생론이 우리에게 펼쳐 보여주는 것과 어느 정도 달리 이해하고, 자신의 영웅의 본질적인 특색을 특별히 깊은 성실성 속에서 보았다. 우리는 그것을 잊어서는 안 된다.

역사는 우리에게 철학이나 자연과학과 다름없이 세계를 둘러싼 진리의 한 형태다. 역사의 과제는 우리 지상의 삶의 의미를 탐색하는 하나의 방식이다. 우리는 진리에 대한 갈망에서 그리고 삶의 필요에 의해 과거에 눈을 돌린다. 이 두 가지 관점에서 역사는 다른 많은 학문보다 훨씬 많은 사람들을 위해 일을 해야 하며, 그들도 역사를 받아들여 자신의 삶 속에서 소화한다. 단지 전문 학자들로 이루어진 비교적(秘教的) 집단을 위해 작업하는 역사학은 그 기능을 다할 수 없을 것이다. 왜냐하면 문화 공동체 자체가 역사에 관해 인식하고자 바라기 때문이다. 이 공동체 스스로 자신의 과거에 관해 밝히고자 하고 밝혀야 하기 때문이다. 이러한 사실은 모든 문화에, 극히 제한된 문화나 고졸(古拙)한 문화에도 합당하다. 그리스 같은 문화는 단지 처음으로 제한된 역사학을 초래할 뿐이었다. 그 시선은 또한 충분히 멀리 미치지 못하며 중세 문화도 더욱 광범위하지 못했다. 4세기 전부터 비로소 과거의 지평이 끊임없이 확대되었다. 더 많은 시대, 문화 및 현상이 우리 앞에서 역사적으로 풍요해졌다. 날로 더욱 색다르고 먼 사물들이 우리가 밝혀야 할 우리의 역사적 시야 속으로 옮겨졌다.

오늘날 우리 세계의 문화는 참으로 많은 과거의 관념으로 번져 있다.[35] 그러므로 자기 자신을 이해하고자 할 때는 끊임없이 모든 시대의 이미지에 스스로를 비춰보아야 한다. 그러기에 자기 문화권의 최선의 과거가 훨씬 먼 시대보다 고도의 직접적 의미를 지닌다고 믿는다면 그것은 그릇된 생각이다. 나는 가장 근래의 역사가 대체로 과도하게 평가되는 것으로 여긴다.

제1차 세계대전(1914~19)과 그 전사(前史)에 관한 출판물이 끊임없이 쏟아지고 그것이 많은 사람들이 대단한 관심을 쏟는 대상임은 자연스러운 현상이다. 거기에서는 우리 자신의 일들이, 우리의 역사가 취급되고 있다. 그러나 그 시대는 진정 역사가 되었을까. 모든 사소한 부분들을 거대한 통일로 수습하듯이 우리는 정신적인 거리를 두고 그것을 관망할 수 있을까. 나는 그것이 의심스럽다. 어떻든 역사가가 되고자 하는 학생

---

35) 같은 글, pp. 34, 35 참조.

에게는 제1차 세계대전이나 제2차 세계대전의 전사(前史)의 상세한 이야기보다 중세 유럽 국가 제도의 성립이나 로마 제국 몰락에 관한 식견을 지닌 교양인으로의 발전이 더욱 유익한 것으로 여겨진다.

역사에는 거리, 대립 및 전망이 따른다. 우리는 과거 속에서 우리 자신의 상황에 상응하는 동일한 것들뿐만 아니라 대립을, 전혀 다른 것을 찾는다. 서로 멀리 떨어진 양극 간에 위치한 파악의 바로 그러한 긴장 속에서 역사적 이해가 태동한다.

역사의 노력은 과거 속에서 세계를, 과거를 통해 세계를 이해하는 것이다.[36] 되풀이하여 말하면 이것은 필경 과거를 인식함으로써 현재를 알 수 있기 때문만은 아니다. 진정한 역사는 과거를 또한 과거 자체의 의미를 위해서도 탐색한다. 직접 관련된 장래에 일어날 수 있는 일정한 사태에 처해 취할 태도에 관한 유익한 가르침을 위해서가 아니라 삶에서의 확고한 관점이 중요하다. 역사가의 과제는 사물을 밝히고, 우리가 어디에 있는가를 엄밀히 인식하고, 시간적으로 멀리 떨어진 시점에 자신의 입장을 지향하는 것이다. 이러한 태도를 취한다면 앞에서 언급한 이야기적·교훈적·발생적 역사의 대립은 전적으로 해소될 것이다.

역사의 노력을 이러한 방식으로 파악할 때 역사 서술과 역사 연구 간의 대립 또한 완화된다. 역사 서술과 역사 연구의 두 과제는 똑같이 역사학에 이바지한다. 그리고 이 도움은 문화의 내면적인 내용을 높이고 세련되게 한다. 우리는 문화의 가치를 역사 지식의 순수성과 풍요로움에서 적잖이 인식할 수 있다.

우리의 세기는 역사학에서 지난 세기의 귀중한 유산을 받들고 신장해야 한다. 그에 더해 우리의 세기는 지난날보다도 더욱 풍요롭고 한층 훌륭한 수단을 갖추고 그 수단을 응용할 이해력과 판단력을 지니고 있다.

---

36) 같은 글, p. 162 참조.

우리 시대가 역사학의 수준을 유지하고 높이기 위해 기술적 수단과 명석한 이해력보다 더욱 불가결한 것, 즉 공정한 의지와 순수한 정신 또한 갖추기를 바라 마지않는다.

역사 개념의 정의

좋은 개념은 간결해야 한다. 즉 될 수 있는 대로 간결한 표현으로 개념을 엄밀하고도 완벽하게 규정해야 한다. 정의(定義)란 일정한 현상을 표현하는 데 도움이 되는 일정한 언어의 뜻을 규정한다. 정의에는 현상 모두가 포함되고 총괄되어야 한다. 그 본질적인 부분이 정의로부터 벗어나면 정의는 정체된다. 그에 반해 정의는 세세한 것에 신경 쓸 필요가 없다.

역사 개념에 관해 잘 알려진 정의의 몇 예를 이러한 요구에 비추어 살펴보자. 역사 이론에 관한 대부분의 서술은 근본 개념의 뚜렷한 규정을 소홀히 하고 있다. 그 서술들은 현상 자체를 알려진 무언가 거대한 것으로 짐작하고 여긴다. 사람들은 정의를 역사적 방법에 관한 안내서나 교과서에서 발견한다. 그 가운데 두 가지만 예를 들어보자. 에른스트 베른하임의 유명한 『역사 방법과 역사철학의 교본』(*Lehrbuch des historischen Methode und der Geschichtsphilosophie*)과 최근 출간된 빌헬름 바우어 (Wilhelm Bauer)의 간결한 『역사 연구 입문』(*Einführung in das Studium der Geschichte*)이다.[1]

베른하임은 그 책 초판(1889)에서 역사를 다음과 같이 정의하고 있다.

"역사란 사회적 존재로서 활동하는 인간의 발전에 관한 학문이다." 그 얼마 뒤 역사 인식의 본질에 관해 카를 람프레히트가 불러일으킨 격렬한 논쟁이 시작되었다. 그것이 계기가 되어 베른하임은 부각된 문제에 관한 입장을 제3판(제2판은 1894년에 출간)에서 밝혔다. 그것은 1903년의 제3판과 제4판에서 다음과 같이 드러났다. "역사학은 사회적 존재로서 (개별적·전형적 그리고 집단적으로) 활동하는 인간의 발전 과정을 인과관계 속에서 탐구하고 묘사하는 학문이다." 그리고 1908년의 제5판과 제6판에서는 '사실'이 더욱 상세하게 "시간적·공간적으로 정해진 사실"로 달리 표현되고 그에 반해 '연관 속에서' 대신 '정신적·물리적 인과관계 속에서'라고 되어 있다.

바우어는 다음과 같이 역사를 정의한다.[2] "역사는 삶의 현상을 서술하고 그에 따른 느낌을 밝히는 학문이다. 역사는 그와 더불어 인간관계와 갖가지 변화에 관련된[3] 사회적 전체를 후세에 끼친 영향의 견지에서 혹은 그 전형적인 특색을 고려하여 선택하고, 그 중요한 관심사를 시공(時空) 속에서 되풀이되지 않는 변화에 둔다."[4]

바우어의 정의는 애초에 간단하게 이루어졌음에도 불구하고 별로 간결하지 못하다. 그는 방법론의 짧은 개념을 고쳐 쓴 글에 삽입하고자 했으나 그러한 결함이 메워졌다고는 할 수 없다. 이 양자에 해당되는 중대한 결함은 다음과 같다. 즉 바우어나 베른하임도 역사라는 말의 적용 범위를 미리 한정짓고 있다. 베른하임은 개념 규정에서 분명히 '역사학', 학

1) 개정된 제2판은 Tübingen, 1928, 초판은 1921.
2) Wilhelm Bauer, *Einführung in das Studium der Geschichte*, p. 17. 다음과 같은 단서 구절이 따른다. "역사라는 개념의 정의의 가치를 특별히 중요시함이 없이". 같은 책에 나오는 정의에 관한 여러 다른 예도 참조.
3) 1921년의 초판에서는 '인간적인 사회 외의'.
4) 초판에서는 "그러한 되풀이되지 않는 일회성은 다음과 같이 주어진다. 즉 그것은 일정한 시간과 공간에 속하는 것으로 인식된다."

문으로서의 역사만을 다루고 있다. 이러한 사실은 역사가 이야기 형식, 실용적 혹은 교훈적인 형태의 국면을 순차적으로 경과하여 제3의 국면 (이것을 그는 발생적 혹은 발전적인 형태라고 부른다)에 이르러서야 비로소 완전한 학문적 특색을 갖춘다는 그의 확신으로부터 유래한다. 존경할 만한 옛 스승이 구상한 이와 같은 세 가지의 도식은 모든 점에서 만족할 수 없지만, 여기에서는 문제삼지 않겠다. 사실 베른하임에게서 그러한 분류에 근거한 지난날의 역사관 저술들이 그의 정의에 상응하는지 여부는 별로 문제가 되지 않을 것이다.

바우어는 '역사'라는 말에서 출발한다. 그런데 그것을 바로 '학문'으로 규정한다. 그가 이어서 역사의 과제 및 역사의 본질로 바꾸어 말하는 것은 사실상 베른하임과 마찬가지로 근대 역사학의 과제이며 본질이다. 바우어는 물론 자신의 정의가 한정된 범위에서 인정됨을 스스로 알고 있으며 다음과 같이 밝히고 있다. "모든 시대는 역사의 본질과 과제에 관해 저마다 특수한 개념을 지닌다." 그럼에도 불구하고 역사라는 말이 일반적 의미를 지닌다면, 모든 시대의 견해가 그 속에 표현될 수 있도록 역사를 정의한다는 것이 가능할지 모른다.

역사라는 용어는 한눈에 이해되며 현대적 의미의 학문을 결코 지칭하지 않는다.[5] 그것은 다음과 같은 것을 의미한다. 1) 일어난 일 2) 일어난 일에 관한 이야기 3) 이러한 이야기를 하게끔 노력하는 학문이다. 일반적인 용어로는 두 번째 의미가 지배적이라고 할 수 있다. 첫 번째 의미는 오늘날 무용지물이 되었다. '일어난 일'이라는 의미의 Geschichte는 같은 뜻인 Geschehenis에 밀려났다. "그것은 나에게 아름다운 일이다"(schöne Geschichte)와 같은 어원은 지금도 그 흔적이 더욱 생생하다. Historie라

....
5) 또한 G. Masur, "Geschehen und Geschichte", *Archiv für Kulturgeschichte*, XIX, p. 183 과 비교할 것.

는 용어는 우리 언어에서 Geschichte와 그런대로 같은 뜻이다. 그것은 또한 Geschichte가 표현하듯 이중의 의미를 지닌다. 역사는 '생겨난 일'에서부터 '그에 관한 학문'의 길을 더듬었다. 그 어원이 '물음을 통해 알 수 있는 것'으로 정반대 의미를 지닌 그리스어 iotopid 또한 일찍이 '학문'에 가깝다.

이제 우리들이 Geschichte 혹은 Historie를 동일한 것으로 언급하여 학문으로서의 성격을 강조하면,[6] 지난날의 뛰어난 역사가 대다수는 앞에서 언급한 개념 규정에 좀처럼 관여하지 못함을 알게 된다. 베른하임이나 바우어의 정의를 헤로도토스나 투르의 그레고리우스(Gregorius Turonensis), 장 드 주앵빌(Jean de Joinville), 조반니 빌라니(Giovanni Villani), 미슐레 및 매콜리에 견주면 합당치 않다는 느낌을 누를 수 없다. 어느 정도 강요된 시대착오 없이 이 정의를 그들 모든 역사가에게 적용하는 것은 불가능하다고 생각한다. 투키디데스나 마키아벨리 같은 몇몇 다른 사람들은 어느 정도 잘 상응한다고 해도 별 도움이 안 된다. 이 정의를 굳게 유지할 수 있으려면 우선 역사 서술과 역사 연구 및 역사관의 위태롭고 불가능한 구별을 시도하고, 더불어 지난날의 위대한 역사 기술을 하가르(Hagar, 아브라함의 첩)로서 학문의 집에서 추방할 수밖에 없다. 그리고 마지막으로 누군가가 역사 서술은 본래 예술이므로 그렇게 **해야 한다**고 결론짓는다면 개념 혼란은 극에 달한다.

가령 모든 역사적 사실이 어떻게 그리고 누군가에 의해 기술되더라도, 약간의 선의를 다해 베른하임과 바우어가 제기한 범주에 상응하도록 인

---

6) 옛 학문 체계에서 역사(학)는 자주적 위상을 결코 지니지 못했다. 그러나 역사는 예술과 학문의 여신인 무사(뮤즈)에게 속했다. 아르투어 쇼펜하우어(Arthur Schopenhauer)도 역사에 학문의 자격을 부여하기를 거부했다. 영국에서는 오늘날에도 역사의 학문적 가치에 관해 불가피한 것은 아니라 할지라도 변명이 따른다. R. Seton Watson, "A Plea for the study of contemporary history", *Historische Zeitschrift*, XIV, I, 1929 참조.

류를 역사로 몰고 간 정신적인 분발은 결코 그들의 정의로써는 파악될 수 없다. 헤로도토스는 **무엇**을 이야기하고 **왜** 그것을 이야기할까? 그에 대해 베른하임과 바우어의 정의는 어떠한 해답도 주지 않는다. 거대한 과정이건 사소한 특수성이건 역사적 사실의 파악은 그 정의에 따라 역사의 본질로 전제되는 관련 속에서 혹은 관련을 **위해** 추구되는 것이 아니다.

역사학과 역사 서술 간의 차이를 구별하지 않고 지난날 역사의 여러 국면을 포함하여 그 가치를 충분히 인정하는 개념의 색다른 표현을 탐색하는 것은 보람 있다고 할 것이다. 그러한 정의가 우리의 학문 자체에 실질적으로 쓸모가 있을까 하고 회의가 들 수도 있다. 그러나 이러한 의문은 중요치 않으며 문제는 명확한 개념이다.

앞에서 말한 두 개념은 **근대 학문**으로서의 역사로부터 출발하며 그처럼 내용을 제한한 요구에 따라 개념의 본질을 확정짓는다. 이 문제를 전적으로 다른 측면에서 파악해보자. 그리고 문화 현상으로서의 역사로부터 출발하자. 즉 이러한 현상의 항구적인 형태와 기능이 무엇인가를 문제삼자. 그리고 마지막 시도로서 그렇게 보인 개념 규정이 우리의 근대 학문에 적용될 수 있는가를 생각해보자.

역사 현상의 형태와 기능을 반듯하게 이해하기 위해서는 특히 순진한 역사적 사실주의로부터 해방되어야 한다. 이 사실주의는 일반적으로 교양인과 마찬가지로 대다수 역사가들이 드러내는 최초의 마음가짐이기도 하다. 일반적으로 사람들은 다음과 같이 생각한다. 역사는 가령 베른하임이나 바우어가 규정한 의미일지라도 과거 이야기를 알려주려고 노력한다고 말이다. 그러나 사실 역사란 일종의 과거의 관행, 이미지를, 과거의 한 단면의 명백한 모습을 주는 데 지나지 않는다. 역사는 결코 주어진 과거의 재구성이나 재생산이 아니다. 과거는 결코 주어지는 것이 아니다. 전승(傳承)만이 유일하게 주어진다. 우리가 전승을 통해 지난날의 모든 실상에 접근하더라도 그로부터 역사가 생겨나는 것은 아니다. 아니

차라리 그렇게 되면 역사가 가장 적게 생겨난다. 우리가 식별하는 가치에 따라 그 본질이 결정되는 일정한 관련성을 문제시함으로써 비로소 역사상(歷史像)이 성립된다. 비판적 방법에 따라 엄밀히 규명된 역사는 옛 문화 국면에서 유래된 역사 노래나 서사시를 떠올린다 하더라도 그 모든 것은 전적으로 같다.

역사란 언제나 과거에 형태를 부여하는 것이며 그 이상을 요구할 수는 없다. 언제나 과거 속에서 찾는 의미를 파악하고 밝히는 것이다. 단순한 이야기일지라도 이미 의미를 전달하고 이 의미를 파악하는 것의 절반은 미적인 분야에 속한다.

이러한 사실을 받아들이는 것을 마치 역사적 회의주의에 양보하는 것으로 믿는다면 그것은 착각이다. 그처럼 획득된 인식의 가치를 과소평가하는 모든 역사적 회의주의는 필경 일반적인 철학적 회의주의로 바뀌기 마련이다. 그러한 철학적 회의주의에서는 삶 자체도, 여러 가지 학문(그것이 가장 엄밀한 것이라 할지라도)도 용납되지 않는다.

정신적 행위로서의 역사가 형태의 부여일진대 결실로서의 역사는 형태라고 말할 수 있다. 역사는 철학, 문학, 법률, 자연과학이 그러하듯 세계를 역사 속에서 파악하기 위한 정신의 형태다. 역사를 다른 정신의 형태와 구별짓는 것은 역사가 과거에 관한 것이며 오직 과거에 관한 것이라는 점에 있다.[7] 역사는 세계를 과거 속에서 과거를 **통해** 이해하고자 한다.

형태로서의 역사의 기초를 이루는 정신적인 분발은 사람들이 지난날 일어난 일들의 의미를 이해하고자 하는 것이다. 정신은 과거에 홀려 긴장 속에 놓인다. 이러한 정신적 충동과 그 산물인 역사의 무게와 가치는 그

---

7) 자연과학도 지질학의 예와 같이 동일하게 뚜렷한 역사적 요소를 지니고 있다. 한편 그에 관해 상기하면 영어의 역사(History)라는 말에는 그 흔적이 필연적이 아닐지라도 '과거 존재'의 요소와 결부되어 있음은 의미심장하다. 이런 의미에서 우리는 그것을 자연사의 전문 논문에서도 인지한다. 이러한 점에서 전혀 색다른 개념 규정의 가능성이 열릴 것이다.

특징인 완벽한 진지함에 있다. 진정 일어난 일들을 반듯하게 인식하도록 일관되게 밀어붙이는 것(가령 그에 이르는 수단이 결여되었음을 알고 있더라도)이 절대적으로 필요하다. 역사와 문학 사이의 날카로운 차이는 역사가 놀이의 요소를 거의 지니지 않는 데 반해 문학에서는 시종일관 놀이의 요소가 그 뿌리를 이루고 있다는 사실이다.

이와 같은 표현에 따르면 역사 서술과 역사 연구를, 자전적 회상록의 필자와 먼 과거에 관한 연구자를, 지방의 연대기 편찬자와 세계사상(世界史像)의 저술가를, 가장 원초적인 역사 과제와 가장 근대적인 역사 과제를 단숨에 언급할 수 있다.

역사가 과거에 대해 취할 방식은 '해명하는' 것으로 표현하는 것이 가장 바람직하다. 방금 언급한 완벽한 진지함, 반듯하고 신뢰할 수 있는 인식을 향한 요구가 이러한 표현의 의미 속에 포함된다. 그 밖에도 그것은 베른하임이 본질적으로 생각한 이야기적·교훈적·학문적 역사관 간의 피상적인 대립을 극복하는 데 도움이 된다. '해명한다' 함은 이러한 세 가지 노력 모두를 포함한다. '해명한다'는 말은 필경 그것이 언제나 역사의 관찰자 스스로에게 결정적이며 규범적이라는 규정 아래 이루어져야 함을 이해하게 한다. 우리는 일어난 일들을 그 관련 속에서 밝히고자 할 때 미덕과 죄악, 지혜와 어리석음, 동지와 적, 힘과 정의, 질서와 자유, 이해와 이상, 의지와 조건, 개인과 대중이라는 대립 속에서 파악할 수 있다. 그리고 사람들이 서술하는 역사는 그때마다 다른 모습을 드러낼 것이다. 사람들은 자신의 교양과 세계관에 의거해서 과거를 해명한다.

누가 그리고 무엇을 해명하는 일 또한 남아 있다. 역사를 해석할 주체에 관한 물음에 대한 답은 방금 언급한 말에 이미 포함되어 있다. 그것은 오직 문화일 뿐이다. 그리고 이 문화라는 말이 공간과 시간 속에서 일정한 인간 집단의 정신세계의 통합을 인식하는 견해와 형태 부여의 연관성을 지칭하는 한에서다. 모든 문화는 역사에 관한 독자적인 형태를 창출하고 또 창출해야만 한다. 문화의 특징은 역사에서 문화가 무엇이며 어떻게 존재했던가에 좌우된다. 문화가 민족, 국가, 종족과 마찬가지인 경우 그 역사는 단순해진다. 보편적인 문화가 여러 국민으로 나눠지고 이 국민이 다시 집단, 계급, 당파로 나누어지면 그에 따라 스스로 적합한 역사의 형태도 나누어진다.[8] 나누어진 문화의 역사적 관심은 그 문화에 관한 것이 무엇이냐 하는 물음에 따라 정해진다. 문화란 목적 지향적 존재로서만 유일하게 의미를 지닌다. 문화는 목적론적 개념이며 역사와 마찬가지로 명백히 목적이 정해진 인식이다.

그러므로 역사의 대상이 보다 상세히 밝혀진다. 이미 말했듯이 세세한 규정이 없는 과거는 단지 혼돈을 의미할 뿐이다. 역사의 소재 또한 세세한 개념 규정을 바란다. 과거는 그것을 이해하고자 하는 주체의 성향에 따라 저마다 한정된다. 모든 문화는 **저마다의** 과거를 지닌다. 그러나 이러한 사실은 이 과거가 그 문화를 짊어진 집단의 운명에 의해 **제한된다**는 의미가 아니라 과거가 그들에 의해 이해되어야만 역사가 될 수 있다는 의미다. 한정된 혹은 협소한 관점을 지닌 문화는 한정되고 협소한 역사를 낳는다. 그에 반해 넓은 시야를 지닌 문화는 광범위하고 확장된 역사를 이룩한다. 문화의 정신이 파악하는 모든 것은 그 자체로 문화의 한 부분이 되며 그것이야말로 문화의 본질이다. 메로빙거 왕조(428~751)의 문화는 아주 가까이서 고대의 일부를 보았으나 그것은 희미한 빛 속에서였다. 고대는 메로빙거 왕조 자체의 교양의 가장 훌륭한 부분이었다. 그에 뒤이은 시대는 언제나 고대를 보다 넓고 깊은 관점에서 파악했다. 9세기와 12세기에 이어 14세기 그리고 그때그때의 고대는 더욱 본질

---

8) 정신과학 일반에 대한 이러한 결과에 대해서는 Edward Spranger, *Der Sinn der Voraussetzungslosigkeit in den Geisteswissenschaften*, in der Sitzung der ph.-h. Klasse der Preussischen Akademie der Wissenschaften, 10. Januar 1929 참조.

적인 의미에서 성장한 독자적인 문화의 일부가 되었다. 우리에게 끊임없이 새로이 밝혀지는 고전 고대도 고대 및 근대의 오리엔트와 마찬가지로 전 세계의 원초적인 문화로서 우리 자신의 교양이 되었다. 그리고 그것은 우리 대다수가 자각하고 있는 이상으로 더욱더 깊고 본질적인 의미에서 그랬다. 즉 우리가 그것에 관해 지닌 지식을 통해 그리고 우리가 그것에 부여하는 의미를 이해하면서 말이다. 사람들은 이러한 나의 견해가 부당하고 내가 문화 개념을 지나치게 확대한다고 비판한다. 그러나 나는 더 많이 검토하더라도 역시 그와 같이 확신한다. 이러한 견해는 나에게 문화의 본질에 관해 모든 생각이 도달하는 논리적 결론으로 여겨진다. 그렇다 하더라도 이 주장을 그렇게 해석하는 사람은 그것을 문제를 둘러싼 자신의 해석에 삽입해도 무방하다고 할 것이다.

서유럽의 근대 문화는 전 세계의 과거를 처음으로 자신의 과거로 이해하고 우리의 역사를 처음으로 세계사로 이해했다.

그러나 그것은 또한 다른 무언가이기도 하다. 우리 문화에 적합한 역사는 오직 학문적(과학적) 역사뿐이다. 근대 서구 문화가 세계사를 인식하는 방식은 비판적·학문적인 것이다. 우리가 학문적인 확증에 대한 요구를 귀히 여길 수 없다면 그것은 우리 문화의 양심을 해치는 것이 된다. 과거를 신화로 압축하는 것은 지금도 우리에게 문학적 가치를 지닌 놀이 형태이나, 그것은 우리에게 더 이상 역사가 아니다.[9]

이제 우리는 다음과 같은 간결한 정의에 도달했다.

역사란 문화가 그 과거에 관해 밝히는 정신적인 형태다.

이 정의는 아마 대단히 간결하고 분명해서 우리는 태산명동 서일필을

----

9) Th. Litt, *Wissenschaft, Bildung, Weltanschauung*, p. 97 참조.

떠올리게 된다. 그러나 사물이 모두 본질적으로 표현되었을 경우 단순함은 정의의 결함일 수 없다. 이러한 바람에 주목하면서 정의의 개념적인 구성 또한 보다 상세하게 생각해보자.

역사는 여기에서 '정신적인 형태'로 규정되었다. 이러한 지칭은 동시에 '학문'보다 더욱 광범위하게 포괄하며 사물 자체의 본질을 형태화함으로써 더욱 명확해진다. 역사를 정신적인 형태로 지칭하면서 우리는 역사 연구와 역사 서술 간의 차이를 억지로 구별짓지 않아도 된다. 동시에 역사는 예술과 얼마나 공통성을 지닐까 하는 어리석은 질문으로부터도 자유로울 수 있다.

이러한 형태를 자각하는 주체로서 '문화'가 지칭되며 모든 문화는 그 독자적인 양식에 따라 서로 그 양식을 창출한다. '문화'라는 말로 모든 역사에 내재한 주관성이 전적으로 드러난다. 그리고 같은 문화 속에서도 특정한 세계관을 통해 결합된 집단은 저마다 독자적 문화권을 발현하기 때문에, 가톨릭의 역사는 사회주의의 역사와는 다르게 드러났다. 모든 문화와 문화권은 **자신들의** 역사를 진정한 역사로 지녀야 하며 그것을 허용한다. 문화적 양심이 자신에게 부과하는 비판적인 요구에 따라 자신이 역사를 구성하는 한 오늘날 우리의 학문적인 문화가 처음으로 역사의 형태를 가능한 한 다양하게 의식하고 개관할 수 있다는 것이 과연 특권일까. 오늘날의 문화는 스스로를 반듯하게 인식하는 한 그 독자적 정신의 결실이 지닌 상대적 가치를 더욱 잘 인식할 수 있다.

역사를 창출하는 정신적 행위 방식은 '해명'으로 포괄된다. 이러한 표현은 연구와 서술 간의 간격을 새롭게 메꾼다. 그것은 이미 말한 대로 이야기적·실용적·발생적 역사관 간에 존재하는 대립도 동시에 제거한다. 그것은 역사 서술의 모든 형태, 즉 연대기 편찬자, 회상록 저술가, 역사철학자 및 학술 연구자의 형태를 포함한다. 그것은 세세하고 고풍스러운 전문 논문과 마찬가지로 세계사를 둘러싼 거대한 개념까지도 같은 의미에서 포함한다. 그것은 실용적인 요소가 언제나 존재함을 드러낸다. 세계를 이해하는 것, 사실 자체의 지식보다 더욱 광범위한 무엇인가를 배우는 것, 그것이 언제나 중요하다. 해명한다는 표현은 또한 모든 역사적 행위의 기초를 이루는 가차 없는 진지함을 나타낸다. '어떠한 거짓도 없도록'(Ne quid falsi audeat).

이 정의는 역사의 소재를 역사를 짊어진 문화의 과거로 제한한다. 그럼으로써 역사적 진실의 모든 인식은 받아들이는 능력에 따라 제한되고, 그것은 다시 역사의 관찰로부터 생겨남을 보여준다. 역사 자체와 역사적 자각은 문화의 구성 요소가 된다. 그러므로 주체와 객체는 서로 의존한다.

이 정의는 전체적으로 볼 때 다음과 같은 장점을 지닌다. 즉 널리 이해하면(어떤 혼란도 의미하지 않는다고 믿지만) 모든 대립된 체계나 견해를 받아들인다. 그것은 세계에서 일어난 일들을 주기적인 구성으로 여기는 견해와 연속성으로 생각하는 견해 간의 판결이 아니다. 그것은 역사적 인식의 보다 개념적 성격과 보다 직관적 성격 간의 딜레마로부터 탈출구를 열어준다. 즉 그것은 역사적 중요성이라는 불확실성을 억지로 확인하지도 않으며, 또한 역사적 관심의 대상으로서 특수한 것과 보편적인 것 간의 선택을 강요하지도 않는다. 말하자면 소극적 의미의 장점이지만 장점임에 틀림없다.

19세기 중엽 이후 역사의 형태 변화

아카데미에서의 나의 이 발표 제목은 약간의 해명을 필요로 합니다. 역사의 형태 변화에서 나는 무엇을 이해하기를 원하는 것일까요. 약 12년 전에 나는 이러한 모임 발표에서 역사 개념의 정의에 관해 감히 시도한 바 있습니다.[1] 그 발표는 이후 나의 책 『문화사적 인식』(*Cultuurhistorische Verkenningen*, 1929)에 실리고 독일어로 번역되어 『문화사의 길』(*Wege der Kulturgeschichte*, 1930)에 수록되었습니다. 그것은 1936년에 약간 개정되어 에른스트 카시러(Ernst Cassirer)의 기념 논문집 영어판에 실리기도 했습니다.[2] 나는 지금은 이 정의를 둘러싼 시론(試論)의 가치에 관해서는 전혀 언급하지 않겠습니다. 만약 내가 역사 개념을 정의하는 과제를 새로이 다룬다면 그 정의는 상당히 다른 것이 될 것입니다. 그것이 결코 정확하지도 않고 또 완전히 만족할 수 없음은 정확하지 않은 정의의 본질로서 불가피합니다. 내가 언젠가 확인하고 관련

---

1) 〈보고〉 제 68권 B 시리즈, no. 2, 1929. 이 책에 실린 「역사 개념의 정의」를 지칭함.

2) *Philosophy and History, Essays Presented to Ernst Cassirer*, edited by Raymond Klibansky and H. J. Paton, Oxford, Clarendon Press, 1936.

19세기 중엽 이후 역사의 형태 변화 **117**

시키고자 한 유일한 문제점은 내가 역사를 정신적인 형태라고 지칭한 점입니다. 역사는 또한 형태이며, 그 형태 속에서 정신은 진실, 아름다움 혹은 선악의 인식 등의 보물들을 취급하는 그 자신의 영역을 지니며 굳건히 합니다. 문학, 음악 및 철학 또한 일종의 정신적인 형태입니다. '형태' (Form)라는 말이 그 의미에서 거의 무한한 이질성을 품고 있음을 나는 잘 알고 있습니다. 나는 여기에서 그 깊은 의미를 헤아리고자 하지 않겠습니다. 그러나 내가 사물을 연이어 확인할 경우 일상적으로 쓰는 말 가운데 두 가지 자명한 의미를 생각해봅시다. 즉 역사는 보편적인 정신의 창조로서, 바로 그것으로서 인식의 형태이기도 합니다. 그러나 역사는 또한 보편적 개념의 일정한 특수성의 의미에서의 역사, 그럼으로써 단편의 역사, 즉 한 나라, 한 시대, 한 개인 혹은 한 이념의 역사로서 하나의 형태를 지닌다고 할 수 있습니다. 이때 '형태'라는 말은 전혀 다른 의미가 됩니다. 즉 '자태'(Gestalt)의 의미로 쓰입니다. 그것은 예를 들면 로마제국의 역사 혹은 암스테르담의 역사는 다른 역사와는 구별되는 방식을 지닌 정신적인 창조이며, 역사적 관심을 지닌 교양인들이 바로 떠올릴 수 있는 독자적 형태를 갖추고 있다는 의미입니다.

이 형태를 보다 상세히 묘사하고자 한다면 막연한 모양이 되어버립니다. 즉 암스테르담의 역사는 특수한 사건들에 관한 수없이 많은 표상이며, 자유로이 다룰 수 있는 사료나 문헌 속에 흩어져 있습니다. 마치 연구자나 독자가 수고를 아끼지 않고 캐내야 할 산속의 광맥과도 같습니다. 사람들이 암스테르담의 역사라고 지칭하는 전(全) 지식은 본래 오직 가능성으로 존재하며, 이는 광맥이 오직 금속이 될 가능성이 있다는 것과 마찬가지입니다. 그것은 역사학자가 인지하거나 알 수 있는 것이라기보다 한 특정한 사회가 역사의 특정 시기 속에서 지배한 것입니다. 지식의 전체상(全體像)은 순간마다 변하고, 개인의 정신에서도 변하기 마련이며, 완결되지 않습니다.

그런데 역사 인식 가능성의 본질을 엄밀히 논리적으로 생각할 수 있다고 하더라도 그것이 우리 정신생활의 생생한 현실을 충족시키지는 못합니다. 로마사가 하나의 형태를 지닌다면 그것은 단지 인식의 지적 가능성을 무미건조하게 확인하는 데 그치지 않고 그 이상의 무엇인가를 의미합니다. 나는 오히려 다음과 같이 생각합니다. 역사란 인식 가능한 외면적 현상이며, 뚜렷한 형태를 지니고 일정한 자태나 이미지로 우리에게 그 모습을 드러내는 것입니다. 그런데 이 두 가지 말 '자태'(figure) 혹은 '이미지'(Bild)를 우리는 잘 알기도 전에 우리의 논리적 사고 속에 이미 아름다운 트로이의 목마로 끌어들여 다시는 그로부터 벗어나지 못합니다. 혹여 우리의 성벽 멀리 그것을 유지할 방책이 또 있을까요? 이미지라든가 자태라는 표현은 사실 본질적인 요소로서 모든 역사와 불가분하게 결부된 것일까요? 이미지라는 말로 우리가 본래 무엇을 이해할까 한번 규명해보는 것은 보람 있는 일입니다. 이미지라는 말의 사용이 30~40년 이래 학술적 전문용어로 자주 쓰임은 분명합니다. 제가 그것을 1905년 흐로닝언 대학 취임 강연에서[3] 역사 인식의 본질과 관련하여 반복해서 썼을 때는 이미지라는 용어를 방법론적 문헌에서 거의 사용하지 않았습니다. 오늘날 독일 학술어의 영향을 받아 네덜란드에서도 우리는 거리낌없이 세계상, 자연상, 역사상 그리고 그와 비슷한 많은 다른 합성어를 즐겨 쓰고 있습니다. 우리가 그처럼 널리 쓰고 있는 이미지라는 말의 본뜻은 무엇일까요? 그것을 사용할 때 우리의 정신이 말의 함정으로 떨어질 위험을 우리는 경계하고 있을까요? 이미지라는 말은 마치 우리가 이미지로 특징지은 대상을 가시적 전체이자 미학적 형태로서 볼 수 있듯이 표상(Vorstellung)이 되었습니다. 마치 수십 억 사자(死者)들의 행태와 운명 및 본질이 그리고 망가진 건물 조각들이 우리 눈에 보이는 현실인

....

3) 이 책에 실린 「역사 개념의 미적 요소」를 지칭함.

양 마치 "역사, 그것은 부활이다"라고 한 미슐레의 말을 생생하게 떠올릴 듯이 말입니다. 아니면 이미지라는 말의 배후에 감춰진 것은 단지 허구이 며 환상일까요?

그런데 이 이미지라는 말은 우리의 역사 인식과 실질적으로 그처럼 시적인 친근성을 지니는 것일까요? 이 물음은 어렵습니다. 한편 과거를 둘 러싼 우리의 관념은 사건이나 상황의 사소한 관념까지도 언제나 미적 관조의 깊이 속에서 허덕이고 있습니다. 모두가 이것을 스스로 확신할 수 있습니다. 무엇이든 우리의 역사적 지식 가운데 자유로이 한 주제를 골라 생각해봅시다. 그러면 애매하면서도 넓디넓은 지평선 전체에 만발 한 환상을 외면적인 사건의 무미건조한 현실의 배후에서 또한 보게 될 것입니다. 다른 한편에서는 이미지의 개념이 역사 인식의 여러 방법이나 요소에 면밀히 적용되지 않음은 의심의 여지가 없습니다. 역사 서적 목록 을 살펴보면 바로 알 수 있듯이, 이 이미지의 개념은 관련 전체를 파악할 수 있는 관념의 의미에서 이해되어 세계사의 특정한 장(章)에서만 완전히 자리를 차지하고 있습니다. 이미지라는 말의 완벽한 의미에서 우리는 페 르시아 전쟁, 프랑스 혁명 혹은 나폴레옹에 관해 말할 수 있습니다. 어떤 특정한 역사적 대상에 관해 그 행위를 인정한 사람에게 그 소재는 진정 한 이미지의 성격 혹은 완전히 상상적 내용을 갖춘 것이 분명합니다. 이 는 역사적 사실에 관한 세세한 관념의 풍요로움에 의해 그러합니다. 하 지만 여기에 오해의 위험이 도사리고 있습니다. 오늘날 우리는 눈에 보이 는 모든 것들을 모사(模寫)하는 낡은 예술에 열광하고 때때로 본의 아 니게 특정 시대의 무미건조하고 결점투성이의 역사상을 예술 작품을 통 해 무의식적으로 받아들입니다. 그 경우 본래의 역사적 인식, 즉 그것이 무엇이었으며 어떻게 변해왔는지 그 표상을 넓히거나 깊이 있게 성찰하 지 않습니다.

간단히 말해 '역사상'(歷史像)이라는 표현이 그 주제에 고유한 인식 방법에 얼마나 합당한지의 문제는 언제나 경우에 따라 좌우될 것입니다.

만약 역사상이라는 표현 대신 다소 전근대적이기는 하나 예로부터 내려온 역사 이야기로 바꾼다면 어떨까요. 그럼으로써 역사의 형태는 우리에게 가까이 다가옵니다. 이제 역사는 이야기, 바로 '이야기'(relatio) 형태를 갖춥니다. 얼핏 보아 역사는 이미지라는 무언가 강요된 개념이기보다 이 이야기라는 명칭이 훨씬 더 완벽하고 편한 것으로 여겨집니다. 하지만 보다 깊이 생각하면 의문이 떠오릅니다. 즉 역사 이야기라는 지칭은 더 먼 옛 시절의 역사 서술의 흔적이 아닐까요? 그 모든 사료는 실제로 수사학적으로 꾸며온 것으로서 이러한 명칭은 시대의 소산이 아니며 역사는 아직도 학문이라고 할 수 없었습니다. 그 낭독은 아직도 수사학이나 시와 밀접한 연관을 갖고 있으며, 그 저작은 대체로 정적인 성격을 띠고 전통이 부여하는 것들의 평범한 재판(再版)이 아닐까요? 서술의 재능은 헤로도토스와 투키디데스 혹은 폴리비오스와 리비우스 간에도 엄청난 차이가 있습니다. 그리고 그 재능이 이야기 형식으로 그들의 테마를 모두 드러내고 있습니다. 이러한 사실은 빌라니와 마키아벨리 그리고 볼테르의 『카를 12세』와 매콜리의 『영국사』 혹은 존 모틀리(John L. Motley)의 『네덜란드 공화국의 성립』(Rise of the Dutch Republic)에서도 적용됩니다.

이에 반해 역사의 단면을 자유로이 택한 근대의 학문 연구에서는 역사 이야기라는 표현을 대체로 쓰지 않습니다. 통속적인 묘사를 분명히 의도한 작가의 경우를 제외하고 근대적 학문 논의의 바탕은 이야기가 아니라 '탐구'(disquisitio)입니다. 그러한 탐구적 저술을 읽는 것이 최고의 즐거움일 수 있음은 분명합니다. 그러나 독자가 저자를 이해하면서 느끼는 정신적인 기능은 대부분 고전적인 역사 감각과 다릅니다. 독자는 저자의 명석한 비판을 음미하면서 그에 따라 논의하고 그가 읽은 견해들을 이해하고자 노력하면서 판단합니다. 저자가 보다 높은 위치에 있을수록, 독자의 상상력이 생생하면 생생할수록 독자는 더욱더 학술적인 전문 논문의 논리적 구성에도 불구하고 그 복잡하게 얽힌 줄거리, 긴장 및 마무리를 예감한 진정한 이야기의 길로 인도될 것입니다. 우리는 여기에서 역사적인 소재가 그 가장 엄밀한 형태에서조차 지적인 독자가 느끼는 인간과 사물에 관한 다채롭고 생생한 직관에 대해 되풀이하여 말하고자 합니다. 나는 역사에 대해 그것이 가장 학술적 형태를 갖추었더라도 그 가치의 척도로서 쉽게 읽히기를 원합니다. 읽기 어려운 역사는 역사가 아닙니다. 그런데 쉽게 읽힌다는 것은 그 소재 속에 하나의 요소를, 엄밀한 논리의 영역 밖에 있는, 미적 영역 내에서 우리가 매료되는 요소들을 이미 지니고 있는 것입니다. 나는 이것을 하나의 서사시적·극적인 것으로 지칭하고 있습니다. 여기에 중요한 문제가 제기됩니다. 우리는 역사를 통해 그러한 서사시적·극적인 요소가 얼마나 갖춰졌나 고려해야 할까요? 그것은 역사와 얼마나 불가분하고 역사에 얼마나 불가피한 것일까요? 물론 나는 극적이며 낭만적인 동기로 역사 이야기를 서사시 형태나 장식으로 미화할 생각이 없습니다. 문제는 오히려 역사가 그 자체로 미적인 기본 형태에 비추어 서사나 드라마를 갖추고 있느냐 하는 데 있습니다. 보다 먼 시대의 역사에서 이러한 요소가 좀 더 가까운 역사에서보다 직접 우리에게 말을 거는 것은 참으로 명백합니다. 물론 모든 역사가 그렇다는 것이 아니며, 특히 역사와 고고학이 밀접한 관련을 맺는 먼 시대의 역사에서는 그렇지 않습니다. 나는 바빌로니아의 역사에 관해 내가 알고 있는 사소한 지식에서 이러한 요소를 끌어낼 수 없습니다. 그것은 물론 그것에 관한 나의 빈약한 지식의 결과일 수 있습니다. 만약 내가 이집트의 역사에서 무언가 인식하고 있다고 믿더라도 그것은 진정한 역사의 판단이라기보다 이집트의 예술에 관한 나의 관찰의 결과가 아닐까 의구심이 듭니다. 이와 같은 서사시적·극적 요소는 그리스 역사에서 강렬하게 인식할 수 있습니다. 그것은 로마사와 중세사의 몇몇 시기로부터 그리고 근대사의 많은 에피소드로부터 전혀 다른 울림으로 우리에게 전해집니다. 하지만 그러한 울림은 19세기에는 쇠퇴한 것 같습니다.

만약 내가 진지하게 이러한 서사시적·극적 요소는 역사 현상이나 역사적 사실 자체에 독자적인 것일까 아니면 우리의 관찰이 정신적 창조로서의 역사에 덧입힌 색깔이었을까 하고 묻는다면 여러분은 아마도 순진하다고 여길 것입니다. 이러한 요소를 단지 허구라고, 관객들을 위한 역사의 장식물이라고 제거한다면 참으로 유쾌하리라고 여길 것입니다. 그러나 나로서는 이 일이 그렇게 단순하게 여겨지지 않습니다. 나는 보다 먼 시기에는 역사가 정신적인 창조로서의 역사에 서사시적·극적인 형식을 부여하는 기능을 스스로 짊어졌다고 생각하고 싶습니다. 여기에서 내가 특히 강조하고픈 것은 최근의 역사에서 이러한 요소가 위축되는 현상이 드러난다는 것이며, 그와 더불어 날로 심화되는 형태 상실의 작태입니다.

나는 내 견해를 미국사를 들어 설명하고자 합니다. 대체로 미국에 관해 아주 조금밖에 모르는 우리에게 미국은 역사의 여신 클리오의 팔레트에 놓인 다채로운 물감으로 미리 채색되어 있지 않습니다. 즉 우리 대다수가 미국사에 관해 이미 확연히 그려진 관념의 풍요한 장치를 마음 내키는 대로 행사할 수 없습니다. 우리는 그에 관해 대체로 잘 알지 못하고, 그에 대해 좋든 싫든 편견이 없으며, 그러므로 미국사에 관해 서사시적·극적 관찰을 미리 책가방에 넣고 다니지 않습니다.

그러나 여러분들에게 내 주장을 펼치기 위해 각각의 다른 근대사를 보여줄 텐데, 우선 간략하게 근대사에 관한 두 역사적 사실을 차례로 비교하여 여러분의 관심을 환기하고자 합니다.

앞에서 말한 바 이미지라는 표현을 근대의 복합적인 역사 사건에 맞게 지칭한다면 프랑스 혁명만큼 적절히 적용되는 예는 없습니다. 프랑스 혁명을 둘러싼 여러분의 지배적인 관념을 미슐레, 칼라일, 이폴리트 텐(Hippolyte Taine), 프랑수아 올라르(François Aulard) 혹은 루이 마들랭

(Louis Madelin)으로부터 끄집어냈더라도 여러분은 프랑스 혁명의 경위를 지극히 생생한 일련의 장면으로 눈여겨봅니다. 가령 여러분이 많은 전설적인 개별 사건의 신빙성에 회의적이어야 한다는 가르침을 받았다고 하더라도 아는 바와 같이 자크 루이 다비드(Jacques Louis David)의 「테니스 코트의 서약」이라는 그림이 왜곡되었다거나 의전장(儀典長)에 대한 오노레 가브리엘 미라보(Honore Gabriel V. R. Mirabeau)의 말이 신빙성이 없다거나 미라보 자신이 그에 관한 전설을 꾸몄던 일 그리고 백 가지나 되는 혁명화(革命畵)와 같은 장면이 역사적 비판에 비추어 근거가 없을지라도, 그것은 여러분들로 하여금 저 복잡한 역사를 둘러싼 상상력을 방해하지 않을 것입니다. 프랑스 혁명은 인간적 행태나 인격적인 각인에 찬 가장 인상적이며 관념적인 그리고 어떤 의미에서는 자주적인 일련의 사건으로 연이어 여러분의 눈에 비칠 것입니다.

그에 반해 1917~18년의 러시아 혁명을 생각해봅시다. 나는 그에 관해서도 그 세부적인 국면을 가지고 사건을 흥미롭게 묘사할 수 있음을 의심하지 않습니다. 그러나 러시아 혁명에서 프랑스 혁명 같은 서사시적이며 극적인 박력을 지닌 이미지를 발견할 수 있으리라고 여러분은 생각하십니까? 교조주의적 마르크스주의자 스스로가 분명히 그러한 시도를 오히려 경멸할 것입니다. 그리고 여러 상황이나 사건들을 서술하는 데 그들은 역사적 외관에 사회적·국민적인 상투적 문구를 첨가하여 무언가 역사적인 입술연지를 바를 가능성도 있습니다. 그러나 그것으로는 진정한 서사시나 드라마가 생겨나지 않습니다. "그만큼 학문에 바람직하다"고 여러분은 아마도 부르짖겠지요. 나는 "그만큼 역사에 해롭다"며 답하겠습니다. 더 이상 비극과 가까이하지 않는 역사는 그 형태를 상실합니다. Verdichten이란 말에는 두 가지 의미가 있습니다. 여기서는 수렴한다는 의미이며 꾸민다는 의미는 아닙니다.

나는 오늘날 날로 심화되는 역사의 형태 상실 현상을 남북전쟁 이후 미합중국의 역사에 비추어 밝혀보고자 합니다. 나는 이러한 형태 상실을 역사 연구자의 오해이거나 역사적인 견해 혹은 표현력의 결함이 아니라 오히려 역사 자체의 구성 요소의 변화에서 찾고자 합니다. 내가 여러분들을 충분히 설득할 수 있을지 모르겠습니다. 만약 오늘날 세계의 기술적·이상적인 구조가 지난 역사와 같이 미적인 창조를 위해 더 이상 독자적인 장소를 제공할 수 없다면 그것은 참으로 받아들일 수 없는 역겨운 추론입니다. 나는 스스로 내 관찰의 효능에 관해 당연한 회의를 확인하고자 할 뿐입니다. 회의하는 권리와 능력이야말로 가장 소중한 것이며, 이는 우리 문화가 겪고 있는 폭풍 속에서도 아직 우리에게 남겨진 것입니다.

내가 왜 미국의 역사를 나의 설명과 해설의 대상으로 선택했던가에 관해서는 이미 말한 바 있습니다. 이 주제에 관해 좀 더 자세히 살펴보고자 합니다. 영국에 대항한 북아메리카 독립전쟁의 역사(1775~83)는 일반적으로 식민지 역사의 고유한 특징을, 즉 그 전체를 개괄할 수 없음을 보여줍니다. 윤곽이 어느 정도 애매하고 약간 지방색을 띠었습니다. 그것은 가까이하면 뚜렷해지는 모델이며 일반 독자(역사에서는 그들이 대다수를 차지합니다)를 윤곽과 색채의 아름다움으로 매료하지는 않을 것입니다. 오직 전문가만이 자신이 확인한 세부적인 성과의 기초 위에 역사에 생기를 불어넣는 특징을 그러한 역사 속에서 발견합니다. 그러나 만일 전문가가 그것을 이해하고 즐기더라도 바람직한 역사는 아닙니다. 그에 관해 일반적으로 가까이할 수 있는 관념이 분명한 보물로서 문화 속에 뿌리내렸을 때 비로소 그 역사는 참으로 풍요로워집니다. 그러나 역사를 전반적으로 이해하고 그럼으로써 가치를 획득하기 위해서는 통일적으로 파악해야 합니다. 그런데 대서양 연안에 놓인 13개의 식민지가 모국으로부터 자유로워진 순간 아메리카로부터 사라졌습니다. 모습이 다른 여러 집합체 대신 이제 적어도 형식적인 하나의 통일체가 태동했습니다. 이는 1789년 헌법에 앞서 생겨난 최초의, 다행히 단명이었던 젊은 미합중국이었습니다. 어려움 끝에 채택된 연방 규약이 아메리카 전체에 부여한 연대는 참으로 결함투성이었습니다. 이 젊은 국가 공동체는 지난날 네덜란드 연방공화국을 파멸케 한 모든 악덕으로부터 고통을 받았습니다. 연방의회의 수중에 있던 연방 권력은 각 주에 과세할 권리도, 정해진 의결을 강행할 방책도 갖지 못했습니다. 그 위에 각 주 간의 교류는 경제적으로 대단히 나빴으며 외교적으로도 전혀 좋지 않았습니다. 그럼에도 불구하고 그 시대의 이미지가 뚜렷했다면, 그것은 그 윤곽이 비교적 단순했다든지 혼란스러운 모양새가 드러나 재빨리 질서를 수습한 덕분입니다. 공동 심의를 통해 적어도 상업을 규제하고자 한 시도는 실현되지 못했으나 1786년 아나폴리스 무역 회의가 이루어졌습니다. 그러나 오랫동안 미루어진 헌법 개정이 본질적으로 성문화되지 않은 채 조지 워싱턴(George Washington) 의장의 주도 아래 주 대표 회의가 열렸습니다. 그로부터 이미 1787년 9월에 헌법 구상이 제의되고 그 2년 뒤 법안이 성립되면서 지구상에서 가장 강대한 공화국의 기초가 마련되었습니다.

1789년 4월 30일 만장일치로 대통령에 선출된 워싱턴은 헌법에 충성을 맹세하고 의회 의원에 대한 연설로 직무를 시작했습니다. 그로부터 5일 뒤 베르사유에서 삼부회가 당당히 열렸습니다. 그리고 이로 인해 프랑스 혁명이 시작되었습니다.

이렇듯 근대사의 양대 사건은 역사의 하늘 아래 동시에 비롯되었습니다. 그리고 그로부터 프랑스 혁명의 역사와 마찬가지로 미합중국의 역사 또한 거대한 양식을 띠게 됩니다. 초기 단계에서 미국의 역사도 형태와 색채를 분명히 갖추었습니다. 그 줄거리는 당시 덜 복잡하고 그 인물들, 특히 워싱턴이나 알렉산더 해밀턴(Alexander Hamilton)은 대단히 인상적입니다. 분규도 정세도 당시에는 개관할 수 있고 파악할 수 있었습니다. 미국 역사에서 처음부터 정치적인 기능과 불가분하게 얽히고 전면에 유난히 부각되었던 경제문제도 아직은 단순한 구조를 드러내고 있었습니다. 뉴잉글랜드, 뉴욕, 당시 중부 여러 주에서의 상업, 공업, 해상 운송 등의 강력한 자본주의 영역과 대토지 소유제, 남부의 귀족적 분위기 그리고 서부로 불린 켄터키, 테네시 등에서 당시 날로 강하게 서부를 지향한 개척자들의 농업적 이익 등 3자 간에는 차별이 있었습니다. 마지막으로 지칭한 개척자들은 교육도 받지 못하고 단지 지역적으로 조직된 개척민에 지나지 않았으며, 당시에는 아직 주 경영에 영향력이 없었습니다. 뉴잉글랜드의 양키와 더불어 버지니아에서 조지아에 이르는 농장주나 노예 소유주가 지도층을 이루어 저마다의 방식으로 엘리트임을 내세웠습니다. 공공 생활의 행태가 당시 엘리트로부터 유래함은 그 시대 역사의 모습이었습니다. 그러한 인물들이 모습을 드러내고 대중의 자취는 아직도 역사 발전의 배경에 머물렀습니다.

19세기 전반 동안 미국사는 본질적으로 이러한 성격을 유지했습니다. 그것은 이해할 수 있고 개관할 수 있는 형태를 띠고, 뛰어난 인물들로 가득 차고, 그 모습은 더욱 깊이 기억에 남을 만합니다. 토머스 제퍼슨(Thomas Jefferson)은 얼마나 대단한 인물입니까? 정치가이자 철학자, 민주주의의 새로운 원리에 대한 정열적 고백! 그는 국가권력에 관해서 많은 것을 알고자 하지 않으면서도 중앙 권력에 대해 연방 권력을 조심스럽게 존중한 이상주의자입니다. 그러면서도 그는 상황이 행동을 요구할 때 어떤 헌법적 제한에도 개의치 않고 나폴레옹으로부터 미시시피에서 로키 산맥에 이르는 엄청나게 넓은 지역을 매수했습니다. 그러면서 합중국은 결국 13주의 새로운 국가로 형성되었습니다. 앤드루 잭슨(Andrew Jackson)은 얼마나 예리하고 뛰어난 인물입니까? 대통령직을 차지한 최초의 거칠고 교육받지 못한 개척자 아닙니까? 스포일스 시스템(spoils system, 대통령 선거에서 승리한 정당이 관직을 공적으로 차지하는 제도)으로 불리는 반듯한 민주주의의 새로운 유형은 그와 더불어 비롯되었습니다. 경제는 이미 그 시대를 완전히 지배했습니다. 자유무역과 보호관세 문제, 은행과 환율, 교통 시스템 문제가 그것입니다. 이러한 문제는 쟁점으로 확대되어 정치적 형태를 띠게 되었습니다. 그것은 헌법상의 쟁점으로, 연방의 권한은 어디까지이며 각 주의 권한은 어디까지인가 하는 본질적인 문제를 야기했습니다. 이해관계와 입장 간의 충돌은 거의 학술적인 형태로 이루어졌습니다. 의회에서의 연설이나 토론은 당시 사태의 흐름에 더 많은 본질적인 의미를 미국 역사에 가져다주었습니다. 의회 지도자들, 대니얼 웹스터(Daniel Webster), 헨리 클레이(Henry Clay) 및 존 칼혼(John Calhorn) 등은 중대한 시점에 상·하원에서 단호한 연설로 자신의 명성을 영구히 높였습니다.

그러나 1820년부터 1850년에 이르는 시기의 미국사는 같은 시기의 유럽사보다 덜 생기 있는 듯 보입니다. 그 원인은 쉽게 짐작이 갑니다. 대륙의 대부분이 한 나라를 형성하고 하나의 국민을 갖춘 곳에서는 주로 역사의 주요한 주제 가운데 하나인 지배, 위신 및 물질적 이익을 위한 자주적 열강(列强) 간의 투쟁의 테마, 즉 고대와 중세 및 근대에 걸쳐 구세계의 역사를 가득 채운 그런 주제가 결여되어 있습니다. 외교나 무력을 통해 긴장되고 위험한 놀이를 벌이는 적대적이고 투쟁적인 유럽 열강의 특징이 아메리카 대륙에는 없습니다. 아메리카 같은 대륙 국가에서는 (유럽)열강의 고전적인 예를 따른 역사가 더 이상 펼쳐지지 않습니다. 그러한 역사에서는 서사시적·극적인 요소를 더 이상 볼 수 없습니다. 노예제도를 둘러싼 숙명적인 투쟁이 불가피하고 10년간의 위기와 긴장 끝에 합중국이 남북 간의 피비린내 나는 전쟁을 치른 뒤 비로소 미국의 역사는 다시 서사시적 투쟁의 모습을 지니게 되었습니다. 서사시는 문학적 상상력의 산물이 아닙니다. 그것은 사실 자체 속에 존재합니다. 에이브러햄 링컨(Abraham Lincoln)과 로버트 리(Robert Lee)는 아가멤논

(Agamemnon)과 헥토르(Hektor)와 비슷하게 서로 마주합니다. 일리노이 출신의 고집스러운 변호사의 이 진정한 영웅 정신은 낭만적인 외경이나 사실에 관한 그럴듯한 당파성으로부터 형성된 것이 아니라 대체로 역사적 형태 형성의 결실입니다.[4] 애퍼매톡스에서의 리의 항복과 링컨의 죽음은 진정한 의미에서 비극의 종말입니다.

그 뒤 미국의 역사는 남북전쟁 당시의 극적인 감동뿐만 아니라 이해할 수 있는 뚜렷한 형태마저 상실했습니다. 그것은 일반 독자에게는 개관하기 어렵고 혼란스럽고 재미없는 것이 되었습니다. 이는 독특한 이미지를 상실하고 더 이상 기억을 더듬을 수 없고 마음에 새겨지지 않게 되었습니다. 마지막에 지적한 이 두 가지 평가는 우리의 주제에서 중요합니다. 남북전쟁 이후 미국사는 더 이상 그림 그리기가 어렵습니다. 잘 알려졌듯이 역사화(歷史畵)는 낭만파와 더불어 하나의 장르로 성립되고 1800년부터 1850년에 걸쳐 황금기를 맞았습니다. 그러나 그것은 역사적 현실의 재현으로서는 오랫동안 도움이 되지 않았습니다. 과거의 사건을 벤저민 웨스트(Benjamin West)가 윌리엄 펜(William Penn)과 인디언 간의 협정을 그린 것처럼 상상하는 사람은 더 이상 아무도 없습니다. 한 인물에 역사적 의상을 입혀 꾸미면서 역사적인 광경을 재현하는 것은 더 이상 우리의 사고방식과 다릅니다. 우리는 눈에 보이는 현실이 결코 양식이나 형태의 위계를 지니지 않음을 잘 알고 있습니다. 에두아르 마네(Édouard Manet)가 그의 그림 「멕시코의 황제 막시밀리아노의 사살」에서 역사화와 단절한 사실이 생각납니다. 역사화는 1880년부터 1900년에 이르는 동안 전쟁 보도에 담긴 뛰어난 목판화에서 아우라를 발견합니다. 한편 사진의

<hr />

4) 최근 미국의 한 젊은 시인이 남북전쟁을 하나의 형태로 다뤘다. 그것은 현대문학에서 드문 진정한 서사시에 가깝다. Stephen Vincent Bénet, *John Brown's Body*, New York, Doubleday, 1928.

복제 기술 또한 역사화의 이러한 마지막 가지를 잘라버리고 우리에게 역사의 양식화된 그림 이미지 대신 훨씬 더 나쁜 진실의 왜곡을 감행합니다. 즉 그것은 오직 눈에 비친 단편을 어리석게 사진으로 복제한 것으로 역사와는 전혀 무관합니다.

이 점이 바로 역사의 회화적 관점의 상실과 관련된 우리의 주제입니다. 그것은 사진의 책임이 아닙니다. 역사적 사실의 특성이 양식적(樣式的)으로 파악되고 선과 색채로 표현됨은 사건 자체를 받아들이는 감성에 달려 있습니다. 사람들은 사건을 그림으로 보고 또 그렇게 생각할 수밖에 없습니다. 왜냐하면 그들은 극중 인물 개개인의 행태를 드러내고자 하는 것입니다. 그러나 근래의 역사는 더 이상 그렇게 볼 수 없게 되었습니다. 우리의 집단의식과 이른바 리얼리즘이 그것을 방해합니다. 이러한 역사의 형태 변화는 특히 미국의 역사에서 잘 드러납니다. 이것이 제가 역사를 더 이상 그림으로 그릴 수 없는 이유입니다.

이러한 경향과 깊이 관련되면서 기억에 새겨진 이미지로서의 역사의 특성이 상실되고 있습니다. 이 점에 관해서는 내가 깊이 다루고자 한 이상으로 많은 심리적 문제가 엉켜 있습니다. 나는 단지 피상적으로 이러한 사실의 원인에 접근하고자 합니다.

역사의 표면적 성격 및 지속성에 관한 문제와 더불어 내가 간략하게 언급하고픈 문제가 있습니다. 그것은 간결함의 적확성 혹은 상세한 재현의 문제입니다. 간결함은 지적 자질의 각별한 탁월성 가운데 하나입니다. 간결함을 간략함과 혼동해서는 안 됩니다. 소재를 하나로 묶어버리는 간략함은 고작 교과서용이며, 간략한 역사는 역사가 아니라 기껏해야 강의용 교재일 뿐입니다. 제정 로마 시대에 이미 나타난 위대하고 반듯한 역사가를 제치고 개론적인 것으로 채우고자 한 의도만큼 일반 정신문화의 발전에, 특히 역사 발전에 크게 해로운 것은 없습니다. 역사는 교과서로 압축될 수 없습니다. 역사는 우리를 묶어놓아야 하며 교과서가 될 수 없습니다. 그러기 위해서는 어느 정도 상세해야 합니다. 하지만 지나치게 상세한 것에서 사람들은 오류를 범합니다. 일찍이 칼리마코스(Callimachos)는 "거대한 책은 큰 해악"이라고 한탄했습니다. 역사적 표현의 표본은 길지도 짧지도 않은, 내가 간결하다고 한 중용(via media)의 발견입니다. 그것은 저작 권수가 아니라 주제를 다루는 방법에 달려 있습니다. 앙리 피렌의 『벨기에사』(전 7권)는 간결한 역사 서술의 걸작입니다. 내가 추천하고픈 또 다른 저작은 많은 미국사의 저술 가운데 내가 애독하는 데이비드 머지(David S. Muzzey)의 『아메리카합중국』(The United States of America)입니다.[5] 이것은 2권이며 저자는 '대학생들'을 위한 것이라고 겸손하게 말하지만 대단히 잘 저술되어 피렌을 다시 떠올리게 합니다. 머지는 정치와 경제 문제 간의 균형을 잘 잡고 주제인 국법의 측면도 깊이 고려하여 핵심적인 문구나 적절한 인용을 언급할 경우에는 바람직한 수완이 돋보입니다. 또한 그의 저술가다운 재능은 각론에 걸쳐 정확하고 풍부하며 숫자와 통계에서도 관련성을 확인하고 있다는 점입니다.

그러나 이러한 장점과 저자가 높은 수준을 유지함에도 불구하고 머지의 독자는 미국사, 특히 1870년에서 1890년까지의 부분에서 저자가 그 매혹적인 필치를 상실했다는 느낌을 피할 수 없습니다. 그러나 그 역사는 전과 다름없이 정열적인 투쟁으로 충만하고, 공공의 삶의 울림도 높이 메아리치며, 여러 문제 또한 전과 다름없이 중요합니다. 윌리엄 브라이언(William J. Bryan)의 생애에서 업적에 속하는 초기의 은(銀) 자율화를 위한 투쟁, 농민동맹과 인민당원의 급진적 농업 운동, 그 무렵 특히 유혈 사태를 일으킨 파업, 자본의 무서운 독점 출현, 트러스트의 형태, 이 모든 것은 충분히 일급의 역사적 위업입니다. 말하자면 나팔로 역사의 여신을 불러들이기에 충분합니다.

....
5) Boston, Ginn & Company, I, 1922 / II, 1924.

그러나 역사의 소재에서는 관련성이 상실되고, 소리 높이 울려 퍼져 마음을 사로잡을 역사 이야기의 효과는 보이지 않습니다. 그것은 바로 그 시대의 미국식 삶의 바람직하지 못한 측면, 즉 절망적인 부패나 미국 문화의 급격한 통속성 등이 뚜렷이 드러난 까닭일까요. 그 원인은 참으로 심각합니다. 일련의 사건들은 더 이상 어떤 형태도 이루지 않으며 지리멸렬하고, 여러 상황은 전혀 이미지를 드러내지 않습니다. 여기에 놓인 우리는 낯선 것들을 간과할 수 있습니다. 이러한 미국사는 우리 대다수에게 적잖이 낯설기도 합니다. 우리에게 애매하고 복잡하며 혼란스러운 인상은 미국인에게는 관련이 없을 수도 있습니다. 그러나 나는 그것을 의심하게 됩니다. 미국인이건 아니건 우리는 로스코 콘클링(Roscoe Conkling), 제임스 G. 블레인(James G. Blaine) 같은 인물에 관해 사실 제퍼슨이나 잭슨 같은 명확한 인물상, 뛰어난 이미지를 가질 수 있을까요? 혹은 사건 자체의 성격에 객관적인 이질성이 존재할까요? 그것은 아마도 역사에서의 개인적 요소가 집단적인 요소의 지침으로 바뀌었다는 사실에 수반된 경제적인 요인의 지속적인 우세에서 찾아야 할 것입니다. 경제적 추이는 언제나 일련의 집단적 사건 형태 속에서 완수됩니다. 그 경우 때로는 전면에 모습을 드러내는 인물도 있습니다. 그들은 발명가, 기업가, 부호 및 입법가로 출현합니다. 그러나 인간으로서가 아니며 경제 과정을 결코 다스리지도 않습니다. 그것에 반해 정치적 방향 전환에서는 언제나 대단한 인물이 역사 한복판에 등장합니다. 바꾸어 말하면 경제적 추이에 따라 규제되고 그것에 충만한 역사에서는 미국사에서 잘 드러나듯이 인간적 모습이 배경으로 물러납니다. 여기에서는 역사 과정 자체가 객관적인 변화로 취급됩니다. 이 변화는 내가 1918년 미국사에 관한 에세이[6]에서 사

....

6) 하위징아는 여러 차례 미국을 여행하여 두 편의 미국론을 썼다. 즉 「아메리카의 인간과 대중」(1918) 및 「생활하는 아메리카, 생각하는 아메리카」(1927)다. *Mensch en Menigte in Amerika: Vier essays over moderne beschavingsgeschiedenis*, Haarlem, Tjeenk

회생활의 '도구화'라고 지칭한 현상의 한 부분입니다.

이러한 결론이 정당하다면 다음과 같이 생각되기도 합니다. 즉 경제적인 기능의 우월이라는 이유로 확산된 역사 과정 속에서 때때로 정치적 사건들이 상실될 뻔했던 긴장감과 굳건한 형태를 다시 불러일으킨다는 사실입니다. 이것은 당연히 하나의 경우입니다. 바로 정치적 사건은 뛰어난 특정 인물을 둘러싸고 벌어지며 뚜렷이 드러나는 속셈을 지닌 정치적 갈등이 일어나기 마련입니다. 1865년 이래의 미국사에서 내가 가장 좋은 예로 들 수 있는 것은 쿠바를 둘러싼 투쟁, 스페인과의 전쟁 및 시어도어 루스벨트(Theodore Roosevelt)의 인물상입니다. 루스벨트는 정치 무대에 등장하자마자 미국 역사에 불을 밝혔습니다. 그 이유는 그가 처음으로 트러스트 분쟁에 진지하게 대처해서라기보다 자신의 의용 기병대(Rough Riders)를 조직하고 '테디'(Teddy)라고 불리듯 분명한 개성을 갖춘 인물이었기 때문입니다. 윌리엄 브라이언은 지극히 감성 어린 연설과 국민을 위한 그의 진지한 업적으로 이미 오랫동안 하나의 모습을 이루었음에도 불구하고 오늘날에는 별로 이렇다 할 영향을 주지 못하고 있습니다. 우드로 윌슨(Woodrow Wilson)은 유감스럽게도 지나치게 고통스러운 추억을 짊어지고 있습니다. 그러나 루스벨트에게는 오늘날 우리 시대에까지 이르는 생생한 모습이 남아 있습니다.

그러므로 미국사의 날로 증대되는 형태 상실이나 이 거대한 국가 공동체에서의 최근의 역사 과정의 불투명한 성격은 다음과 같은 두 가지 사실에서 기인하는 것으로 보입니다. 첫 번째는 대륙 전체를 끌어안은 이 통일된 강대국에 국민, 강대국 간의 투쟁이라는 역사의 풍부한 주제가 결여되었다는 점입니다. 미국사에서 날로 깊어만 가는 형태 상실을 이끄는 두 번째 이유는 증대되는 경제적 국면의 우월성입니다. 이러한 형

<hr>

Willink, 1918, dritte Auflage 1928.

편은 오직 예외적으로만 인간적인 인물상을 엿보이게 할 뿐입니다. 여기에서 문제가 제기됩니다. 역사의 형태 상실이나 불투명성이 과연 미국인들에게 얼마나 문제가 되었을까요. 그들은 자기 나라의 상황에 맞추어 살고 있습니다. 그들에게 48주(州) 모두가 다소간에 친숙한 것으로 다가옵니다. 그럼으로써 그들은 각 주에 애착을 품거나 그런대로 전문 지식을 지니고 있습니다. 그들은 아마 양당 가운데 하나의 열렬한 지지자이며, 당대회나 선거운동은 그들에게 거의 스포츠 경기만큼 흥분을 자아낼 것입니다. 대통령 선거는 살라미스 전투, 보름스 국회, 브뤼메르 18일의 광경만큼 가치를 지닌 역사적인 장면입니다. 이 모든 것에도 불구하고 나에게는 아직도 문제가 남아 있습니다.

미국을 어느 정도 알고 있는 사람이라면 느끼듯이 일반 유럽인들보다 미국인 중에는 수치 중심적인 사람이 훨씬 많다고 생각합니다. 그런데 그것은 미국 외의 구세계에서도 정신적 경향이 되어가고 있습니다. 특히 자연과학, 기술적·경제적·통계적 학문에 종사하는 사람들에게 뿌리내린 것들입니다. 현대 학문은 언젠가 이러한 사고를, 모든 국면을 더욱더 양적인 각도에서 오직 수치로 드러난 척도로 밀어붙이게 될 것입니다. 이러한 변위(變位)에는 큰 위험이 도사리고 있습니다. 역사라고 일컬어진 정신적인 창조에도 적잖은 위험이 도사리고 있습니다. 역사도 필경 그러한 변위로부터 벗어날 수 없습니다. 역사도 더욱더 집단적인 거대 세력의 분석에 착수하고 수량이 언제나 역사 개념을 완전히 지배할 것입니다. 그러므로 이야기로서의 역사는 이 수량 속에 매몰되고 어떠한 이미지도 비춰지지 않을 것입니다.

지난날 역사의 과실을 맺은 나무들도 시들어버릴 것입니다. 그 이유는 우리의 상상력의 결여라기보다 역사적 사건 자체의 성격이 변한 데서, 혈색을 잃은 데서 오는 것입니다. 우리의 어쩔 수 없는 역사적 본능은 날로 역사의 신 클리오의 영역의 주변부로, 분명히 역사적 성격이면서도 역사 자체는 아닌 학문의 영역으로 옮아가고 있는 것 같습니다. 고고학, 민족학, 종교학, 예술사, 문예 및 그 밖의 많은 분야가 거기에 속합니다.

이미 세기의 중엽에 다가오고 기술적·과학적인 수확 외에 본질적인 것은 거의 이룩하지 못한 이 20세기에 미래 인류는 역사적인 형태를 다시 발견할까요? 참으로 알 수 없습니다.

제2부

문화와 문화사란
무엇인가

역사 개념의 미적 요소

르네상스의 문제

문화사의 과제

역사 개념의 미적 요소

누군가 감히 일반적인 성찰을 하고자 한다면 취임 강연에서보다 오히려 고별 강연에서 말하는 것이 적절할 것입니다. 이것은 아마도 어느 학문에서나 진실할 것이지만 특히 역사에서 그렇습니다. 원숙함은 역사의 경우 필수 조건이라고 할 것입니다. 이러한 사실에 관해 지난날 랑케는 비스마르크에게 보낸 서간에서 다음과 같이 말했습니다. "나는 항시 역사가는 우선 나이가 많아야 한다고 생각해왔습니다. 역사가는 다른 시대를 평가할 자격을 갖추기 위해 많은 경험을 쌓고 오랫동안의 모든 추이를 보아둘 필요가 있습니다."[1] 만약 역사의 파란만장한 경관을 묘사하는 정확한 원근법이 길고 고통스러운 지난날을 되돌아볼 수 있는 사람들에게만 허용된다면, 지금 바야흐로 나그네 길에 오르며 아침 안개를 뚫고 숲의 첫 나무들을 보고 있는 사람은 과연 무엇을 말할 수 있을까요? 만약 그가 다른 사람들을 안내할 책임을 짊어진다면 그는 자신의 능력을 살려 어느 길을 택할 것인지 깊이 생각해야 할 것입니다.

....

1) A. Dove, *Ranke und Sybel in ihrem Verhältnis zu König Max*, 1895, p. 15에서 인용.

제가 지금 짊어지고자 하는 책임 있는 역할에서 나 자신이 추구하려는 방향을 제시하고자 함은 이러한 마음에서 우러나온 것입니다. 적어도 나는 이 선택을 오랫동안 마음속에 두고 심사숙고했다고 말할 수 있습니다. 나의 머리말은 바로 신앙의 고백 혹은 하나의 신앙고백이라고 할 수 있습니다. 이 신조를 간단히 정의한다면 역사적 고찰에서의 미적 요소의 중요성에 대한 신앙이라고 할 것입니다.

역사 이론의 영역에 들어선 사람들은 자신이 싸움터에 있음을 미리 자각하고 있습니다. 거기에서는 발자국마다 위험이 뒤따르고 있습니다. 그리고 대립되는 두 진영 사이의 무인 지대에 들어선 중립적인 사람에게 그 위험은 가장 큽니다. 그러므로 투쟁에 뛰어들기에 앞서 나는 사전에 경종을 울릴 것입니다. 역사 연구는 오랫동안 이론이나 비판의 소리에 교란되지 않은 채 평온한 나날을 지내왔습니다. 그러나 19세기의 역사 연구는 준엄한 책임을 지게 되었습니다. 무엇이 그 본래의 영역인가, 또 그 세계에 들어갈 자격은 무엇인가에 관해 논의되었습니다. 어디에서 이러한 이견이 생겼고 이러한 혼란 속에서 사람들은 역사 연구의 대가(大家)들을 어떻게 식별했을까요? 그것은 주로 역사가나 그 비판자에게서 지식에 관한 전통적인 관념이 자연과학의 놀라운 발달의 충격으로 인해 거의 인식될 수 없을 만큼 변했기 때문입니다. 진지한 역사학도라면 자연과학과 그처럼 근원적으로(방법에서나, 개념 구성, 결과의 확실성에서나) 다른 학문이 과연 확실한 진리에 도달하는 것을 기대할 수 있을까 여부를 자기 자신에게 물을 수밖에 없습니다. 그리고 일단 자연과학의 기준이 적용되면 역사가 과학이 아님을 인정하든지 역사의 방법론을 철저하게 변화시킴으로써 역사를 과학화할 수밖에 없습니다. 이 양자 가운데 일반 사람들은 후자에 동의했습니다. 그것 외에 콩트나 허버트 스펜서(Herbert Spencer)의 시대에 무엇을 기대할 수 있었겠습니까. 이러한 입장은 정밀 과학과 마찬가지로 체계적이면서 역사와 같은 관심을 지닌 새로운 학문, 즉 사회학의 출현에 의해 더욱 강화되었습니다. 그리고 사회학은 사실 역사의 모든 영역을 자기의 고유한 것으로 요구하고 역사과학의 명칭을 차지하고자 노력했던 것입니다.

그런데 역사 연구는 과학으로서의 권위를 얻기 위해 실제로 자연과학의 법칙에 필적할 보편타당한 역사 법칙을 끄집어내야 하는 것일까요? 이 문제는 작년에 퇴임하신 본 대학의 총장께서 명백히 논의하셨으며 그의 해답은 강한 부정이었습니다.

역사학과 사회학의 관계에 대해 우리는 다음과 같이 논의해야 합니다. 진정한 역사는 역사적 건물을 역사적 사실로서 연구하는 데 한정해야 할까 혹은 오히려 모든 사건을 서로 관련시키고 설명하는 법칙을 구명하도록 노력해야 할까. 이와 밀접히 관련된 또 다른 문제가 발생합니다. 바로 역사가가 우선 먼저 취급해야 할 것은 개별적 인물일까 혹은 군중일까의 문제이고 이는 역사의 과정은 위대한 인물의 행위에 의해 결정되는 것일까 혹은 위대한 인간은 오히려 그 환경이나 상황에 의해 만들어지는 것일까라는 어려운 문제를 제기합니다. 그러나 이와 같은 선택은 순수하게 철학적인 것이며 역사 연구의 영역 밖에 속합니다.

과학학파의 요구에 대해서는 두 가지 방법으로 대답할 수 있을 것입니다. 우리는 엄밀한 역사 법칙을 주장하는 사람들에게 역사학의 지난날의 방법에 의한 상세한 비판에도 흔들리지 않는 명제를 만들도록 요구할 것입니다. 그러나 현 단계에서 이러한 요구를 한다면 그것은 대단히 공정치 못할 것입니다. 새로운 연구 방법의 원칙은 가령 그 응용이 아직 모든 음미에 견딜 수 없다고 하더라도 정당할 수 있습니다. 카를 람프레히트의 방법을 그의 『독일사』에 대한 비판적 평가를 기준으로 비난한다면 그것은 경솔하고 부당하다고 할 것입니다. 그러나 기본 원칙 자체가 논리적으로 가치가 없는 것으로 제시된다면 사태는 전혀 달라질 것입니다. 그러한 경우 이른바 그 새로운 방향은 사실 그릇된 것이 될 터입니다. 그리고 그 방법이 과거 몇 해 동안 여러 차례 공격을 당했음이 인식되어야 합니다. 사실 소장 역사가라고 자칭하는 사람들에 의해 제창되고 있는 역사 연구에서의 실증주의적 이용은 전적으로 신임을 잃었습니다.[2] 인문과학에 관한 독립된 학설이(이 분야에서 그러한 사상가들 가운데 비교적 최근의 인물들만 들면) 빌헬름 딜타이(Wilhelm Dilthey), 게오르그 짐멜(Georg Simmel), 빌헬름 빈델반트, 하인리히 리케르트, 에두아르트 슈프랑거(Eduard Spranger) 등에 의해 견고한 기초 위에 새로이 수립되고 있습니다.

과학적 방법이 다른 모든 역사 연구 방법을 대체해야 한다는 주장을 비판적으로 평가하는 데서부터 두 가지 결론이 강하게 떠오릅니다. 그 하나는 현실 생활을 일반적 개념으로 환원할 수 없다는 것이며, 개별적인 모든 사건들 속에서 특수성을 인식하는 것이 언제나 역사 연구의 주요한 과제여야 한다는 것입니다. 그렇다고 역사가가 보편타당성에 대한 의식을 지니지 않는다는 것은 아닙니다. 다른 하나는 단지 첫 번째 명제의 반대에 지나지 않습니다. 즉 역사 연구의 불편부당한 성격은 미리 생각된 체계적 법칙에 따라 조직화됨으로써(가령 그 취지가 공평한 것이라 하더라도) 크게 손상된다는 신념입니다.

그렇다고 해서 역사 서술이 때로 체계적 규범을 지닌 특정 학문(예를 들면 신학, 경제학, 인류학 등)을 돕는 데 이용되어 나쁘다는 것은 아닙니다. 그 경우 사람들은 좋아하는 것을 선택합니다. 역사를 구성하고 있는 것들 전체 가운데서 어떤 특정한 관심사에 관련이 있다고 생각되는 것들을 집어내고 그 밖의 것은 무시하는 것입니다. 그러므로 선택된 자료의 정리와 평가가 역사에 공헌할 수 있다고 하더라도 그러한 작업이 결코

....

2) H. Rickert, *Die Grenzen der naturwissenschaftlichen Begriffsbildung*, 1902, pp. 331, 406; F. Gottl, *Die Grenzen der Geschichte*, 1904, p. 64.

역사를 대신할 수는 없습니다. 역사가가 음미해야 할 것은, 그것도 가능한 한 '해석상'의 선입견을 갖지 않고 '중요한' 요인을 제한하지 않고 음미해야 할 대상은 언제나 심리학적이며 사회학적인(나눌 수도 요약할 수도 없으며 상호 의존하고 있는) 현상 전체입니다.[3]

역사를 여는 열쇠를 갖고 있다는 신학의 주장은 이제 옛이야기가 되었습니다. 오늘날에는 같은 소리가 경제학, 사회학, 인류학의 편에서 더욱 강하게 들려옵니다. 이들 학문은 자주 자기의 관심사를 가장 중요한 것으로서 역사에 강요하고 실제로 새로운 역사 방법을 다듬었습니다. 그리고 그 모든 학문이 새로운 소재와 관점으로 역사를 헤아릴 수 없이 풍요롭게 했음은 인정해야 할 것입니다. 역사의 경제학적 해석이 우리에게 각인된 결과 그에 관련된 의문이 어떤 연구의 경우에도 논의되고, 극히 오랫동안 무시되어온 역사적 인과관계의 원천을 깊이 탐구하게 되었습니다. 그러면서도 순수 역사학적 방법은 이러한 특수한 관점과는 독립하여 존재합니다. 그것은 보편적이며 편견 없는 것이어야 합니다.

가령 가장 정통적인 프로테스탄트와 가장 교조적인 마르크스주의자가 저마다의 신조에 따라 그 판단이 좌우되지 않고 예를 들어 종교개혁에 대한 농촌 상황의 영향을 연구한다면, 양자의 재능이나 성실성, 비판적 능력도 동일하다면, 그들은 같은 결론에 도달해야 할 것입니다. 그러나 우리는 그들이 동일한 결론에 도달하리라고 거의 기대할 수 없습니다. 그들이 그 신조로부터 결코 자유로울 수 없기 때문입니다. 그 결과 그들의 역사적 '법칙'은 역사적 관계보다 오히려 교조적인 편견을 반영하게 됩니다.

민족학, 경제학, 법학 등과 같은 체계적인 학문에 의해 세워진 법칙, 유

---

3) E. Spranger, *Die Grundlagen der Geschichtswissenschaft*, 1905, pp. 112, 96; W. Wundt, *Logik*, vol. II, 1920, p. 11; G. Simmel, *Die Probleme der Geschichtsphilosophie*, 1905, p. 46에 따르면, 제한된 입장이 없는 역사 연구는 원칙적으로 불가능하다.

형, 범주 등이 역사 자체에 대해 조금도 가치를 지니지 않는다고는 누구도 한때나마 주장하지 않을 것입니다. 게오르크 폰 벨로가 모든 체계적 구성에 반대하는 것이 역사가 본연의 과제라고 했음은 과장된 말이었습니다.[4] 왜 우리는 그 체계적 구성들을 그 자체로, 즉 사실이나 관계를 판단하고 분류하기 위한 척도로 이용해서는 안 되는 것일까요? 많은 역사적 현상이 예를 들면 프리드리히 뷔허(Friedrich Bücher)의 '경제 단계'나 '경영조직'의 공식에 입각함으로써 보다 잘 이해될 수 있다면, 왜 그 공식을 이용해서는 안 되겠습니까? 슈프랑거는 자신의 저서 『역사학의 기초』에서 정당하게 지적하고 있습니다. "부르크하르트에 의한 개인주의의 발견이 그처럼 많은 주목을 끈 것은 역사가 과학적인 방편, 특히 심리학적인 방법론의 증대를 원했다는 명백한 증거다."[5] 그러한 불가피한 편법을 최종적인 '설명'으로 삼고자 하는 유혹에 저항하고[6] 그 편법에 어느 정도나마 생명이 있다면 그것은 삶 자체가 지닌 전체성에 의한 것으로서, 그 반대가 아님을 망각하지 않는다면 그러한 공식들은 필요하다고 할 것입니다. 왜냐하면 역사적인 현상에 구현되고 있는 것은 단순히 어떤 특정한 법칙이나 공식이 아니라 삶 자체이기 때문입니다.[7]

역사적 현상의 분류에 관해 람프레히트의 유명한 문화적 구분만큼 근래에 논의를 불러일으킨 것도 없을 겁니다. 그것은 오늘날 일반적으로 부정되고 있으나 나에게는 전혀 부당하지 않은 것으로 생각됩니다. 왜냐하면 그러한 분류의 설정이 원칙적으로 부당하다고 할 이유가 없기 때문입니다. 왜냐하면 시대구분의 용어가 부적절하고 불공평하더라도 구

4) Georg von Below, *Die neue historische Methode in Historische Zeitschrift*, vol. 81, 1898, p. 243.

5) E. Spranger, 앞의 책, p. 95.

6) 같은 책, p. 124.

7) E. Meyer, *Zur Theorie und Methodik der Geschichte*, 1902, p. 27 참조.

분 자체는 도움이 될 수 있기 때문입니다. 나는 독일 중세의 특징을 관습적이며 인습적이라고 지적한 것이 흥미로웠습니다. 위험한 것은 이러한 가설을(그것이 훌륭한 견해의 표현일지라도) 신중히 음미할 때가 아니라 그것을 정설(定說)의 지위까지 높이는 경우입니다(사실 람프레히트는 분명히 그렇게 했습니다).[8]

머리말이 길었습니다. 그러나 오늘날 이론의 대립이 지극히 격렬하므로 우리가 역사학의 체계적 원리의 중요성을 충분히 이해하고 있다고 하더라도 역사 연구의 제1의 과제는 개개의 현상을 일반적 범주의 유형이나 그 하나의 예로 드는 것이 아닌, 사상(事象) 그 자체를 위해 연구하는 것임을 우리가 확신하고 있음을 밝혀야 합니다. 우리는 람프레히트가 역사 연구를 자신의 사회심리학적 분석에 한정하고 "특수하고 개별적인 것은 오직 예술에 의해서만 파악된다"고 하면서 모든 역사 연구를 예술의 영역으로 추방한 것에 동의할 수 없습니다.[9]

이것은 굽힐 줄 모르는 이 선구자의 고도로 전략적인 선언이었습니다. 왜냐하면 진지한 역사가들은 자기의 노작(勞作)이 예술 작품으로 간주되는 것을 무엇보다 두려워하기 때문입니다. 람프레히트가 그것에 반대한 최초의 인물은 아니었습니다. 그러나 역사가 모든 점에서 과학의 기준을 적용받을 리도 없고 예술과 명백히 관련이 있다고 하여 역사를 예술의 한 부류로 간주해야 할까요? 이것은 여러 번 제기되고 몇 번이고 답변된 문제입니다. 누군가는 그것에 찬성하고 누군가는 또 반대해왔습니다. 제3의 가능성이, 즉 과학과 예술의 정의가 오히려 자의적일 수 있

8) K. Lamprecht, *Die kulturhistorische Methode*, 1900, p. 26; K. Lamprecht, *Moderne Geschichtswissenschaft*, 1905, pp. 22ff, 77ff. 참조. 람프레히트의 체계의 약점은 특히 『독일사』(1902)의 최초의 보충에 있으며, 근대 예술에 관한 장에서 명백하다.

9) K. Lamprecht, *Die historische Methode des Herrn von Below*, 1899, pp. 15, 49; K. Lamprecht, *Die kulturhistorische Methode*, pp. 5f, 25, 29, 35.

으며 그 양자가 생각만큼 서로 배타적이 아님이 일반적으로 간과되어왔던 것입니다.

내 생각으로는 에른스트 베른하임조차 예술에 대해 편협한 정의를 내린 것 같습니다.[10] 그 결과 그는 역사와 예술의 구별을 실제보다 더 단순하고 간단한 것으로 여겼습니다.

베른하임은 역사를 예술에 포함하는 것은 개념적 혼란의 극치라고 생각하고 그러한 견해를 갖가지 방식으로 공격합니다. 그는 상상력이 역사와 예술 쌍방에 모두 불가결한 요소임을 인식하면서도, 예술가의 비전이 자유로운 창작을 낳는 반면 역사가의 그것은 소재나 비판적 기준에 구속받는다는 점에서 양자를 분명히 서로 다른 것으로 생각했습니다. 그러나 이것은 정도의 차이일 뿐, 가령 그 경계선을 긋는다면 몇몇 예술 분야가 이 경계의 저편에 들어갈 것입니다. 예를 들면 건축에서 그 상상력은 소재의 비융통성에 의해, 또 강도(强度)나 거주성의 요구에 의해 제한됩니다. 한편 사실주의적인 초상화에서는 모델의 실제 모습을 반영하여 묘사해야만 합니다.[11]

람프레히트의 명백한 입장과 달리 베른하임은 다음과 같이 주장합니다. 역사가는 특수한 사건을 연구할 때도 관련, 인과관계, 발전(그것을 무엇이라 불러도 상관없으니)을 항시 추구하는 데 반해, 예술가는 흘러가는 한순간을 포착하여 그 전후의 것들은 아마도 신의 손에 맡기는 것이라고 말입니다. 나는 지금 이러한 구별의 정당성 여부를 묻는 것이 아닙니다. 내가 묻고 싶은 것은 베른하임의 예술관입니다. 그것은 지나치게 아카데미적이며 형식적인 것으로 생각됩니다. 그에게 모든 예술은 아름다움에 대한 의식적인 노력이며 미의 형태를 이루고 타협 없는 다양

<hr/>

10) E. Bernheim, *Lehrbuch der historischen Methode*, 1903, pp. 126~38, 571~89.

11) A. Jolles, *Zur Deutung des Begriffes Naturwahrheit in der bildenden Kunst*, 1905, p. 6ff. 참조.

성으로부터 아름다운 통일성을 낳고자 하는 바람입니다. 그에게 역사의 미적 요소는 역사가가 그 소재를 수집하고 정리한 뒤, 약간의 카메오(cammeo)나 미니어처(miniature)를 보다 중요한 서술의 이야기로서 묘사함을 즐기는 경우에만 비로소 도입되는 것입니다. 베른하임은 역사 연구로부터 미적 요소를 전적으로 배제하는 것이 아닙니다. 그러나 그는 가능한 한 역사와 예술 간의 경계를 엄밀하게 정하고자 하므로, 항시 역사 '서술'(역사 서술에 예술적 요소는 불가결합니다)을 경시하고 역사 '연구'의 중요성을 강조합니다.

예술과 역사는 베른하임이 주장하는 것보다 더욱더 깊은 관계가 있다고 나는 생각합니다. 그는, 이것이 중요한데, 상상력의 역할을 지나치게 간단히 처리하고 있습니다. 나는 물론 일반적으로 이해되는 의미에서 혹은 람프레히트처럼 경시된 의미에서 역사와 예술을 동일시하고자 하는 것이 아닙니다. 그럼에도 불구하고 가령 우리가 예술과 역사의 결합을 긍정하지 않는다고 하더라도 양자의 교류를 금지해서는 안 됩니다. 양자의 교류를 금지한다면, 우리는 정신적 통찰이라는 역사의 가장 본질적인 특징 자체를 역사로부터 제거하게 될 것입니다.

역사 연구와 예술적 창조가 공유하는 것은 이미지를 형성하는 방식입니다.[12] 이것이 과학으로서의 역사의 성격을 손상하는 것일까요? 그리고 그것이 중요한 것일까요? 슈프랑거가 말했듯이[13] 만약 역사 스스로가 이야기할 수 있다면 역사는 그 자신이 과학적이라고 불리는 것을 주장하지 않을 것입니다. "역사는 지금 그대로의 모습으로 존재하는 것에 그리고 명백한 인간의 필요를 충족시켜야 한다는 사실에 충분히 만족하고 있습니다."

....
12) G. Simmel, 앞의 책, p. 54.
13) E. Meyer, 앞의 책, p. 23.

이것으로 이들 독일의 대가로부터의 인용이 끝난 것은 아닙니다. 왜냐하면 나 자신이 선호하는 미적 견해가 인식론적 연구의 성과에 뒷받침되고 있음을 주장하고자 하기 때문입니다.

아마도 예술을 지금까지 언급한 이상으로 더 넓게 정의할 필요는 없을 것입니다. 왜냐하면 철학자들이 과학에 관한 정의를 넓힘으로써 이미 우리에게 가까이 있기 때문입니다. 역사와 예술의 관련성이 역사가에 의해서보다 철학자들에 의해 더 충분히 인식되어왔다는 사실은 결코 놀라운 일이 아닙니다. 우선 첫 번째로 인식론이 인간 정신의 활동을 보다 더 깊이 알 수 있게 해주었기 때문이며, 두 번째로 역사가들이 아마도 무의식중에 이 연관성을 필요로 하지 않는 한 인정하려고 하지 않았기 때문입니다. 역사가들은 저 아마추어적인 작품(그것은 이미 지나치게 많이 존재하고 영혼의 깊이로부터 솟아났다기보다 오히려 하잘것없는 사료에 기초를 둔 피상적 공상으로부터 생겨났습니다)의 홍수를 맞아 수문을 개방하는 것을 두려워하고 있었습니다. 그리하여 토머스 칼라일(그는 역사를 추체험했다기보다 오히려 그 자신의 불꽃과 같은 영상 속에서 역사를 재구성했습니다) 같은 천재에 대해서도 보다 과학적인 절차를 요구하는 것이 역사가의 본분이었습니다. 그러나 철학자들은 그와 같은 위험에 전혀 맞서지 않았던 것입니다.

그러므로 이 문제를 순수철학으로 다루는 것이 베른하임의 그것에 비해 한층 깊은 이해를 보여준다는 것은 조금도 이상하지 않습니다. 철학적 논의에서 표현(Darstellung)이라는 개념은 단순한 묘사에 그치지 않고 더욱더 많은 것을 내포하고 있습니다. 그것은 모든 진정한 역사 해석의 기초가 되어 있습니다. 리케르트는[14] 표현이라는 말을 역사 저술가같이 저자나 독자 쌍방에 요구되는 심리학적 활동뿐만 아니라 완성된 작품에

....

14) H. Rickert, *Die Grenzen der naturwissenschaftlichen Begriffsbildung*, p. 313.

도 사용하고 있습니다. 그에 따르면 표현이란 행위가 비판적 방법에 의해 확립된 자료나 사실을 단순히 결합하는 것이 아님은 지극히 명백하므로 논의할 필요가 없습니다.[15] 그리고 역사가의 생각과 관련된 모든 것에 논리학의 공식이 적용되는 것이 아님은 조금도 의심할 여지가 없습니다. 그러나 이 사실로 인해 역사와 과학에 공통된 진실을 이야기하는 성격이 역사가의 활동에서 부인되거나 이른바 예술의 가공적 성격을 역사에 뒤집어씌우는 것은 결코 아닙니다.[16] 왜냐하면 현실의 지각이 모두 "반영이기보다 오히려 변형과 단순화"[17]일 때, 그 작업이 역사 연구에서 다른 과학에서보다 더욱 철저하더라도 그 본질은 동일하기 때문입니다. 짐멜은『역사철학의 제 문제』[18]의 서문에서 역사란 과거를 "비추는 거울"(물론 훨씬 적게 비치지만)이라고 하는 역사적 사실주의에 대한 비판을 그 저서의 주제라고 말하고 있습니다. 사실주의적 견해에 반대하여 짐멜은 우리가 역사라고 부르는 이론적 그림을 그릴 수 있는 현재 경험의 '변형'이 사실주의자들이 생각하는 것 이상으로 더욱 철저한 과정이라고 주장합니다.

변형(Umbildung)은 또한 모리츠 라차루스(Moritz Lazarus)[19]가 역사가의 심리적 활동을 묘사하는 데 쓴 말이기도 합니다. "그것은 주어진 개념적 자료의 변형으로서 단순한 요약이거나 분류가 아니며, 또 연구 재료의 단순한 취사선택이나 재정리도 아니다. 그것은 다른 개념적인 관련을 자유로이 창조하는 것으로서, 개념적 관련은 그 내용을 구성하고 있는 재료와 동등하게 중요한 것이다." 라차루스에 따르면 역사가 과거로부

....

15) 같은 책, pp. 305, 314.
16) 같은 책, p. 389; H. Rickert, *Kulturwissenschaft und Naturwissenschaft*, 1892, p. 43.
17) H. Rickert, *Kulturwissenschaft und Naturwissenschaft*, p. 30.
18) Second edition, 1905, p. v; W. Dilthey, *Studien zur Grundlegung der Geisteswissenschaften*, Proc. Roy. Pruss. Acad., 1905, p. 322 참조.
19) M. Lazarus, "Ueber die Ideen in der Geschichte", in *Zeitschrift für Völkerpsychologie und Sprachwissenschaft*, vol. 3, 1865, p. 402.

터 만들어내는 것은 결코 사진이 아니며, 언제나 지적 재해석을 포함하고 있습니다.

그런데 논리적으로 정의된 간단한 개념으로서 역사의 소재를 재구성하는 것이 불가능하다든가 역사의 재통합이 순수하게 합리적인 기능이 될 수 없다는 논리 따위는 선험적으로 존재하지 않습니다. 그러나 그런 간단한 개념이 존재할까요? 그것이 논리적인 일반 추상 개념으로써는 존재하지 않을 것입니다. 왜냐하면 우리는 분석하고 비교함으로써만 비로소 그것을 획득할 수 있기 때문입니다. 그런데 역사의 분석과 비교는 역사 전체가 간략화될 수 없는 복합체이므로 크게 방해받고 있습니다. 비교에 관해 말하자면 비교되는 대상 간에 어떠한 유사성도 발견할 수 없으며, 분석에서 그것을 적용할 최종적인 역사학적 단위 자체가 특히 복잡한 과제(인간과 인간의 행위)이기 때문입니다.

그러므로 논리적으로 정의된 일반화라고 하는 역사 개념 따위는 전혀 존재하지 않습니다. 우리가 할 수 있는 것은 사실의 한 요소, 끝없이 복잡한 사건의 일면을 표현하는 관념으로서의 역사 개념에 관해 이야기하는 것입니다. 역사가가 할 수 있는 것은 과거에 관해 가능한 한 뚜렷한 관념을 형성하는 것뿐입니다.[20] 그런데 개념은 모두 주관적 요소를 지니고 있습니다. 그것은 상상, 역사적 통찰, 역사적 감각(이들 어휘는 단순한 논리적 활동 이상의 의미를 지니고 있습니다)을 포함하고 있습니다.

역사적 사고에 관해 이야기할 때 우리는 바로 강렬한 지적 작업을 상기하고 단순한 역사적 구성에서조차 이성적 기능과 직관이 함께 작용함을 쉽게 망각합니다.[21] 오직 피상적인 음미에서만 역사 해석은 순수하게 이성적인 설명으로 간주될 수 있습니다. 오히려 그것은 "우리의 정념을

20) H. Rickert, *Die Grenzen der naturwissenschaftlichen Begriffsbildung*, pp. 328, 384; H. Rickert, *Kulturwissenschaft und Naturwissenschaft*, pp. 44, 47.

21) E. Bernheim, *Lehrbuch der historischen Methode*, 1903, p. 572에 좋은 예가 나온다.

주제에 전적으로 집중하는 것"이라고 할 수 있습니다. "현실의 과정은 분석되지 않으며 역사가의 예상과 해석, 육감은 예술가의 신비로운 직관에 필적한다"고 슈프랑거는 말하고 있습니다.[22]

오직 이런 방식으로만 우리는 역사와 예술 간의 관계의 본질에 더욱 다가설 수 있다고 나는 생각합니다. 역사가 예술처럼 때로 아름다운 형태를 창조하는가 여부는 사소한 일입니다. 역사가가 추정하기 훨씬 이전부터, 시인이 자신의 영혼을 리듬에 새기기 훨씬 이전부터 양자가 공유하는 상상력은 이미 작용했습니다. 그것은 표현의 특정한 형식에 있는 것이 아니라 독자적 감응과 그에 따른 정서의 본성에 속합니다. 실제로 구성할 때에 이르러 비로소, 예를 들면 시와 역사의 차이가 나타납니다. 그러나 그 경우에서조차 방법, 언어의 환기적 사용은 거의 동일합니다. 빈델반트는 다음과 같이 말했습니다. "역사가의 과제는 과거를 한 폭 내지 몇 폭의 그림으로 소생시키는 일이다. 마치 예술가가 자신의 상상 속에 있는 것을 형성하듯이, 역사가는 지난날 실제로 존재한 것들을 형성해야 한다. 여기에 역사적 창조와 미적 창조의 관련성이 존재한다."[23] 예를 들어 시에서처럼 역사 서술에서도 쓰인 말 그대로의 의미를 뛰어넘는 영상을 독자의 상상력이 만들어내도록 노력해야 할 것입니다. 그러나 독자의 상상이 변덕스러운 환상의 영역에 빠지지 않도록 말투를 조절하는 것이 역사가의 의무입니다.[24]

역사적 개념 형성에 관해 내가 말한 것을 긍정하는 사람들은 그 개념에 주관적인 요소가 포함된 것을 알면서도 별로 걱정하지 않을 것입니다. 왜

....

22) E. Spranger, 앞의 책, pp. 80, 89, 19, 82, 125; G. Simmel, 앞의 책, pp. 21, 38; E. Meyer, 앞의 책, p. 2.

23) W. Windelband, *Geschichte und Naturwissenschaft*, p. 30.

24) H. Rickert, *Kulturwissenschaft und Naturwissenschaft*, p. 39; H. Münsterberg, *Grundzüge der Psychologie*, vol. I, 1900, p. 129 참조.

냐하면 역사적 사실의 본질은 자연과학의 설명과 달리 비판적으로 확립된 역사적 사실 간의 관련을 심리학적으로 납득시키는 것이므로[25] 해설이라기보다 오히려 이해의 문제라고 하는 빌헬름 분트(Wilhelm M. Wundt), 짐멜, 빈델반트, 리케르트, 후고 뮌스터베르크(Hugo Münsterberg) 등의 생각이 정당하고 만약 이러한 이해가 과거를 추체험(Nacherleben, Nachempfinden)[26]하게 한다면, 우리 자신의 정신이 사실상 비교의 유일한 항구적 기준이 된다고 할 것입니다.

그러나 여기서 의문이 생깁니다. 우리가 추체험하는 것이 정확하게 말하면 무엇일까요? 인간의 삶, 그것도 집단이나 계급의 생활보다도 오히려 개개인의 생활 외에 무엇을 추체험할 수 있을까요? 그러므로 우리는 내가 첫머리에서 언급한 문제로 돌아오게 됩니다. 여기서 내가 논의하는 것은 형이상학적 문제가 아니라 방법론의 문제입니다. 즉 개인이 역사를 만드는 것일까 아니면 개인은 단지 시대의 흐름과 함께 있을 뿐일까 하는 문제가 아니라, 역사적 관련을 이해한다 함은 개인을 이해하는 것을 포함하는 것일까 하는 문제입니다. 그런데 개인에 의한 역사 창출의 자유를 부정하는 입장의 역사가들조차 역사에서 개인을 결코 고려하지 않을 수 없으리라고 생각됩니다.

왜냐하면 가령 개인이 역사를 창출하지 않더라도 그들 개인을 제외하고는 특수한 역사적 현상을 파악할 수 없기 때문입니다. 인간을 관찰하지 않고 어떻게 인간의 역사적 행위를 이해할 수 있을까요? 그 시대에 속한 사람을 보지 않고 어떤 개념을 그 시대에 관해 우리는 이끌어낼 수 있을까요? 가령 우리가 일반적인 설명을 할 뿐이라고 한다면 우리는 무

25) W. Wundt, *Logik*, vol. III, 1921, p. 539.
26) W. Windelband, 앞의 책, p. 30; H. Rickert, *Kulturwissenschaft und Naturwissenschaft*, p. 39; H. Münsterberg, 앞의 책, pp. 123, 129; G. Simmel, 앞의 책, p. 20ff.

인의 황야를 만들어 그것을 역사라고 지칭하는 데 불과할 것입니다. 분명히 진정한 역사를 되살려내고자 원한다면 숲에서 나무를, 군중 속에서 개인을 빠뜨려서는 안 될 것입니다.[27]

우리는 '세계라는 대극장'을 자동적으로 움직이고 다루는 인형극으로 바꿀 수 있을까요?[28] 자연과학의 원리를 근시안적으로 일반화하는 경우에만 우리는 독자적 인물과 현상을 같은 선율에 맞추어 똑같이 춤추는 로봇 인형으로 착각할 것입니다. 우리가 역사를 있는 그대로 파악한다면, 이론에 의해 단단히 죄어진 의상만을 걸치지 않는다면, 역사상의 모든 등장인물들이 개성을 지니고 있음을 알 수 있습니다. 우리의 흥미를 끄는 것은 공허한 절차가 아니라 인간의 행위입니다. 중요한 것은, 대상을 균일화하는 것이 아니라 주제인 인간과 그 행위를 개별적인 상태에서 이해하는 것입니다.[29]

인간 사회, 집단과 단체만이 역사의 주제를 형성한다는 도그마의 불합리성은 바로 드러나기 마련입니다. 그런 경우 내가 수도원 제도에, 베네딕트파나 프란체스코파에 혹은 프란체스코 급진파에까지 관심을 갖는 것은 허용될 테지만, 성 프란체스코 그 자신에 대해서는 그 수도회의 대표자로서도, 한 인간으로서도 모든 것에 관심을 지니는 것이 허용되지 않을 것이므로, 역사의 범위는 예를 들면 물리학의 범위보다도 포괄적입니다. 왜냐하면 연구할 만한, 아무리 작은 역사 단위의 배후에도 언제나 인간이 존재하며, 그들 인간은 우리 자신이 알고 있는 이상으로 수수께끼끼이기 때문입니다.

우리의 역사 지식이 예전보다 훨씬 많이 흐름이나 운동, 발전을 인식하게 되었음은 전적으로 진실입니다. 모든 전문 지식을 하나의 큰 체계

---

27) G. von Below, 앞의 책, p. 239.

28) K. Lamprecht, *Die historische Methode des Herrn von Below*, p. 25.

29) W. Windelband, 앞의 책, p. 35 참조.

로 적용케 할 필요성은 지난날의 역사가들보다 오늘날 우리에게 더욱 긴급합니다. 우리는 인간보다 유형을 보고 있습니다. 그러나 그것으로 만족할 수 있을까요? 만약 어떤 인간 유형이 자연과학적 범주처럼 그 조상에 의해 결정적으로 확립되어버린다면, 그것은 그에 관해 더 이상 발견할 것이 아무것도 없음을 의미하는 것이 아닐까요? 누구나 역사가의 과제가 그토록 단순하지 않음을 알고 있습니다. 역사가는 모든 범주를 초월한 무엇인가를 파악해야 합니다.

1300년경의 거대한 변동에 관해 연구할 때 나는 교황권이나 사도적 청빈 혹은 국가체제에 관해 생각합니다.[30] 이들 과정의 전후를 추적하여 교황권의 이념이 이노센티우스(Innocentius)에서부터 보니파키우스(Bonifacius)까지 신장되고 곧 쇠퇴하는 모습을 본다든가, 코엘레스티누스 5세(Coelestinus V) 치하의 청빈의 이념이 비극적으로 승리하고 이어서 평화의 수호자(Defensor Pacis)에 이르러 추락을 보는 것은 나의 즐거움입니다. 그러나 만약 내가 그 배후에 존재하는 인간들(보니파키우스 8세, 야코포네 다 토디Jacopone da Todi, 기욤 드 노가레Guillaume de Nogaret) 등을 보지 않는다면 그 강력한 개념들도 무슨 소용이 있겠습니까? 나는 나의 생각이 오직 나만의 이해 방법일 뿐 극히 많은 관점들이 있음을 알고 있습니다.

그러므로 전기(傳記)도 대단히 중요합니다. 전기는 합리화의 위험성을 우리에게 항시 상기시켜줍니다. 나는 질 미슐레가 이야기한 로베스피에르의 일화를 기억하고 있습니다. 대혁명 몇 년 뒤, 어느 젊은이가 메를랭 드 티옹빌(Merlin de Thionville)에게 왜 로베스피에르를 유죄로 몰았는지 물었습니다. 노인은 침묵하며 할 말을 찾고 있는 듯 보였습니다. 갑자기 그는 일어서서 몹시 거친 몸짓을 하며 말했습니다. "로베스피에르라고?

---

30) 내가 관념론적 입장을 지니건 유물론적 입장을 지니건 전혀 상관이 없다.

로베스피에르…… 만약 너도 로베스피에르의 녹색 눈을 보았다면 틀림없이 그 사나이를 유죄로 몰았을 것이다."[31] 녹색 눈동자라니! 우리에게 진정한 역사의 동기에 관한 가르침을, 증오와 분노, 망상을 지닌 인간을 한 다발의 정치·경제적 동력에 환원하지 않도록 경고하는 방법으로 이 이상의 것이 있을까요? 이 작은 에피소드는 인간 본성의 기묘한 변덕이 어떤 경우에는 결정적일 수 있다는 것을 우리에게 강력히 시사해줍니다.

우리는 또한 위대한 사상가가 왕이나 무인, 외교관보다 역사적으로 중요했다고 생각하지 않도록 조심해야 할 것입니다. "페리클레스나 아우구스투스는 오늘날 단순한 명칭, 위대한 한 시대의 상표일 뿐 그 이상의 무엇도 아니다"라고 람프레히트는 부르짖었습니다.[32] 이 얼마나 문학의 중요성을 서슴없이 과장한 것일까요? 문학이나 예술이 우리를 구름 위까지 끌어올렸으므로 우리는 단순한 용기나 결단에는 싫증을 내는 것일까요?

그런데 우리는 방금 저 심리학적으로 최대 수수께끼인 로베스피에르에 대해 언급했으므로, 인간의 신비성을 탐구하는 것이 진실로 과연 가능한 것인지 물어도 좋을 것입니다. 그리고 가령 그것이 가능하더라도 그것이 역사 해석 본연의 활동일까요? 그것은 오히려 심리학의 과제가 아닐까요? 그리고 심리학이 아직 역사가 짧은 학문이므로 우리는 왜 과거의 사람들이 그처럼 행동했던가를 탐구하는 것을 그만두고 심리학이 충분히 성장할 때까지 기다려야 할까요?

그러면 심리학자들이 무엇을 말할 수 있는지 살펴봅시다. 그들이 갖가지로 우리를 도울 수 있음은 의심의 여지가 없으니까요. 인간에게는 과장하는 경향이 있어 양, 크기, 강도, 숫자, 지속성 등이 이야기하는 과

....
31) J. Michelet, *Histoire de la Revolution Française*, vol. VI, 1897, p. 97.
32) K. Lamprecht, "Ueber den Begriff der Geschichte ……", in *Annalen der Naturphilosophie*, vol. II, 1903, p. 267.

정에서 부풀려진다는 심리학자들의 주장을 우리는 믿습니다.[33]

우리는 또한 재미도 없고 설득력도 없는 이야기에 진실성을 부여하기 위해 사람들이 평범한 사실을 재미있는 이야기로 만들어낸다는 것을 알고 있습니다.[34] 사람들로 하여금 기억시키고자 원하는 바 그대로 기억하게 만드는 암시의 힘에 관해서는 말할 것도 없습니다. 그럼으로써 얼마나 많은 사람들이 엄청난 강박관념에 홀렸을까요?

그러나 그 모든 것이 내가 방금 제기한 문제에는 거의 답하지 않습니다. 역사철학자들은 역사상의 인물의 행위와 본성을 보다 잘 이해하기 위해 심리학이 그들의 심리 상태를 다루더라도 별로 도움이 되지 않는다고 생각합니다. 특히 리케르트는 종래의 심리학적 방법을 역사 연구에 응용하면 그릇된 결과를 낳기 마련이며 이미 그렇게 되어왔다고 주장합니다.[35] 일반심리학의 개념은 너무 빈약하여 역사가에게 도움이 되지 않습니다.[36] 역사 연구는 예술처럼 심리적 과정을 일반적 용어가 아닌 개개의 현상에서 파악하고자 합니다. 그러기 위한 직관력은 과학적 심리학의 경험을 필요로 하지 않습니다.[37] 예술과 역사 쌍방이 필요로 하는 심리적 통찰력은 선입(先入) 개념의 통찰력이 아닙니다. 그것은 과학적 심리학에 의해 개량될지 모르지만 그것에 의해 결코 바뀌는 것은 아닙니다.[38] 왜냐하면 가령 심리학 이론이 심리적 과정을 일반 용어로 설명할 수 있다고 하더라도 특정한 역사적 사실을 이해하는 데는 별로 도움이 되지 않

....

33) L. W. Stern, *Beiträge zur Psychologie der Aussage*, vol. I, p. 39; Ramsay, *Historical Review*, 1903, p. 625 참조.

34) L. W. Stern, 앞의 책, p. 248.

35) H. Rickert, *Kulturwissenschaft und Naturwissenschaft*, p. 16.

36) H. Rickert, *Die Grenzen der naturwissenschaftlichen Begriffsbildung*, p. 536.

37) H. Rickert, *Kulturwissenschaft und Naturwissenschaft*, p. 41.

38) H. Rickert, *Die Grenzen der naturwissenschaftlichen Begriffsbildung*, p. 543.

기 때문입니다.[39] 리케르트에 따르면 역사심리학은 존재하나, 그것은 과학이 아니며 또 과학이 될 수도 없습니다. 중요한 것은 오직 "추체험하는 것"이며 그것은 일반 관념의 체계에 분류될 수 없는 이해 방식입니다. 역사심리학의 힘은 바로 체계적 개념을 지니지 않는다는 점입니다.[40]

빈델반트도 거의 같은 말을 했습니다. 이제껏 일련의 심리학적 법칙들이 정립되지 않았다고 하여, 직관과 요령을 지니며 인간 본성에 대해 어느 정도 이해한 역사가들이 입지를 확고히 하지 못했다고 하여, 역사상의 인물들과 그들의 행위를 이해하지 못하는 것은 아닙니다. 빈델반트는 기본적인 심리 활동을 수학적으로 공식화함으로써 인간의 진정한 삶을 이해하는 데 중요한 성과를 이룰 수 있다는 생각에 매우 회의적입니다.[41]

슈프랑거는 딜타이와 짐멜의 뒤를 이어 조금 다른 입장에 서 있습니다. 그 또한 과학적 심리학과 역사적 통찰을 구별할 필요성을 인식하고 있습니다. 그리고 역사가가 사용하는 것과 같은 경험과 상상력에 기초한 비체계적 심리학은 심리학적 요소보다 오히려 극히 복잡한 절차를 포함하고 있다고 말합니다. 역사의 분석이 '생명이 있는 과정'에서는 작용하지 않습니다. 그 과정에서 역사가는 물론 관련과 결합을 보거니와, 심리학적 과정의 추상적 요소를 추출해내는 데는 관심이 없습니다.[42] 그러나 슈프랑거는 경험적으로 확립된 심리학적 유형이라는 형태로 역사심리학에 체계적 틀을 부여할 가능성(여기서 이 가능성에 관해 이야기하는 것은 슈프랑거의 입장을 분명히 드러내기 위해서입니다)을 단념하지는 않습니다. 그러한 유형이 실제로 만들어질 수 있는지는 차후의 문제입니다.

여기서 우리의 관심을 끄는 것은 다음과 같은 것입니다. 역사가는 그

....

39) H. Rickert, *Kulturwissenschaft und Naturwissenschaft*, p. 41.

40) H. Rickert, *Die Grenzen der naturwissenschaftlichen Begriffsbildung*, pp. 536, 188.

41) W. Windelband, 앞의 책, p. 37: H. Münsterberg, 앞의 책, p. 131 참조.

42) E. Spranger, 앞의 책, pp. 25, 54, 72, 19, 21, 48, 82 참조.

활동의 모든 단계에서 개념을 형성할 때나 자료를 해석할 때나 순 논리적 개념보다 자기 내면의 더욱 깊고 측정할 수 없는 무엇인가에 항시 의존한다는 사실입니다. 역사 지식은 결코 연대기적 관념과 정치적 관념의 단순한 결합이 아닙니다. 역사적 이해의 비합리적인 요소를 제거하여 예술의 범주에 가두어둘 수 있다고 상상하는 것은 환상에 불과합니다. '예술'이라는 용어의 의미를 마치 '과학'이라는 용어에서 그렇게 했듯이 바꾸어봅시다. 역사적 감각을 그것이 오직 비합리적 기능을 포함하고 있다는 이유만으로 왜 예술적 감정이라고 치부해야 할까요? '예술적인 것'과 '미적인 것'이라는 개념(두 가지 아름다운 것을 표현하는 두 가지 듣기 싫은 말)을 혼동할 경우에만 우리는 역사가의 활동과 예술가의 활동을 분간하지 못하게 됩니다.

그러나 역사적 감각에 진실을 파악하는 힘이 있다고 하여 그것이 미적인 즐거움을 배제하는 것은 아닙니다. 역사적 감각과 미적 즐거움은 분리될 수 없습니다. 가령 역사가에게 자유분방한 상상력을 불러일으킬 의지가 전혀 없는 경우에라도 민감한 독자는 뜻밖의 연상을 할지 모릅니다. 실제의 현상은 많은 의미를 지니고 있으며 그 의미는 저마다 진실합니다. 이 다양한 현실은 그것을 제한하는 듯 보이는 그 말에 의해 바로 제시될 것입니다. 그러므로 동일한 서술에 대한 사람들의 상상적 반응은 각자의 사전 지식과 일반적 마음가짐, 교육, 편견으로 인해 크게 다를 수 있습니다. 분트는 다음과 같이 언급합니다. "자연을 사실적으로 묘사한 그림은 오직 하나뿐이며 그것으로부터 일탈한 것은 모두 그릇된 것이다. 그러나 동일한 역사적 사실을 해석하는 경우 양적으로 비슷하나 질적으로는 다른 많은 방법이 있을 수 있다. 그것들은 다른 입장에도 불구하고 진실이다."[43]

....

43) W. Wundt, *Logik*, vol. II, 1920, p. 540.

그러므로 엄밀히 말해 법제사, 경제사, 철학사가 있는 것이 아니라 오직 역사에 대한 법적·경제적·철학적 관찰이 있을 뿐입니다. 그런데 여러 관점 가운데서 역사적 관점 일반에 보다 적합한 관점이 존재하는지 여부를 살펴봅시다. 예를 들어 앞서 말한 대로 극히 중요한 역사적 상상력을 자극하는 관점이 존재하는 것일까요? 그것은 분명히 존재합니다. 그리고 그것은 물론 미적 관점입니다. 랑케가 말한 '만물에 대한 공감'(그것에 의해 그는 인간의 모든 능력을 즐길 수 있었습니다)은 미적 태도와 극히 비슷한 것이 아닐까요?[44] 우리 시대의 문화의 중요한 특징은 정당하게도 역사 감각으로 불리거니와, 그것은 바로 일반적인, 고도로 발전한 미적 감각이 아닐까요? 내가 생각하고 있는 것은, 이전 시대의 극히 선택적인 태도와 달리, 렘브란트(R. Harmenz van Rijin Rembrandt)와 함께 얀 반 에이크(Jan Van Eyck)를, 장 프랑수아 밀레(Jean François Millet)와 함께 로코코를 즐기며 드니 디드로(Denis Diderot)와 함께 합리주의자가 되는 동시에, '바다 비렁뱅이들'(16세기 네덜란드 독립운동 당시 스페인을 상대로 해상에서 싸운 사람들)과 같이 칼뱅파가 될 수도 있는 기분을 말합니다. 그것은 일반적 흥미와 전혀 별개이며, 그것은 최고의 객관성과 지극히 높은 주관적 감각을 함께 갖추고 있습니다.

나의 주제는 또 다른 물음을 제기하게 합니다. 영상(映像)을 불러일으키는 모든 힘을 갖춘 미적 방법이 우리의 역사 이해를 높일 수 있을까 하는 문제입니다.

그것은 우리로 하여금 마음속의 극장에 생생한 그림을 불러낼 수 있도록 도와줍니다. 빈델반트가 지적한 대로 자연과학이 추상화하는 경향이 있는 데 반해, 역사적 상상은 시각화(視覺化)를 지향합니다. 자연과학의 모든 지식은 엄밀한 개념으로 번역되어야 하며, 냉엄한 정신에게 모든

---

44) E. Spranger, 앞의 책, p. 117 참조.

영상은 미치광이처럼 비칠 것입니다. 그에 비해 역사는 전혀 다른 과제를 짊어지고 있습니다. 역사가 과거를 불러일으키는 과제를 달성하고자 한다면, 순수 개념의 영역을 넘어서[45] 직관적 감응에 생명을 불어넣어야 합니다. 다시 말해 역사는 생생한 이미지를 불러일으켜야 합니다.

그런데 역사적 직관은 우선 훨씬 전에 생존한 사람들에 관한, 이어서 사회적 관습과 인간관계 일반에 관한 우리의 견해에 어떤 영향을 끼치는지 살펴봅시다.

역사의 그림을 그리기 위해서는 자료더미에서 본질적 특성에 관련되는 것만을, 그 기원을 분명히 하는 것만을 선택하여 수집할 수 있어야 합니다.[46] 그런데 자료더미가 오직 한 인물에게만 관계된다면 그 인물을 이해하는 데 불가결한 역사적 요소가 무엇인가의 답은 연구하는 사람에 따라 다를 것입니다. 상상력이 빈곤하고 단지 고문서 연구나 실제의 상식을 넘을 수 없는 연구자는 역사가 그에게 제시해주는 많은 특성들을 볼 수 없습니다. 그러나 인생 경험이 풍부하고 마음이 넓고 다면적일수록, 그는 심리적 관계에서 미묘한 것들을 발견하고[47] 예증이 되는 소재를 정교하게 선택하게 될 것입니다.

그러나 역사가는 모든 말과 행위의 배후에 있는 독자적인 인물을 항시 찾고 있다고 대체로 말할 수 있을 것입니다. 안목이 있는 역사가는 인물을 더 가깝게 되살려낼 수 있을 것이며 그 인물의 복합적이고 모순된 정념 또한 생생하게 그려낼 것입니다. "역사란 대체로 옛 인간을 보는 것"이라고 텐은 말했습니다. 미슐레는 그에 더해 "역사는 부활"이라고 강조했습니다. 상상의 힘은 그 인물의 상황과 자질에 관한 관념의 합산에 의해

---

45) H. Rickert, *Die Grenzen der naturwissenschaftlichen Begriffsbildung*, pp. 382ff., 142.

46) E. Bernheim, 앞의 책, p. 148.

47) E. Spranger, *Die Grundlagen der Geschichtswissenschaft*, p. 112.

결정되는 것이 아닙니다. 역사상의 인물을 부활시키기 위해 얼마만큼의 사실을 필요로 하는가를 결정하는 것은 오직 역사가의 직관뿐입니다.

역사가가 과거의 인물이나 자기 자신의 '신비의 핵심을 끄집어낼' 수 있다는 것은 아닙니다. 인간과 인간의 행위를 이해하는 방법을 깊이 탐구하면 탐구할수록 우리는 더욱더 인간이라고 불리는 이 존재가 실제로 얼마나 이해할 수 없으며 신비로운가를 깨닫게 됩니다.[48] 그런데 이 신비성을 탐색함으로써 과연 확실한 결론을 얻을 수 있을까요? 이러한 의문은 우리가 타자에게 접근하고 모든 진정한 '과학적' 역사가가 심리학적 직관을 지녔음을 인식할 때, 비로소 해소될 것입니다. 사소한 특징으로 역사적 인물을 소생시키고 그들에게 뚜렷한 개성을 부여하는 솜씨에서 랑케만큼 정통한 사람은 아무도 없었습니다. 그것은 그의 저서를 펼치는 것만으로 알 수 있습니다.[49] 그런데 이해하고자 하는 인물이 비범하면 비범할수록 직관의 필요성이 많아짐은 명백합니다. 탁월한 작가는 전혀 분석할 수 없는 로베스피에르 같은 심리학적 수수께끼라 할지라도 소생시킬 수 있습니다. 여기에서 중요한 것은 우리 자신의 마음속에 일어나는 메아리입니다. 16세기 이탈리아인의 서술은 때때로 우리가 그 시대를 이해하기에는 지나치게 심약하고 온순하다는 느낌을 들게 합니다. 만약 우리 네덜란드인이 현대의 다른 민족의 감정을 공유하기 힘들다고 인정한다면, 대체 어떻게 우리는 훨씬 먼 옛사람들의 감정을, 게르만인의 부족 감정, 신권(神權)에 대한 숭배, 봉사와 충성이라는 봉건 개념들을 추체험할 수 있을까요? 그럴 때면 시인들에게 갑시다. 셰익스피어로부터 존엄의 진정한 정서를 보도록 합시다.

직관이 불러일으키는 능력을 과학적으로 무의미한 것으로 경시하는

---

[48] G. Simmel, 앞의 책, pp. 20ff, 50ff. 참조.

[49] 좋은 예는 또한 Lambeck, *Wie schildert der Historiker die Persönlichkeit in Preussische Jahrbücher*, 1903, p. 282에서 볼 수 있다.

역사 개념의 미적 요소 161

역사가는 시야의 깊이와 넓이를 상실하게 될 것입니다. 그렇다고 그가 그 대가로 얼마나 과학적이 될 수 있을까요?

일반적 역사 과정을 이해하기 위한 미적 직관의 중요성을 살펴봅시다. 람프레히트에 따르면 여기에서 역사가의 상상력은 전혀 적합하지 않습니다. 그가 상상력을, 그 자신의 가장 귀중한 재능을 포기하다니! 그것은 실로 악마가 죄악을 비난하는 것과도 같습니다. 만약 개인이 오직 예술적으로만 이해될 수 있다면 인간 일반 또한 마찬가지일 것입니다. 사실 미적 직관이 일반적 역사상(歷史像)을 그리는 데 이바지하는 역할은 특히 중요합니다. 이집트 문명에 관해 여러분이 지닌 객관적인 이미지를 생각해봅시다. 그것은 거의 이집트 미술에 기초한 관념으로 구성되어 있지 않을까요? 그리고 중세에 관한 일반적인 이미지는 얼마나 강하게 고딕 미술에 의해 지배되어 있을까요? 혹은 문제를 뒤집어서 다음과 같이 말해도 좋습니다. 교황의 교서를 모두 보았다고 하더라도「노여움의 날」(Dies irae, 13세기 프란체스코파의 성가)을 알지 못한다면 우리가 13세기에 대해 얼마나 알 수 있다고 할까요?

여러분이 고대 세계의 몰락에 관해 모호한 생각을 갖고 있다고 가정해봅시다. 여러분은 신중한 독서를 통해 그 그림을 어느 정도 그려낼 수 있을 것입니다. 그러나 라벤나(Ravenna)를 찾아서 그곳의 모자이크를 보는 편이 훨씬 나을 것입니다. 그런데 그 시대를 생각할 때 여러분은 언제나 성 비탈레 성당에 있는 녹색과 금빛의 파편이나 갈라 플라키디아(Galla Placidia)의 무덤에 드리운 검은 청색에 지금도 생생히 남은 빛을 볼 것입니다. 이 시대의 진정한 이미지는 지금도 여러분의 상상 속에 사라지지 않고 새겨져 있을 것입니다. 그것은 가장 정교한 사유의 구성보다 더욱 정밀한 것이 아닐까요? 훨씬 먼 옛 생활에 관해 논리적 모자이크가 그것보다 더 명백히 알려줄 수 있을까요? 게다가 역사적 지식에서의 논리적인 관련은 얼핏 보기보다 정밀한 것은 아닙니다. 이미지는 항시 약간 자의적이기 마련입니다.

나는 일반사와 예술사가 동일하다고 하는 것이 아닙니다. 우리는 과거에 관한 이미지를 고립된 하나의 현상으로서 예술로부터 *끄집어내서는* 안 됩니다. 또 예술만을 한 시대의 정신적 분위기를 이해하는 유일한 열쇠로 생각해서도 안 됩니다. 우리가 그 시대에 관해 알고 있는 모든 것들을 예술에 반영되고 예술에 의해 비춰진 그대로 보아야 합니다. 역사가는 과거를 모든 형태 속에서 탐구하면서 직관력을 회화와 책으로 높여야 합니다. 그러나 그는 또한 배경과 친해지고 목장이나 언덕을 거닐며 그 위에서 빛나는 태양이 다시 옛날 옛적의 삶을 비추고 있다고 느껴야 할 것입니다.

강렬한 미적 감수성은 진지한 역사 연구에 크게 위험하다는 반론이 있습니다. 그것은 역사에 없는 것을 읽어내고 그릇된 이미지를 만드는 결과가 된다는 것입니다. 달빛이 비추는 사물이 달리 보이고 폐허 속에서 본 모습은 어쩌면 마음이 만들어낸 환상일지도 모릅니다.

정말 논리적으로 구성된 역사적 가설보다 미적 관념의 위험이 더 크다고 할 수 있을까요? 나는 그렇게 생각하지 않습니다. 미적 통찰은 사람에 따라 크게 다를 수 있습니다. 그렇다고 그것이 어떻단 말입니까? 동일한 모델에게서 예술가들은 동일 인물의 여러 가지 면을 발견합니다. 그것은 서로를 보충하며 모순을 일으키지 않습니다. 헤로도토스의 다음과 같은 구절은 얼마나 훌륭합니까. "크세르크세스(Xerxes)는 헬레스폰토스가 범선으로 꽉 차고 아비도스의 해안과 평원이 사람들로 차 있음을 보았을 때 자신이 무척 행복하다고 생각했다. 그러나 그는 부르짖었다."[50] 우리는 거기에 있습니다. 흰 돛대에 나부끼는 햇빛, 들끓는 군중, 무구의 빛깔, 진홍빛 의상이 보입니다. 웅성거리는 목소리, 파도 소리

....

50) Herodotos, *History*, VII, p. 45.

가 들리고 우리의 얼굴은 소금기 머금은 바람으로 따갑습니다. 그리고 우리는 왕의 눈을 통해 보며 그의 긍지와 정열을 느낍니다. 우리가 우리 자신의 상상을 뒤쫓으면 우리 마음속에 자연히 생겨난 상세한 이미지를 확인할 수 있다는 것을 혹은 전체에 대한 논리적 이해에 어떤 영향도 끼치지 않는다는 것을 알게 됩니다. 우리가 우리 자신의 상상력을 의도적으로 자극하여 역사적 상상의 한계를 넘어 전적으로 환상의 세계로 비상할 때, 비로소 진실한 과거를 왜곡할 위험에 빠지게 됩니다.

이제 역사적 가설을 세우는 것의 위험성을 살펴봅시다. 그릇된 가설을 일시적이나마 취하면(불가피하게 취해야 할 때가 종종 있습니다) 잇달아 혼란이 확대됩니다. 예를 들어 옛날에는 재산이 모두 공유였다고 하는 의심스러운 이론을 생각해봅시다. 그것은 도처에, 경제나 문화사에도 적용되었습니다. 만약 그것이 그릇된 것이라면 많은 역사 서술이 근본적인 정정을 필요로 할 것입니다. 그런데 이러한 일은 모든 학문에서 종종 일어나는 것으로서, 학문이 그 가설들을 끊임없이 정정한다고 하여 상처를 받는 것은 아닙니다. 오히려 그로 인해 학문은 생생하게 발전합니다. 인간의 지식이란 오류를 끊임없이 정정하면서 진보합니다.

그런데 미적 직관을 통한 위대한 역사적 통찰은 그것이 단지 분류될 수 없다고 하여 아무 도움도 되지 않는다고 생각해야 할까요? 13세기가 지닌 진정한 고전적 핵심을 비올레 르뒤크(Viollet le-Duc)만큼 명확하게 묘사한 인물이 있을까요? 미적 직관은 때로 역사 속에 깊이 파고듦으로써 합리적인 설명을 향한 길을 비춰주었습니다. 그림(Grimm) 형제나 그 동시대 사람들만큼 아름다움의 영향을 강하게 받은 이들도 없을 것입니다. 우리의 중세관은 낭만주의자들의 그것과 대단히 다를 것입니다. 그러나 그들의 미적 정열이 우리의 중세 사관을 밝히는 데 도움이 되었음은 분명합니다.

아마 앞으로도 언제나 그러할 것입니다. 우리가 피터 브뤼헬(Pieter

Bruegel)의 작품의 숨 쉬는 아름다움을 알게 된 것은 극히 최근에 속합니다. 우리가 오늘날 그를 이처럼 칭송하는 것은 어디에서 오는 것일까요? 우리는 이제 그가 보여주는 작품들이 단순히 외설적인 것이 아니라 가장 심오한 걸작 가운데 하나임을 놀라운 마음으로 깨닫습니다. 이러한 깊은 이해는 16세기 문화사를 체계적으로 연구한 결과가 아니었습니다. 그러나 그에 의해 우리는 16세기 네덜란드의 역사를 더욱 명확하고 날카롭고 다채롭게, 한마디로 말하자면 한층 역사적으로 바라보게 될 것입니다.

정밀한 과학을 위해 우리는 미적 선입관을 두려워해야 할까요? 그럴 필요는 없습니다. 역사가에게는 모든 것에 우월한 하나의 윤리적 요구가 존재합니다. 그것은 진실을 제시하는 것 혹은 그가 진실이라고 생각하는 것을 제시하는 것입니다. 내가 여기서 말하고자 한 역사 연구의 이론은 이 큰 문제의 일면일 뿐입니다. 나는 거대한 산 중턱 갈라진 틈 한곳에 나의 작은 양초를 가까이 대고 그 틈에 모든 빛을 집중하고자 했을 뿐입니다. 그러나 그것이 나의 지식의 등대라 하더라도 아득한 높이까지 이르지는 못할 것입니다.

아름다움을 관조하는 것이 역사가의 일상적 과제는 아닙니다. 우리는 곧 이론의 파노라마를 떠나 비판적 연구라는 평범한 일에 착수해야 합니다. 그러나 우리를 둘러싼 세계가 진실로 광대하고 아름답다는 것을 언제나 잊지 맙시다. 우리는 때때로 분주한 손놀림을 멈추고, 우리의 힘에는 한계가 있으나 역사는 무한함을 새삼 느껴야 할 것입니다. 그리고 역사가의 책임이 막중함을 인식해야 할 것입니다. 역사가란 자기 내면에 존재하는 빛에 의해서만 앞으로 나아갈 수 있음을 알면 알수록, 그는 객관적 진리라고 하는 이상을 더욱더 응시해야 합니다.

(하위징아 교수는 자신의 새로운 직책에 대한 책임 및 새로운 동료들과 선임 교수들에 대한 경의로써 연설을 매듭지었다.)

르네상스의 문제

　'르네상스'라는 말의 울림은 과거의 아름다움을 꿈꾸는 사람들에게는 보랏빛과 황금빛으로 보이는 것만 같다. 투명한 음향을 울리며 축제의 세계가 평온한 밝음 속에 잠겨 있다. 사람들은 시대의 아픔이나 영원의 손짓을 마음에 두지 않고 우아하고도 장중하게 행동한다. 모든 것이 풍요롭고 아주 만족스럽다.

　질문하는 사람은 다음과 같이 말한다. 보다 자세히 설명해주시오. 그러면 꿈꾸는 사람은 더듬더듬 말한다. 르네상스는 모든 게 긍정적입니다. 그리고 물론 C장조(長調)입니다. 질문한 사람은 미소를 짓는다. 그리고 꿈꾸는 사람은 르네상스라고 불리는 역사적 현상의 정의(定義)를, 그 시대의 구분, 문명에 끼친 의의, 그 원인과 성격 등 학습한 일들을 상기한다. 그러고는 지금 딱 자신의 머릿속에서 밀치락달치락 혼란스러운 그 용어에 절반 초조해하면서 자신의 신조를 복창한다. 즉 르네상스란 개인주의의 태동이며, 미적 충동의 자각, 현세적인 것과 삶의 기쁨(joie de vivre)의 승리, 정신에 의한 현세 현실의 극복이며, 삶을 위한 이교적 기쁨의 재생이며, 세계에 대한 자연스러운 관계 속의 개인 인격의 발전된 자각이라고. 아마도 그는 말하면서 마치 자신의 삶의 신조를 암송하듯이 가슴 벅참을 느꼈을 것이다. 그렇지 않다면 그는 이미 상당히 애를 썼던 것이거나.

질문자는 집요하게 따라붙는다. 내가 르네상스라고 지칭할 때 당신 앞에 떠오르는 인물의 이름은 무엇인가요? 이에 대한 답변은 모두가 바벨탑의 첫 번째 성채에 기대서듯 갖가지로 다르다. 자신이 보는 것은 노여움에 격한 고독한 미켈란젤로라고 한 사람은 말한다. 다른 사람은 울적하고 부드러운 산드로 보티첼리(Sandro Botticelli)라고 말한다. 산치오 라파엘로(Sanzio Raffaello)와 루도비코 아리오스토(Ludovico Ariosto) 혹은 알브레히트 뒤러(Albrecht Dürer)와 프랑수아 라블레(François Rabelais)의 2인조가 아닐까? 아니 그것은 피에르 드 롱사르(Pierre de Ronsard)다. 피터 호프트(Pieter C. Hooft)다. 또 이들 한무리의 선두에 성 프란체스코를 세우거나 그 가운데 얀 반 에이크를 넣는 사람도 있다. 그리고 이렇게 말하는 사람도 있다. 나는 테이블, 한 권의 책 그리고 교회의 탑을 본다. 왜냐하면 그는 르네상스라는 말을 폭넓은 문화 개념이 아닌 좁은 양식의 술어의 의미라 이해하고 있는 것이다.

질문하는 사람은 이번에는 쓴웃음을 떠우면서 또 되묻는다. 당신의 르네상스는 바다의 신 프로테우스(Proteus)처럼 변화무쌍하다. 르네상스에 관해 아무리 물어본들 사람들의 답은 일치하지 않는다. 그것은 언제 비롯되었으며 끝난 것은 언제인가? 고전 문화의 원인은 하나일까? 혹은 단지 수반된 현상일까? 르네상스를 휴머니즘으로부터 나눌 수 있을까? 시간적으로나 공간적으로, 내용에서건 의미에서건 개념은 정의할 수 없다. 그것은 모호함과 불완전성 및 유연성으로 손상을 입으면서, 그러면서도 동시에 위험하고 공론적(空論的)인 도식을 드러내고 있다. 그것은 거의 쓸모없는 술어에 지나지 않는다.

다음으로 꿈꾸는 사람들의 합창이 흘러 들려온다. 우리로부터 르네상스를 뺏지 마소서! 그것 없이 우리는 견디지 못합니다. 우리에게 그것은 삶의 태도의 표현이 되었습니다. 즉 우리는 그것을 좋아할 때마다 그 속에서 그리고 그것을 가지고 살 수 있기를 바랍니다. 르네상스라는 말은 당신의 소유물이 아닙니다. 그것은 삶의 관념이자 인류 전체의 지팡이이며 기둥으로서, 역사가의 단순한 기술적 용어가 아닙니다.

그래 내 소유물이 아니라고? 질문자는 말합니다. 당신에게 이 용어를 가르친 사람은 내가 아니었던가요? 문화사의 부지런한 연구가 르네상스의 개념을 발전시키고 윤곽을 묘사하고 결정짓지 않았던가요? 그런데 지금 그것은 역사 연구에 따르는 개념을 부정하는 야만스러운 세대의 수중에 떨어졌다. 역사가만이 이 용어를 이용할 권리가 있다. 그리고 그에 알맞은 방식으로서, 즉 역사라는 병의 상표일 뿐 그 이상의 것은 아니었다.

그러나 이 점에서 질문자가 정당한 것은 아니다. 르네상스라는 용어는 원래 학문적인 호칭이 아니었다. 르네상스 개념의 발전은 역사 연구의 자립성 결여를 가장 뚜렷이 나타내는 예의 하나로서, 그것은 바로 그 약점과 영예이기도 한 관계, 즉 동시대의 삶과 끊을 수 없이 맺어져 있음을 보여주는 예의 하나다. 그러므로 르네상스의 문제, 르네상스가 무엇이었던가 하는 문제는 그 용어의 발전으로부터 분리해서 생각할 수 없다.[1]

....

1) 르네상스 개념의 역사는 독일 학자들에 의해 거의 전적으로 연구되어왔다. 나는 이 글에서 이 문제에 관해 어느 정도 보다 광범위하게 파악하고자 시도하며, 여기에서 뒤에 언급할 것에 관해 도움이 되는 적절한 여러 논문을 들고자 한다. Walter Goetz, "Mittelalter und Renaissance", *Historische Zeitschrift*, XCVII, 1907, pp. 30~54; Karl Brandi, *Das Werden der Renaissance*, Göttingen, 1908; Konrad Burdach, "Sinn und Ursprung der Worte Renaissance und Reformation" and "Über den Ursprung des Humanismus", in his *Reformation, Renaissance, Humanismus: Zwei Abhandlungen über die Grundlage moderner Bildung und Sprachkunst*, Berlin, 1918; Ernst Troeltsch, "Renaissance und Reformation", *Historische Zeitschrift*, CX, 1913, pp. 519~36; Werner Weisbach, "Renaissance als Stilbegriff: Dem Andenken Jacob Burckhardts", *Historische*

지적 문화의 재생의 관념과 그 결과 세계는 어느 특정한 시기에 불임(不姙)과 퇴폐로부터 새롭게 태어났다는 관념은 대단히 오래된 것이면서도 비교적 새로운 것이기도 하다. 문화 이상으로서의 그 주관적 가치에서는 오래되며, 그러나 객관적 타당성을 지닌 학문적 관념의 성격에서는 새롭다.

우리가 르네상스라는 지칭으로서 마음에 깊이 새기는 시대, 특히 16세기 전반은 시대 자체가 문명 재생의 시대이며, 지식과 아름다움의 순수한 원천으로 돌아간 시대, 지혜와 예술의 영원한 규범을 지닌 시대라고 여겨졌다. 그러나 재생의 감성의 직접적 표현은 거의 전적으로 문학 문화(literary culture)에 해당되었다. 즉 '문학'(bonae literae)이라는 용어에 포함된 (인문학적) 연구와 시작(詩作)의 광범위한 영역에 한정되었다. 라블레는 '문예(bonnes lettres)의 부활'을 일반적으로 알려진, 논의의 여지가 없는 사실로 말하고 있다.[2] 한편 어떤 사람들은 이 재생을 예술과 문학을 보호·장려한 군후(君侯)들의 빛나는 업적으로 생각했다. 1559년 자크 아미요(Jacques Amyot)는 (몽테뉴나 셰익스피어에게 극히 많은 소재를 제공한) 그의 플루타르코스 번역본을 앙리 2세에게 바치면서 다음과 같이 쓰고 있다. "폐하께서는 부왕이신 위대한 군주 프랑수아 1세에 의해 이 고귀한 국토에서 발견되고 착수된 문예의 재생과 개화(開花)의 업적을 호화찬란 완벽하게 이룩한 점에서 찬탄을 받으실 것입니다."[3] 한편 다른 사람들은 이 재생 속에 그들의 위대한 선구자들의 정신을 인식했다. 에

Zeitschrift, CXX, 1920, pp. 250~80; Karl Borinski, "Die Weltwiedergeburtsidee in den neueren Zeiten, I: Der Streit um die Renaissance und die Entstehungsgeschichte der historischen Beziehungsbegriffe Renaissance und Mittelalter", Sitzungsberichte der Bayerischen Akademie der Wissenschaften, Philosophisch-Philologische und Historische Klasse, Munich, 1919.

2) François Rabelais, Gargantua et Pantagruel, Book I, Chapter 9.

3) Plutarch, Les vies des hommes illustres, Paris, 1578, fol. a iiii.

라스무스는 『아다지아』(Adagia)의 어느 판(版) 서문에서 그 자신이 "혼돈과 오랜 만행으로부터 부상하듯 '재생된 학예'를 반듯하게 키운 최초의 인물"로 찬탄받고 있음을 밝히고 있다.[4]

이탈리아에서는 이미 한 세기 앞서서 고귀한 문명의 재생을 또한 특히 그 재생의 한복판을 차지한 호화 예술을 자랑스럽게 즐겨 화제가 되었다. 로렌초 발라(Lorenzo Valla)는 『라틴어의 우아함에 대해서』(Elegantiae Linguae latinae)의 서문에서(이 서문은 휴머니즘 선언으로 불린다) 왜 그렇게 되었는지를 판단하기 어렵다고 하면서 다음과 같이 말하고 있다.

자유로운 예술이라고 할 만한 회화, 조각, 건축 등은 처음에는 극히 오랫동안 대단히 퇴화하고, 더불어 그 자체로 거의 파멸 상태였다. 그런데 지금은 눈을 뜨고 재생했다. 그리고 훌륭한 예술가와 문인들이 찬란하게 꽃피우고 있다. 이러한 우리의 시대는 행복스럽다. 이러한 시대에 우리가 조금이라도 분발한다면 로마어(라틴어)는 도시 로마 자체보다 머지않아 커지고 성대하게 이야기되며 그와 함께 모든 학문 예술이 부활할 것이다.[5]

젊어진 연구에 새로이 헌신한 사람들, '휴머니스트'(humanist)라는 말은 단지 고대로부터 빌린 것이었다. 키케로 자신이 '인간성과 문학의 연구'(studia humanitatis et literarum)에 관해 이야기했다.[6]

1500년경의 이탈리아 사람들은 자신들의 시대와 자신들의 나라를 침

....

4) Erasmus, *Adagia*, ed., Nicolas Chesneau, Paris, 1571. '문학'(bonae literae)과 '르네상스'(renascentia)에 관한 에라스무스 자신의 용어 사용에 대해서는, 나의 책, *Erasmus of Rotterdam*, London, 1952, pp. 103f, 137f. 참조.

5) Lorenzo Valla, *Elegantiae linguae latinae*, in *Opera*, Basel, 1543.

6) 바로 15세기의 문인이 교양이라는 의미의 고전적 라틴어인 humanistas(civilization의 의미에서)로부터 humanista를 인용했듯 19세기의 독일 역사가들은 humanisten이라는 말로부터 지적 운동의 용어로서 Humanismus를 인용했다.

체와 몰락 뒤의 새로운 삶에 대한 격동의 표현으로 여겼다. 마키아벨리는 젊은이들에게 절망하지 말라고 경고하면서 『전술론』(*Dell' arte della guerra*)을 다음과 같이 끝맺었다.

왜냐하면 이 나라는 이미 사멸한 것들을 모두 다시 눈뜨게 일으키고 있는 듯이 보입니다. 바로 우리는 그 모습을 바야흐로 시, 회화 및 저작이 이루고 있는 완벽함에서 볼 수 있습니다.[7]

이 위대한 재생의 원인으로는 무엇이 생각될까? 그리스, 로마의 모방이 그 원인이라고 할 수 있다. 16세기의 재생의 감정은 그 성격에서 극히 일반적이었으며, 윤리적·심미적 내용이 극히 격렬하여 당시의 지식인들 자신이 그 현상을 문헌학적인 문제로서 받아들일 수 없었다. 근원적인 것으로의 회귀(回歸), 지혜와 아름다움의 순수한 원천을 맞아 갈증을 푸는 일, 이것이야말로 바로 재생의 감정의 근본 정신이었다. 그리고 만약에 이 감정이 또한 고전을 향한 새로운 열정 및 고대와 오늘날의 동질성을 수반했다면, 그것은 고전(고대)의 저술가들 자신이 지식의 순수성과 근원성을 아름다움과 미덕의 단일한 규범을 갖춘 것으로 생각했기 때문이다.

이 재생의 현상을 과거의 한 특정한 시기에 일어난 역사적 사실(이벤트)로서 명백히 관찰한 최초의 인물 그리고 라틴어의 renasci로부터 르네상스라는 이탈리아어 동의어(同義語)를 만들어내고 그 말을 특히 예술의 부활(그러므로 예술사의 한 개념으로서)에 적용한 인물, 그 사람은 『뛰어난 화가, 조각가, 건축가의 생애』(1550)의 저자인 조르조 바사리(Giorgio

7) Niccolò Machiavelli, *Opera*, vol. 11, Milano, 1805~11, X, p. 294.[Peter Whitehorne이 번역한 "The Arte of Warre", in *Machiavelli*, London, 1905, I, pp. 231~32에서 인용]

Vasari, 1511~74)였다. rinascita, 즉 재생이라는 말은 그에게서 당시 예술사의 위대한 사실을 가리키는 표준어가 되었다. 그는 "소멸된 예술을 처음으로 '재생시키고' 육성과 개화로 인도하고 오늘날 우리가 보는 바 미와 존엄의 정점에 이루게 한 인물, 그러한 인물들의 삶과 작품, 재능과 그 성쇠의 모습을 서술함"을 자신의 과제로 삼았다.[8] 예술의 역사에서 상승과 쇠퇴를 관찰하는 사람이라면 "이제 예술의 제2의 탄생(재생된 것에 대해)의 진보 및 우리 시대에 예술이 다시 이룩한 완성도에 관해 더욱더 인식할 수 있을 것이다."[9]

바사리는 예술의 절정이 고대 그리스·로마 시대에 있다고 보고 콘스탄티누스 대제 시대를 그에 이은 장기에 걸친 쇠퇴의 시대로 생각했다. 고트족이나 랑고바르드족은 이미 몰락한 것들을 단지 타도한 데 지나지 않는다. 오랫동안 이탈리아는 오직 비잔티움 화가들의 "흉하고 빈약하며 어색한 그림"을 알고 있을 뿐이었다. 바사리는 어느 정도 일찍부터 새로운 자각의 조짐을 예감했으나, 위대한 혁신은 13세기 말에야 도래했다. 그것은 두 위대한 피렌체인 조반니 치마부에(Giovanni Cimabue) 및 조토 디 본도네(Giotto di Bondone)와 더불어 초래되었다. 그들은 '고풍스러운 그리스의 화법', 즉 비잔티움적 전통을 버렸다. 바사리는 언제나 이 낡은 전통을 '흉하다'는 말로써 가볍게 여기고 그것과 '고대의 반듯한 화법'을 대비했다. 치마부에는 "아마도 회화 예술 부흥의 제1의 근거"였다. 한편 조토는 "우리 시대에서 표시되는 완벽함과 위대함으로 예술을 인도한 사람들에 앞서서 진실한 길의 문을 열었다."[10] 그 자신의 시대의 완벽함

8) Giorgio Vasari, *Le Vite de' piu eccellenti pittori, scultori e architettori*, ed. Karl Frey, Munich, 1911, I, p. 5(1550년 코시모Cosimo 대공大公에게 헌정됨).[Giorgio Vasari, *The Lives of the Most Eminent Painters, Sculptors and Architects*, trans. Mrs. Jonathan Foster, London, 1800, I, p. 1에서 인용]

9) Giorgio Vasari, *La Vite*, p. 216("Proemio").[Vasari, *The Lives*, I, p. lviii에서 인용]

10) G. Vasari, *La Vite*, pp. 175~217("Proemio"); "Vita di Cimabue", p. 402.[Vasari, *The Lives*

을 바사리는 무엇보다 미켈란젤로에게서 보았다.

바사리에게 치마부에나 조토에 의해 초래된 위대한 혁신은 자연의 직접적인 모방의 구성이었다. 그에게서 자연으로 돌아가는 것과 고대로의 회귀는 거의 동일했다. 고대 예술의 탁월함은 자연 자체를 모범으로 삼고 안내자로 여긴 사실의 결과였다. 즉 자연의 모방은 예술의 근본 원리였다.[11] 언제나 고대를 따르는 사람은 자연을 재발견한다. 이것은 바사리의 시대에 르네상스의 모든 개념의 근본 특성 가운데 하나였다.

르네상스 개념의 발달을 위한 바사리의 의의는 부수적이지만 때때로 과대평가받고 있다. 그가 치마부에나 조토를 앞세웠다든지 자연으로의 복귀로부터 재생을 추론했다고는 하지만, 바사리가 최초로 그렇게 지적한 것은 아니었다. 조반니 보카치오(Giovanni Boccaccio)가 이미 조토를 찬양했으며 조토가 수백 년간 파묻혔던 자연을 묘사하는 기교를 다시 햇빛 아래 드러냈다고 했다. 레오나르도 다 빈치(Leonardo Da Vinci)가 같은 방식으로 조토를 찬탄했다. 에라스무스는 이미 1489년에 회화 예술의 부활 시점을 자기의 시대에 앞선 200~300년 전으로 설정하고 있다. 뒤러에 따르면, 회화가 "다시 제자리를 찾고" 혹은 "로망계 국민들에게 다시 햇빛을 드러냈음"은 주지의 사실이었다.[12] 그에게서도 또한 진정한 자연에 대한 그리움과 고대의 예술 및 문학에 대한 열렬한 바람은 근본적으로 하나이며 같은 것이었다.

17세기 동안 문명의 재생이라는 개념은 잠잠한 듯했다. 다시 손에 넣은 영광에 도취하는 감정을 특정한 호칭으로서 대하는 갈망을 더 이상

....

에서 인용]

11) G. Vasari, *La Vite*, pp. 168~69("Proemio").

12) G. Boccaccio, *Decamerone*, VI, p. 5; Woldemar von Seidlitz, *Leonardo da Vinci: Der Wendepunkt der Renaissance*, 2 vols., Berlin, 1909, I, p. 381; Erasmus, *Opus epistolarum*, ed. P. S. Allen *et al.*, 12 vols., Oxford and London, 1906~58, I, p. 108; Ernst Heidrich, *Albrecht Dürers schriftlicher Nachlass*, Berlin, 1910, pp. 223, 250.

고려하지 않았던 것이다. 정신은 한편에서는 더욱 긴장이 흐르고 보다 솔직해진 반면, 다른 한편에서는 보다 냉정하고 덜 정서적이 되었다. 사람들은 고귀하고 세련된 형태, 감동적이며 적절한 언어, 가득 찬 색채와 음률, 지성의 비판적 투명성에 익숙해졌다. 이 모든 것은 더 이상 놀랄 만한 새로운 승리로 생각되지 않았다. '르네상스'는 더 이상 의식적으로 모토가 되지 않았으며, 그것은 이제 역사에서의 전문적 용어로 쓰일 필요도 없었다.

문화 탄생의 개념이 사상에서 다시 기반을 획득했을 때 그것을 이용한 것은 비판적인 감각이었다. 그리고 그것은 문화 탄생의 개념을 역사적 현상을 식별하는 수단으로 사용했다. 바야흐로 태동한 18세기 계몽주의는 16세기의 세대가 놓친 그곳에서 르네상스라는 용어를 채택했다. 그러나 그간에 재생의 개념은 지난날 그것을 받든 사람들의 생생한 감성으로 일관되지 않을뿐더러 일면적으로 아카데미적이고 형식적이며 편파적이고 부정확했다. 도래한 계몽주의의 병기고이며 열쇠인 피에르 벨의 『역사적·비판적 사전』(Dictionnaire historique et critique)에서 우리는 19세기 말까지 학교 교과서에서 연명(延命)한 모든 상투적 요소에 르네상스의 개념도 실제로 포함되어 있음을 볼 수 있다.

콘스탄티노플 함락 이후 인간성이 새로 꽃피었을 때(어느 판에서는 "문학이 재생되기 시작했을 때"라고 표현하고 있다) 이탈리아 교양인과 인문주의자, 학자들 대다수는 분명히 무종교였다. 그러나 한편 학술적 언어학이나 문학의 부흥은 종교개혁자를 위한 길을 마련했다. 그것은 바로 요하네스 로이힐린(Johannes Reuchlin)이나 에라스무스 그리고 다른 야만스러운 행위의 화근에 대해 끊임없이 그 잘못을 지적한 성직자와 그들의 동조자들이 예감한 그대로였다.[13]

벨에게서 이탈리아 인문주의가 비종교적 성격임은 그리고 그것이 콘스탄티노플 함락에 의해, 즉 말하자면 그리스적 재생을 수반한 그리스 망명자들의 도래로 생겨났음은 자명한 사실이었다.

20~30년 뒤 볼테르는 벨의 그러한 견해를 거부했다. 그의 저서 『제 국민의 풍속과 정신에 관한 시론』(*Essai sur les mœurs et l'esprit des nations*, 이 저작은 많은 결함에도 불구하고 근대 문화사의 모범으로서 높이 평가할 만하다)에서 중세 말 이래의 예술과 학문의 발달을 개요한 부분을 통독한 사람이라면, 이 현상에서 저 현상으로 연이어 쉴 새 없이 논하는 것에 그리고 그의 소홀함과 피상적이며 왜곡된 안목과 공감이 결여된 담론 방식에 놀란다. 그러나 그 독자는 이 『시론』의 저자가 광범위한 전후 관련을 파악하여 보여주는 빛나는 재능에도 똑같이 경탄하게 될 것이다. 볼테르가 부르크하르트의 『이탈리아 르네상스의 문화』의 주제에 영감을 주었다고 언명한 일은[14] 나에게는 과대평가로 여겨진다. 그러나 그 개념의 착상이 『시론』에 포함되었음은 부인할 수 없다. 부르크하르트와 마찬가지로 볼테르에게 르네상스의 모태는 중세 이탈리아 도시의 부와 자유였다. 그러나 한편 프랑스는 여전히 비참했다.

다른 한편 더욱이 이탈리아의 상업 도시는 번성했다. 거기에서는 주민들이 안락하고 풍요로웠으며, 삶의 즐거움을 누렸다. 그리고 부와 자유는 결국 천재를 낳고 국민의 용기를 북돋았다.[15]

....

13) P. Bayle, *Dictionnaire historique et critique*, 5 ed.; 4 vols., Amsterdam, 1740, IV, p. 315.

14) Aldus Borinski, 앞의 책, p. 90에서 볼 수 있다.

15) Voltaire, *Œuvres complètes*, ed. Antoine-Augustin Renouard, 66 vols., Paris, 1819~23, XIV, p. 349.〔Voltaire, *An Essay on Universal History*, Dublin, 1759, II, p. 160에서 인용〕

그리고 「13, 14세기의 학문과 미술」이라는 장에서는 그토록 오래되고 혼란을 가져다준 영향을 지녔던 견해가 이어진다. 즉 단테, 프란체스코 페트라르카(Francesco Petrarca), 보카치오, 치마부에 및 조토를 훗날의 완성을 위한 선구자로 보는 것이다.

이미 피렌체인 단테는 『신곡』으로 불리는 각별한 시, 자연의 아름다움에 빛나는 많은 작품, 여러 측면에서 당시의 저속한 취향을 우뚝 초월한 작품으로써 토스카나어를 아름답게 꾸몄다. 그리고 이 저자는 마치 아리오스토나 타소와 동시대인인 것처럼 지극한 순수성 가득히 쓰고 있다.

단테 속에서, "그러나 특히 페트라르카 속에서 우리는 아름다운 고대와 비슷한 많은 구절과 만나고, 그와 더불어 고대의 아름다움과 근대의 신선함을 동시에 발견한다." 이러한 사실은 언어나 시에서처럼 미술에서도 마찬가지였다.

예술은 모두가 손에 손잡고 나아가 대체로 쇠퇴와 상승을 함께했다. 이탈리아는 이제 야만 상태에서 벗어나고 있다. 많은 점에서 치마부에는 어떠한 도움도 없이 13세기 회화를 새롭게 창조한 인물이었다. 조토는 지금도 사람들이 즐기는 많은 그림들을 그렸다. 브루넬스키는 고딕 건축의 개혁을 시작했다.

볼테르에게 토스카나 지방의 생기 넘치는 천재들은 바로 혁신의 창조적 힘이었다.

이 모든 혁신은 오직 토스카나 사람들의 혜택이다. 그들은 오스만튀르크를 정복한 뒤 소수가 남은 그리스 학예의 것들이 그 언어와 함께 콘스탄티노플로부터 이탈리아로 흘러들어오기 전에 오직 천재들의 힘으로써 이러한 예술을 재생시켰다. 이때 피렌체는 제2의 아테네였다. 그 무렵 분명한 것은 학예의 부활에 이바지한 것은 콘스탄티노플의 피난민이 아니었다는 사실이다. 그리스 피난민들이 이탈리아 사람들에게 가르칠 수 있었던 것은 그리스어였을 뿐 그 이상은 아니었다.[16]

이러한 언명은 신선하고 성숙된 생각이었다. 사람들은 볼테르가 그 시초에 이어서 15, 16세기에 관한 묘사를 계속하고 상승하는 윤곽을 분명히 하리라고 기대할 것이다. 그러한 재료가 결여된 것도 아니었다. 그러나『시론』에서는 그 흔적을 전혀 찾을 수 없다. 그 최초의 개화를 둘러싼 묘사는 연극의 부활에 관한 따분한 논의로 탈선한다. 단지 지나가는 이야기처럼 "모든 것을 후예들을 위해 남긴" 이래 그것을 이을 시인이 끊임없이 줄을 이어 아리오스토에 이르러 정점에 도달했다고 말했다. 나중에 그가 15, 16세기의 문화 발전으로 되돌아갔을 때(제121장), 그가 그처럼 기쁨에 넘쳐 묘사한 르네상스의 이미지를 상세하게 그릴 것으로 기대한들 헛된 일이다.

이탈리아로부터 종교 논쟁이라는 흑사병이 이 나라에는 침투하지 않았던 까닭에 예술은 계속하여 꽃피었다. 독일과 프랑스 및 영국은 그들이 이해하지 못하는 일들 때문에 서로 숨통을 물고 늘어지는 사이, 이탈리아는 카를 5세 (독일 황제, 재위 1519~56년)의 군대에 의한 로마 약탈(1527)이라는 비상사태를 당했으나 이후에는 완전히 평화로웠다. 그리고는 자유로운 예술의 진보에 어느 때보다 열중했다.[17]

....

16) Voltaire, Œuvres, XIV, p. 355.〔Voltaire, Essay, II, pp. 162, 163, 166에서 인용〕
17) Voltaire, Œuvres, XV, p. 99.〔Voltaire, Essay, III, p. 44에서 인용〕

이것이 16세기에 관한 전모였다. 다 빈치, 라파엘로, 미켈란젤로, 티치아노—『시론』에서는 이들 가운데 단 한 사람도 거명치 않는다.

무엇이 볼테르로 하여금 르네상스 문화의 혼연일체된 통일상을 표현하지 못하도록 억제했을까. 그는 15, 16세기 메디치가(家)를 둘러싸고 꽃핀 예술과 문필의 유례없이 독립된 전성기라는 개념을 가지고 있었다. 그것은 그에게 세계사에서 네 번의 행복한 시기 가운데 하나로 이해되었다. 그는 『루이 14세의 세기』(Le siècle de Louis XIV)에서 다음과 같이 말하고 있다. "이 네 번의 행복한 시대"는 "예술이 발달한 시대이며 인간적 이해의 위대성의 시기로서 모든 후예들에게 모범으로 제공된다."[18] 첫 번째 행복한 시기는 페리클레스 시대이며, 두 번째는 카이사르와 아우구스투스의 시대, 세 번째는 콘스탄티노플 함락 이후의 메디치가의 시대다. 그리스 학자들이 피렌체에 도래한 것은 훗날 그의 『시론』에서는 부정된 이론이었으나, 1739년 당시에 그것은 재생, 즉 르네상스의 원인으로 여전히 생각되었다. 그러나 이 세 번째 시기의 영광은 루이 14세의 세기의 영광으로 인해 빛이 바랬다. 볼테르에게는 루이 14세의 세기야말로 "다른 모든 시대에 앞서서 가장 계몽된 시대였다." 그 시대는 볼테르가 자신의 시대를 희생하면서까지 찬양한 시대였다. 여기에 그의 관심과 이해가 놓여 있다. 그리고 그것이 그로 하여금 르네상스의 정신과 아름다움을 가슴에 깊이 새기지 못하게 한 이유였다.

볼테르는 그리하여 르네상스의 이미지를 미완의 스케치 그대로 외면했다. 그리고는 자신의 시대로 방향을 바꾸어 과거의 다른 조망(파노라마)을 찾게 되었다. 르네상스를 더욱더 발견하는 데 볼테르가 지닌 '에스프리'와 비판적인 감각만이 필요했을까. 아니 미적 공감과 감성적 욕구가

....
18) Voltaire, Œuvres, XXII, p. 187.〔Voltaire, The Age of Lewis XIV, London, 1753, I, p. 1에서 인용〕

바로 더욱더 필요한 것이 아니었던가. 그런데 감정과 꿈꾸는 영역을 지배한 것은 볼테르의 정신이 아니라 장 자크 루소(Jean Jacques Rousseau)의 정신이었다. 그러나 귀족적 르네상스 문화가 지닌 짙은 형식미의 다양성이 오직 자연의 단순함과 가슴 벅찬 감수성을 갈망하는 사람들에게 무엇을 의미할 수 있을까. 떡갈나무의 속삭임, 오시안(Ossian)의 산에 걸린 구름, 클라리사 하를로웨(Clarissa Harlowe)의 정신의 모험자를 향한 감미로운 관심 등이 마음 가득히 채워지면 햇빛이 퍼지고 청동(靑銅)이 울리는 르네상스의 이미지는 자리를 차지할 여지가 없다. 낭만주의의 공상은 중세로 방향을 돌리고 그 영혼에 바꿀 수 없는 인상을 남기는 달빛과 뜬구름이 희미하게 사라진 듯한 우수의 모습을 그리워했다. 낭만주의의 단조(短調)로 크게 방향을 바꾼 것이 르네상스상(像)의 발달을 중단시키고 오래도록 그것을 가로막았다. 오직 비슷한 정신만이 르네상스의 통합성을 재발견하고 그것을 인류에게 의미 있게 설명할 수 있었다.

아마도 괴테였을까? 모든 것을 포섭한 인물, 대조적인 두 사람 볼테르와 루소를 훌쩍 초월한 인물? 아니 괴테도 아니었다. 물론 괴테는 예술의 부활이라는 널리 알려진 개념을 알고 있었다. 그가 로마에서 방문한 훈작사(勳爵士) 아쟁쿠르(chevalier d'Agincourt)는 "몰락에서 재생에 이르는 예술사의 집필"에 몰두하고 있었다.[19] 이 프랑스인이 그 저술을 위해 수집한 자료를 대하면 "얼마나 인간 정신이 그 암울한 시대 속에서도 극히 생생했는지" 알 수 있다고 괴테는 기록했다. 바사리도 바로 같은 이야기를 할 수 있었다. 괴테의 관심과 평가는 극히 강렬하게 16세기에 집중되었다. "16세기 회화 예술의 정신은 중세의 야만 상태로부터 자신을 완전히 일으켜 세웠다. 그리고 그것은 보다 자유롭고 더욱더 높

....

19) J. W. von Goethe, *Werke*, 143 vols., Weimar, 1887~1920, XXXII, p. 36(July 22, 1787). [*Goethe's Travels in Italy*, trans. A. J. Morrison and C. Nisbet, London, 1892, p. 385에서 인용]

이 영향을 주기를 바랐다."[20] 괴테는 자신의 일기의 한 부분에서 라파엘로를 피라미드의 정점으로 비유하고 있다.[21] 이러한 사실은 그가 라파엘로를 미켈란젤로와 비교하면서 라파엘로를 고풍스럽게 생각한 일을 부정하는 것은 아니다. 여러 사람들이 라파엘로의 최고 걸작으로「성체(聖體)의 논의」를 들었을 때 괴테는 그 판단에서 '고대파'를 둘러싼 취향 자체에 대해 앞으로 주장될 편애의 징후를 감지해다. "이것을 냉철한 관찰자는 미숙하고 딱딱한 재능으로 여기고 그것에 결코 동조하지는 않는다."[22] 괴테가 생각한 예술의 분명한 전성기는 우리가 르네상스라고 지칭하는 시대가 아니라, 오히려 르네상스의 마지막 국면과 바로크의 최초의 시대를 합친 시기였다. 그의 관찰과 찬탄의 초점은 미켈란젤로를 예외로 한다면 그 뒤의 예술가들, 즉 벤베누토 첼리니(Benvenuto Cellini), 안드레아 팔라디오(Andrea Palladio) 및 귀도 레니(Guido Reni) 등이다. 그리고 그 위대한 전성기는 역사적 문제로서는 괴테에게 별로 중요하지 않았다. 오히려 그는 자신이 관찰한 예술 작품의 직접적이며 독자적인 가치를 더욱더 추구했다.

이렇게 하여 르네상스의 개념이 벨이나 볼테르가 지녔던 이상으로 내용상으로 더욱더 풍부해지는 일 없이 19세기에 이르렀다. 그리고 르네상스라는 용어도 아직 그에 적절하게 문화의 한 시기를 표현하는 말이 아니었다. 그것은 여전히 단지 호칭일 뿐, 고유명사로 쓰이지는 않았다. 그것은 재생한 것의 보다 더 상세한 언명과 결부되었다. 그것은 여전히 '쇠퇴 및 붕괴'와 비슷한 수준의 용어였다. 르네상스라는 지칭은 그 속에 새로운 삶에 대한 기쁨과 명확한 가치관을 포함했으나, 공정하고 냉정한 어조와 한정된 의미에서만 적용되었다. 스탕달(Stendhal)은 『이탈리아 회화

....

20) J. W. von Goethe, *Werke*, XXXII, p. 207.

21) J. W. von Goethe, *Tagebücher*, I, p. 305(October 19, 1786).

22) J. W. von Goethe, *Werke*, XXXII, pp. 67~68.[*Goethe's Travels*에서 인용]

사』(*Histoire de la peinture en Italie*, 1817)에서 '예술의 르네상스'를 거의 오롯이 16세기 최초의 사반세기로 지칭하고, 그 시기에 전적으로 자신의 열정과 존경을 바치고 있다. 15세기의 피렌체 예술은 그에게는 여전히 '중세의 이상적 아름다움'을 구현한 것이었다. 프랑수아 기조(François Guizot)는 『유럽 문명사』(*Histoire générale de la civilisation en Europe*, 1828)에서 '문예의 르네상스'에 관해 언급한바, 그 용어의 뉘앙스는 볼테르나 라블레 및 아미요가 말한 것과 별로 다르지 않다. 시몽드 드 시스몽디는 『이탈리아에서의 자유의 르네상스』(*Histoire de la renaissance de la liberté en Itlaie*, 1832)에서 르네상스의 개념을 정치적 사고 영역으로 옮겨 변형했다. 뒤에서 언급하듯이 정치적 이념으로서의 르네상스는 결코 새롭지 않으며 사실은 르네상스 개념의 모든 발전의 뿌리 가운데 하나였다.

발터 괴츠(Walter Goetz)에 따르면,[23] '르네상스'라는 용어를 지나치게 한정하지 않고 하나의 윤곽을 갖춘 문화의 시기로서 특별한 용어를 마련한 최초의 인물은 피렌체 태생으로 훗날 프랑스에 이주한 (그에 관한 기억은 애매하지만) 리브리 백작(Count Libri)이다. 그가 1838년에 출간한 책의 제목은 『르네상스부터 17세기 말까지의 이탈리아 수학사』였다. 그러나 그가 '르네상스'라는 말을 처음으로 썼다는 지적은 정확하지 않다. 리브리는 당시 프랑스 문학계에서 뿌리를 내린 관례에 단지 따랐을 뿐이다. 그보다 거의 10년 전 오노레 드 발자크(Honoré de Balzac)는 1829년 12월에 발표한 단편소설 「소요의 무도회」(Le bal de Sceaux)에서 르네상스라는 말을 독자적 문화 개념으로 쓰고 있다. 그 작품의 주인공 한 사람은 다음과 같이 말한다. "그녀는 이탈리아나 플랑드르의 회화, 중세 혹은 르네상스에 관해 유창하게 논할 수 있다 ……."

....

23) Walter Goetz, "Mittelalter und Renaissance", *Historische Zeitschrift*, XCVII, 1907, p. 46.

중세와 르네상스를 뚜렷하게 대립된 주제로서 그리고 두 주제를 제각기 문화적 이미지로서 이해하고 그럼으로써 금후 유럽 문화사를 이해하는 개념 체계가 오랫동안 서서히 확고한 형태와 충실한 탄력을 획득한다. 그러나 르네상스 개념의 발달을 더 추적하기에 앞서 다른 많은 분야에서도 동일한 현상이 병행하여 일어나리라고 추측되므로, 한마디 말하고 싶은 것은 교과서에 의해 만연된 르네상스를 둘러싼 학교풍의 의견, 집약적 견해가 역사가들이 르네상스라는 용어로써 이해한 관념에 의해 오래전에 극복되었을 것이라는 그릇된 사실이다.

　　학교풍의 의견은 아마도 다음과 같이 묘사될 것이다. 즉 중세 말에 이르러(합리주의적 견해에 따라 중세를 암흑과 야만주의로 표현하면) 예술과 학문이 재생되었다. 모든 것은 우선 이탈리아에서 일어났으며, 그것은 콘스탄티노플에서 온 그리스 난민 덕에 서유럽이 고대 그리스 정신과 자주 접촉한 결과였다. 혹은 가령 그 난민들에게 그러한 과분한 평가를 부여하지 않더라도 고전 문화의 재생에는 르네상스의 기본적 특징이 인과적(因果的) 요소로서 포함되어 있다고 생각된다. 르네상스는 사람들이 고대의 정신을 어떻게 이해했는가를 배우면서 도래했다. 그리고 그 본질은 고전 예술과 문학의 모방이다. 학교 교재 가운데는 일반적인 부흥의 원인으로 인쇄술과 아메리카의 발견까지 어느 정도 포함하기도 한다. 교과서가 근대에 관한 장(章)의 머리말을 확신을 갖고 "화포(火砲)의 발명으로부터 인간 정신의 재생이 비롯되었다"고 집필하는 것을 나는 의심스럽게 생각한다. 그러한 문장은 아무리 좋게 해석하더라도 마르크스주의적인 '과장'(à outrance)이다.

　　그러나 어떻든 고대의 모방이 르네상스의 알파이자 오메가였다는 널리 퍼진 의견은 르네상스 개념의 정신을 키우고 성숙하게 한 사람들의 관점을 일반인들이 단순화한 데 지나지 않는다. 볼테르까지도 우리가 보았듯이 재생의 현상을 보다 폭넓게 관찰했다. 그 학교적 견해에 책임져야 할 인물이 있다면, 그것은 피에르 벨이라고 해야 할 것이다.

우리는 이제 르네상스의 개념을 본래의 역사 연구의 한계를 훨씬 넘어 삶의 한 형태로서 풍요롭고 다채로운 관점으로 충분히 설명하기에 이르렀는데, 그것은 바로 부르크하르트 덕분이다.

그런데 이 위대한 스위스 학자에게 영감을 준 인물이 마치 전광석화와도 같은 직관을 가지고 역사를 환상적 비전으로 그린 미슐레였음은 잘 알려진 사실이다. 1855년 미슐레의 『프랑스사』(*Histoire de France*) 제7권 『16세기 프랑스사』는 '르네상스'라는 부제를 달고 출간되었다. 이 위대한 문화적 전환기를 둘러싼 미슐레의 태도는 계몽주의의 입장이었으며, 마치 그것은 자유주의에 흡수되고 그 빛나는 정신 속에 반사된 듯했다. 16세기가 초래한 것은 그에게서와 마찬가지로 18세기 합리주의자들에게서도 빛, 즉 중세의 야만스러운 암흑에 비친 빛이었다. 그에게서 르네상스 개념은 정신이 스콜라 철학과 봉건제의 망상이나 억압으로부터 눈을 뜨고 승리의 길을 내디딘 진보의 위대한 이념 가운데 단지 한 부분에 지나지 않았다. 16세기는 두 가지 위업을 이룩했다.

〔그것은〕 세계의 발견과 인간의 발견이다.

16세기는 그 거대하고 정당한 팽창을 통해 콜럼버스에서부터 코페르니쿠스에 이르기까지, 코페르니쿠스에서부터 갈릴레오까지, 지상의 발견에서부터 천상의 발견까지 이룩했다.

인간은 스스로를 재발견했다. 베살리우스나 세르베투스가 인간에게 생명을 밝히는 한편, 루터와 칼뱅, 뒤물랭과 쿠야키우스에 의해, 라블레, 몽테뉴, 셰익스피어 및 세르반테스에 의해 인간 도덕의 신비성이 규명되었다. 인간은 인간 본성의 심오한 기반을 탐지했다. 인간은 정의와 이성에 자리를 잡기 시작했다.[24]

바꾸어 말하여 16세기에 인간은 세계와의 진정하고 자연스러운 관계를 자각했다. 즉 인간은 세계의 독자성과 그 의미를 이해하는 것을 배웠으며, 그러고는 그 자신의 인격의 가치와 능력을 파악하기에 이르렀다. 미슐레는 종교개혁과 르네상스를 다 함께 계몽주의적 이상의 행복한 새벽으로 생각했다. 그는 이러한 자각이 16세기에 태동한 것으로 보았으며 그 엄청난 과정의 선도자로 콜럼버스와 갈릴레오를 제외하고는 단 한 사람의 이탈리아인도 거론하지 않았다.

부르크하르트가 가령 이 문화의 대전환을 둘러싼 자신의 견해를 미슐레로부터 착상했다고 하더라도 그것은 오직 극히 다른 것으로 전용하기 위해서였다. 그는 미슐레가 단지 부차적 관심을 지녔던 현상인 르네상스의 정식(定式), '세계와 인간의 발견'을 사실상 그 정식을 만든 미슐레와 근본적으로 다른 방식으로 이해했다. 미슐레는 그것을 표어로서 주장했다. 그리고 그는 자신의 정식을 역사적으로 증명하기 위해 개별적인 이미지를 풍요롭게 창출할 위인이 아니었다. 그러므로 미슐레의 표어는, 만약 부르크하르트가 그것을 경청할 기회를 놓쳤더라면, 밤중의 부르짖음과도 같이 소멸했을 것이다.

부르크하르트의 지혜와 깊이, 대규모의 종합 능력, 사료의 수집과 철저한 탐구라는 학자로서의 참을성 있는 열정, 이 모든 결합은 사학사상 그 유례를 찾아볼 수 없는 것이었다. 그의 심성은 그에 더해 귀족적이고 절제를 갖추어 시대가 바란다 하여 시류에 따르는 일이 없었다. 부르크하르트는 진부한 진보 이념에 결코 사로잡히지 않았다. 그러므로 그는 그 자체를 미슐레보다 더욱더 깊고 충분하게 이해할 수 있었다. 그는 르네상스를 계몽주의나 진보로부터 떼어놓은 그리고 르네상스를 더 이상

....
24) J. Michelet, *Histoire de France au XVI ième siècle: Renaissance*(*Histoire de France*, VII), Paris, 1855, pp. 14~15("Introduction").

훗날의 우월성에 이르는 서곡이나 고지(告知)가 아닌 바로 '독특한'(sui generis) 문화 이상으로서 관찰한 최초의 인물이었다.

부르크하르트의 초기 에세이에서 우리는 한 구절을 인용할 수 있으니 그는 '이른바 르네상스'라고 말하고 있다.[25] 그 에세이는 1838년에 쓰였다. (부르크하르트는 1818년에 바젤에서 태어났고 1897년 그곳에서 작고했다.) 그는 그해 처음 이탈리아로 여행했다. 그러나 그 무렵과 얼마 뒤의 그의 연구와 감식의 초점은 독일과 플랑드르파, 중세의 예술로 이어졌다. 두 번째의 이탈리아 체재 뒤에도 마찬가지였다. 1852년 말에 콘스탄티누스 대제 시대에 관한 그의 저서가 햇빛을 보았다. 그에 뒤이어 2년 동안 그는 이탈리아에 체류하고 1855년에 『치체로네: 이탈리아 예술 작품의 안내』를 출간했다. 그리고 1860년에 이르러 『이탈리아 르네상스의 문화』가 발간되었다.

『이탈리아 르네상스의 문화』만큼 그 연도가 중요성을 명백히 나타내는 책은 없다. 재판(再版)은 초판 9년 뒤인 1869년에 나왔다. 제3판 및 제4판은 각각 8년 뒤, 즉 1877년과 1885년에 나왔다. 1896년 제5판이 나온 뒤에는 마치 회오리바람이 분 듯했다. 그것은 1897년, 1899년, 1901년, 1904년, 1908년, 1913년, 1919년으로 이어졌다.[26] 다음 세대에 이르러서야 비로소 부르크하르트가 제공한 것을 받을 만큼 충분히 성숙했다.

이 비할 바 없는 문화적·역사적 종합이라는 모범적 구조는 마치 르네상스의 예술 작품처럼 치밀하고 조화를 이룬다. 그 기조는 제1장인 「예술 작품으로서의 국가」에 잘 드러난다. 여기서는 이미 중세로 거슬러 올

---

25) W. Goetz, 앞의 글, p. 40.

26) 제2판 이후 부르크하르트는 자신의 저서를 교정하는 일에서 물러나 루트비히 가이거 (Ludwig Geiger)에게 일임했다. 그리고 그 저작의 성공을 기뻐하면서도 그는 그에 관한 논의나 개정을 거절했다. 가이거의 대폭적인 수정으로 그 책의 성격이 많이 변질되고 부르크하르트도 자신의 저작을 거의 알아볼 수 없을 정도였다. 그러나 지금은 본래의 판으로 재간되었다. 그러므로 당연히 그에 알맞은 고전으로서 각인되고 있다.

라가 이탈리아의 여러 분립(分立)된 나라들에서 국가와 삶에 대한 개인의 보다 인격적이며 보다 의식적인 태도가 육성된 그 정치·사회적인 조건이 다루어지고 있다. 독자는 바로 책머리에서부터 자신의 삶의 도정(道程)을 둘러싼 르네상스 시대 사람들의 개인적인 목표 설정과 자유로운 결단의 기풍에 마주친다. 이것이 바로 부르크하르트가 르네상스의 특징으로 생각한 것이며, 그는 그것을 폭군, 용병대장, 외교관, 정신(廷臣) 및 연고자(緣故者) 등의 유형으로 묘사했다. 그러나 동시에 독자들은 동시대의 정치사에 필수적인 개관까지 이해하게 된다. 그리고 나서 부르크하르트는 자신의 저술의 근본 주제를 펼쳐 보여준다. 제2장인 「개인의 발전」은 거의 부르크하르트의 신조와도 같은 구절로써 시작된다. 여기에서 그 문장을 남김없이 인용해보자.

이탈리아의 이들 국가의 특징에는 공화정이건 독재 체제이건 간에 이탈리아인이 일찍부터 발전한 유일하지는 않더라도 중요한 원인이 내재하고 있다. 이탈리아가 근대 유럽의 여러 나라 민족 가운데서 최초로 근대화를 이룬 이유도 여기에 있다. 중세에 인간의 의식은 내면적·외면적으로 공통의 베일을 뒤집어쓴 듯 꿈꾸며 거의 잠에서 깨지 못했다. 그 베일은 믿음과 망상으로 그리고 유치한 선입견으로 짜였다. 그 베일 너머 세계와 역사는 기묘한 색깔로 물들어 보였다. 사람들은 자기 자신을 오직 인종, 국민, 당파, 가족 혹은 공동체로서—오직 일반적 범주를 통해서만 의식했다. 이탈리아에서 이 베일은 처음으로 벗겨졌다. 국가나 이 세상의 모든 것에 관한 **객관적인** 처리와 생각이 가능해졌다. 동시에 **주관적인** 측면은 상응하는 강조점을 주장했으니, 인간은 정신적인 **개인**이 되었다. 그리고 그 자신도 그렇게 인식했다.[27]

....
27) J. Burckhardt, *Die Kultur der Renaissance in Italien: Ein Versuch*, 13th ed.; ed. W. Goetz, Leipzig, 1922, I, p. 142.〔J. Burckhardt, *The Civilization of the Renaissance in Italy*, trans. S. G. C. Middlemore, New York, 1958, I, p. 143에서 인용.〕

부르크하르트는 개성의 자각에 관해 모든 영역에서 논의를 전개하고 있다. 「개인의 발전」 장에서는 자신의 모든 가능성을 의식적으로 발전시키고 지배한 보편적 인간의 가장 완벽한 유형으로서 레온 바티스타 알베르티(Leon Battista Alberti)를 들고 있다. 개성의 이와 같은 발전은 또한 '외면적 차별의 새로운 종류, 즉 근대적 명성'과도 대응된다. 단테의 작품 가운데 인물들(그리고 단테 자신)의 강한 명예욕, 페트라르카의 명예욕, 위대한 국민적 영웅들에 대한 경의 등 이 모든 것을 부르크하르트는 인격과 인간 존엄의 새로운 개념으로 특징지었다. 그리고 그것은 또한 '근대적 재치 및 풍자'와 대치되었다.

그러고는 제3장으로서 「고대의 재생」이 바로 이어진다. 다시 말할 필요도 없지만, 부르크하르트에게 고대의 부활은 르네상스의 원인이 아니었다. 그리고 그것은 그에게 르네상스 시대의 본질적 특징도 아니었다. 그는 이러한 견해를 부정하면서 바로 다음과 같이 피력한다.

이탈리아 르네상스에 관한 우리의 역사관에 대해 이 시점에 이르러서는 고대의 영향에 관해 언급해야 할 것 같다. 고대의 '새로운 탄생'은 일면적으로 시대 전체를 요약하는 명칭으로 선택되었다.

고대의 부활은 르네상스의 원인도 본질적 요소도 아니었다. 그것은 그 발전 속의 불가결하고도 생생한 요소일 뿐이었다. 고전주의는 인간의 삶으로 새롭게 획득된 통찰을 표현할 방도로서 불가결한 것이었다.

'르네상스'(부르크하르트는 이에 인용부호를 달아, 그가 이 말을 고대 연구의 부활이라는 좁은 의미로 사용함을 분명히 하고 있다)는 본래 그러했듯이 세계사적 규모의 중요성을 띤 과정이 되지는 않았을 것이다.

그러면서 그는 바로 고전주의의 역할을 정신의 개혁으로 한정지었다.

　우리는 이 책의 중요한 명제의 하나로서 분명히 주장해야 할 것이다. 즉 고대의 부활만으로 서유럽 세계의 정복이 이룩된 것이 아니라 그것이 이탈리아 국민의 특질과의 결합을 통해 성취되었다는 사실 말이다.[28]

　부르크하르트는 고대의 전체적 영향에 관해『이탈리아 르네상스의 문화』의 단 한 부분(제3장)에서 논했을 뿐이다. (그에 약간 앞서서 1859년에 게오르그 포이크트Georg Voigt가『고전 고대의 재생 혹은 인문주의의 최초의 세기』를 발간했다. 그러나 부르크하르트는 그것을 이용하지 못했다.) 그 밖에도 그의 사료의 절반은 아직 남아 있었다. 그리고 제4장「세계와 인간의 발견」이 이어진다. 이 글의 일부에서 그는 문화사가 실질적으로 갖추어야 할 본질을 밝히고 있다. 그는 자연과학의 경험적 경향을 논했다. 그리고 한편으로는 풍경의 발견, 이어서 단테, 페트라르카 및 보카치오에게 제일 먼저 나타나는 심리 묘사의 태동, 전기(傳記)의 발달, 국민성과 인종적 다양성에 관한 새로운 관찰 그리고 마지막으로 미(美)의 새로운 이상이 꽃핀다. 과연 지난날 누가 문화사의 주제 표현으로 사교 예절, 패션, 딜레탕티슴, 축제를 생각했을까? 이 책은 마지막 장「도덕과 종교」로 끝맺는다. 이 부분에서 부르크하르트 견해의 결론이 부각되고 '르네상스'의 이미지가 최종적으로 마무리된다. 그것은 완벽한 비도덕성에까지 이르는 자유분방한 개인주의다. 종교에 대한 그 주관적 태도는 관용, 회의, 경멸, 때로는 결정적 거부를 드러낸다. 르네상스의 이교주의, 즉 고대 미신과 근대 회의주의의 혼합이 그것이다. 이 책의 마지막 구절에서 그는 로렌초 데 메디치(Lorenzo de' Medici) 서클의 귀족적인 피렌체 플라톤주의를 표

---

28) 같은 책, I. p. 185.〔Burckhardt, *The Civilization*, I, p. 175에서 인용〕

현한다.

여기(중세와 플라톤이 만나는 곳)에서 바로 세계와 인간을 둘러싼 인식의 최고의 성과가 성숙되었다. 이러한 사실로써 이탈리아 르네상스는 근대의 선도자로 지칭되어야 한다.[29]

이제 르네상스라는 말은 완전한 의미를 지니게 되었다. 부르크하르트의 생각은 그의 독자층을 넘어 서서히 널리 퍼졌다. 그러나 그러한 과정에서 언제나 볼 수 있듯이, 그것에 생기를 불어넣고 그와 동시에 축약 속에서 그것을 한정하던 모든 세부 사항들은 박탈되었다. 그것들을 받아들인 사람들의 마음속에서 섬세한 치밀함은 상실되거나 생략되고 혹은 부풀려졌다. 부르크하르트가 우리 앞에 불러들인 르네상스인은 마치 지옥(Inferno)에서 나온 당당한 죄인 한 사람과 마찬가지였고 그 굽힐 줄 모르는 근성은 악마적이며 자기만족적이고 후안무치한 바로 '이상한 인간'(uomo singolare), '독보적인 인간'이었다. 그의 책 속 인물 가운데 그만이 딜레탕트의 공상에 매료되었다. '르네상스인'의 개념은 삶의 강렬한 긍정 및 지배의 관념과 융합되었다. 르네상스 문화의 전형으로서 사람들은 교리나 도덕을 초월한 천재의 자유로운 인격을 상상한다. 그들은 자주적이고 독보적인, 이교적 정열로써 아름다움에 취하며 그 자신의 규범에 따라 삶을 누리는 거리낌없는 향락의 인간이다. 19세기 말의 예술 숭배가 이 역사적 삶의 공상적인 그림 속에서 그 자신의 염원을 펴뜨렸다. 그 가운데 가장 심각한 용어의 혼란은 극히 즐겨 쓴 '반역 정신'까지도 르네상스상(像)으로 억지로 부가한 경우다. 이 모든 것은 전혀 부르크하르트와 상관이 없다. 그가 노래한 멜로디는 뒷 세대에 의해 니체풍의 교

29) 같은 책, II.[Burckhardt, *The Civilization*, II, p. 516에서 인용]

향악이 되었다. 니체는 잘 알려졌듯이 부르크하르트의 제자였다.

그간에 많은 사람들에게 나누어준 아름답고 풍요한 이미지는 물러나고 피상적인 과장이 대신했다. 한편 예술사와 문화사 연구가 언제까지나 부르크하르트의 저술로써 정체된 것도 아니다. 한 저작이 단 하나의 개념으로부터 그처럼 엄청난 영향을 끼친 데는 필연적으로 일면성이 따르기 마련이다. 부르크하르트의 명제의 약점이 간과될 수는 없었다.

부르크하르트는 15세기 이탈리아의 찬란한 햇빛을 응시하면서도 그 너머에 놓인 것들을 단지 불완전하게만 볼 수 있었다. 그가 중세의 정신 위에 뒤덮인 것으로 본 베일도 부분적으로는 그 자신의 카메라 렌즈에 기인한 것이었다. 그는 이탈리아의 중세 말의 생활과 다른 지역의 생활 간의 차이를 지나치게 크게 보았다. 르네상스의 찬란한 햇빛 아래에서도 진정 중세의 일반적 생활이 프랑스나 독일과 마찬가지 형태로 이탈리아에서도 지속되고 있었다. 그와 더불어 부르크하르트가 이탈리아에서 환호한 새로운 삶은 자신이 낡은 압제와 야만주의만을 보았던 다른 나라들에서도 또한 태동했다. 그는 이탈리아가 아닌 다른 지역에서 중세 문화가 지녔던 위대한 다양성과 풍요로운 삶을 충분히 이해하지 않았다. 그 결과 그는 출범하는 르네상스의 공간적인 한계를 지나치게 뚜렷이 제한했다.

어떻든 르네상스를 둘러싼 부르크하르트의 연대기적 구분에는 더욱더 비판의 여지가 있다. 그는 개인주의의 완전한 개화(開花)의 시초를 1400년경으로 잡았다. 그것은 그에게 당시의 본질적인 요소로 생각되었다. 그가 이러한 견해를 밝히고자 수집한 풍부한 자료의 대부분은 15세기와 16세기의 처음 사반세기의 것이었다. 1400년 이전의 것은 그에게 예고된 것이며, 바람직한 씨앗과도 같은 것이었다. 그는 단테나 페트라르카에 대해서도 (미슐레나 어떤 의미에서 볼테르도 생각한 것처럼) 여전히 그들을 르네상스의 '선구자'로서 자리잡게 했다. 한 흐름이나 운동의 '선구자'

관념은 역사에서 언제나 위험한 비유다. 단테가 르네상스의 선구자라면 같은 의미에서 렘브란트는 요제프 이스라엘스(Jozef Israëls)의 선구자라고 해야 마땅할 것이다. 그러나 누구도 그것에 수긍하지 않을 것이다. 어느 누군가를 선구자로 떠받들면 그는 그가 더불어 이해되어야 할 자기 시대의 테두리에서 제외되고 만다. 그러고는 역사가 왜곡된다.

그렇듯 한번 개인주의에서 르네상스를 발견하는 개념을 취하자 부르크하르트는 중세 문화의 회색의 배경과 대조를 이룬다고 스스로에게 여겨진 현상 속에서 필연적으로 르네상스를 반갑게 맞이하게 된다. 12세기 코스마티(Cosmati)의 장식 예술, 13세기의 토스카나 건축, 『카르미나 부라나』(Carmina Burana)의 사랑스럽고 세속적인 그리고 고전적이기도 한 12세기의 시, 이들 모든 것이 원(原)르네상스가 된다. 그것은 예술에 관해서뿐만 아니라 인간성에 관해서도 또한 그러했다. 탁월한 개성을 지닌 모든 중세인은 르네상스의 거대한 탐조등의 방사선을 뒤집어쓴다.

훨씬 일찍부터 여기저기에서 자유로운 개성의 발전을 발견한다. 그러나 북유럽에서는 같은 방식으로 그러한 일이 전혀 일어나지 않았으며 나타나지도 않았다. (그러나 그렇지 않다. 북구 전설은 비할 바 없는 자유로운 개성을 묘사하고 있다—하위징아.) 리우트프란트(Liudprand)가 우리에게 그려주는 10세기의 강건한 악단(樂團)들, 그레고리우스 7세와 동시대의 몇몇 인물들, 초기 호엔슈타우펜가(家)의 극소수 반역자들은 그러한 종류의 성격을 드러낸다.[30]

그러므로 르네상스의 시초라는 한정선은 이렇듯 한없이 거슬러 올라간다. 이미 미슐레는 자신이 도출한 결론에서 중세의 새로운 지적 생활의 모든 자각 및 삶과 세계의 새로운 견해를 르네상스의 새벽으로 보았다.

....
30) 같은 책, I, p. 142.[Burckhardt, *The Civilization*, I, p. 143에서 인용]

그러면서 반(半)의식적으로 적용되기가 요구된 것은 중세가 스스로 사멸한 것으로서 썩은 나무줄기에 지나지 않다는 견해였다(이러한 가정은 미슐레에게 공공연하고도 신조와 같은 것이었다).

르네상스의 기원을 끊임없이 거슬러 올라가 찾고자 하는 요구의 결말은 참으로 볼만했다. 그렇게 르네상스의 기원을 논한 인물로는 에밀 게하르(Émile Gebhart), 헨리 토데(Henry Thode), 루이 쿠라조(Louis Courajod) 및 폴 사바티에(Paul Sabatier)를 들 수 있다. 르네상스를 둘러싼 중세 기원의 확대 해석은 월터 파터(Walter Pater)의 『르네상스』에서 볼 수 있듯이 일찍이 1877년에 마련되었다. 그 저작에서 파터는 명명백백 그러한 사실을 논할 필요도 없다는 듯이 중세의 유연하고 감동적인 모든 것들을 르네상스의 개념 아래 일종의 과정으로서 통괄했다. 그 좋은 예로 그는 13세기 프랑스의 간주곡 「오카생과 니콜렛」(Aucassin et Nicolette)을 들고 있다.

1879년 태어난 문필가이며 문화사가인 게하르는 『이탈리아 르네상스의 기원』(Les origines de la Renaissance en Italie)을 출간했다. 르네상스의 본질에 관한 그의 개념은 부르크하르트의 그것과 비슷하다. "이탈리아 르네상스는 교양 있는 사람들이 고전문학으로 돌아가거나 그리스라는 배움터에서 미적 감각을 재발견한 예술가들이 잘 훈련받음으로써 그 결과 생겨난 단순한 문학과 예술의 재생이 아니다. 그것은 이탈리아 문화의 전체 복합체였으며 이탈리아의 본질과 도덕적 삶의 독특한 표현이었다."[31] 그러나 게하르는 부르크하르트가 단지 부드럽게 암시한 것을 명확하게 받아들였다. "이탈리아 르네상스는 사실상 페트라르카 이전에 비롯되었다. 왜냐하면 피사의 조각가나 조토의 작품에서처럼 그리고 12, 13세기의 건축에서도 마찬가지로 일찍이 예술은 갱신되었다. …… 그처

---

31) E. Gebhart, *Les origines de la Renaissance en Italie*, Paris, 1879, p. 51.

럼 르네상스의 기원은 훨씬 멀리 15세기의 문학에 의해 퍼진 학문적 문화에 의한 것보다 앞섰다."[32]

부르크하르트의 『이탈리아 르네상스의 문화』가 1885년 M. 슈미트(M. Schmitt)에 의해 프랑스어 번역판으로 출간되었을 때 게하르는 이 문제를 어느 정도 보다 엄밀하게 취급했다.[33] 르네상스가 어디서 중세와 연결되는지 그 시점이 부르크하르트에게서는 거의 분명치 않다. 그는 자기 책의 시발점과 종점에 각별히 초점을 맞추어야 한다고 했다. 게하르 자신은 그 시발점에 유의했다. 그의 저서 『이탈리아 신비주의: 중세의 종교적 르네상스의 역사』(L'Italie mystique: Histoire de la Renaissance religieuse au moyen-âge, 1892)에서는 또 다른 그의 저서인 『기원』에 이어서 12세기 말 칼라브리아의 신비주의자 피오레의 요아힘(Joachim de Fiore)과 아시시의 프란체스코(Francesco d'Assisi)가 광범위한 지적 운동의 출발점으로 생각되었다.

이러한 일은 사실상 더 신기한 것도 아니었다. 이 점에서도 미슐레는 또한 지나치게 광범위한, 격렬한 제스처로 씨앗을 뿌렸고 많은 사람들에게 화제가 되었다. 그는 자신의 저서 도입부에서 르네상스에 관해 격한 고백을 하며 왜 르네상스가 3세기나 뒤늦게 도래했는가 하는 주제를 이미 내걸었다.[34] 르네상스는 그 자체로 되풀이되어 언급되었다. 즉 12세기에는 무훈시(武勳詩)나 피에르 아벨라르(Pierre Abélard), 수도원장 요아힘과 더불어, 13세기에는 급진적 프란체스코파의 논쟁적인 소책자 「영원한 복음」과 더불어, 14세기에는 단테와 함께 중세는 사실 이미 12세기에 소멸했다.

---

32) 같은 책, p. vii.

33) E. Gebhart, "La Renaissance italienne et la philosophie de l'histoire", *Revue des deux mondes*, LXXII, 1885, pp. 342~79. 이 글은 나중에 그의 저서, *Etudes méridionales: La Renaissance italienne et la philosophie de l'histoire*, Paris, 1887에 실렸다.

34) J. Michelet, 앞의 책 pp. 142, 16ff., 69.

그리고 자연으로의 복귀에 대항한 중세의 강한 저항이 르네상스를 방해했다. (미슐레가 참으로 의인적擬人的으로 생각했음은 잘 알려진 사실이다.)

이러한 생각은 미슐레를 통과하며 공통된 자산이 되었다. 그러므로 게하르가 이 주제에 학문적 기반을 마련하기 전에 월터 파터가 성 프란체스코의 인간상을 르네상스의 개념과 쉽게 결부한 사실도 어렵지 않게 이해된다.

그러므로 프랑스와 독일의 역사가가 저마다 그들 자신의 길을 걸으면서 같은 지점에 이르렀음은 크게 놀라운 일이 아니다. 헨리 토데의 저작『아시시의 프란체스코와 이탈리아 르네상스 예술의 발단』(*Franz von Assisi und die Anfänge der Kunst der Renaissance in Italien*)은 1885년에 나왔다. 토데는 이 저술에서 프란체스코로부터 시발되는 종교적 재생 자체를 다루기보다 오히려 그 재생이 예술의 갱신에 끼친 영향을 문제시했다. 토데는 예술의 쇄신이 지극히 중요하다고 생각했다. 프란체스코의 서정적 감동과 주관적 의식, 세계의 아름다움에 대한 그의 새로운 정념은 심오한 예술적 감각과 소재를 위한, 새로운 예술적 상상력을 위한 추진력이 되었던 것만이 아니었다. 걸식승단(乞食僧團)은 또한 사회적으로 건축을 위한 새로운 의욕의 동기가 되고 자극이 되었다. 토데는 마음먹고 중세와 르네상스의 경계를 지워버렸다. "조토에서부터 라파엘로에 이르기까지 통일된 발전이 일어났으며 통합된 세계관과 종교관이 기반을 이루었다. 1400년에까지 이르는 고딕 예술과 1400년에 개시되는 르네상스를 (예술사의 교재에서 보통 취급하는 그대로) 분리하고자 하면 그 양자를 포함하는 유기적인 통일을 그릇되게 인식할 우려가 생긴다."[35] "개인적이면서도 조화로운 자연관과 종교관의 개념—전체적으로는 가톨릭 신

----

35) H. Thode, *Franz von Assisi und die Anfänge der Kunst der Renaissance in Italien*, 2. Auflage, Berlin, 1904, p. 61.

앙의 테두리 내에 머물면서도 그러나 무의식중에 감히 그 경계를 이미 초월하여 보편성을 향해 자신의 권리를 극복하는"그러한 개인의 해방이 토데에게는 그 과정의 지적 내용을 이루고 있었다. "그와 같은 기적을 낳은 내면적 원동력은 자각된 고도의 개인적인 감성이다." 이때 프란체스코의 자태가 얼마나 왜곡되고 이탈리아 문화 발전에 끼친 그의 영향이 얼마나 과장되었는가는 말할 필요도 없다.

그런데 미학적 영역에서 프란체스코 숭배를 확산시킨 정신적인 원조가 토데인 것은 아니었다. 그의 저작은 미술사에 흥미를 지녔던 사람들 사이에서만 한정되었다. 그러므로 토데가 자신의 저서 제2판(1904) 머리말에서 폴 사바티에가 『아시시의 성 프란체스코의 생애』(*Vie de Saint François d'Assise*, 1893)로써 크게 화제가 되기 훨씬 전에 성 프란체스코의 새로운 이미지를 묘사한 영예가 자기에게 있다고 주장했던 것은 어딘가 참을 수 없어 불편했던 모양이다.

사바티에의 저서는 르네상스의 기원을 둘러싼 논쟁과는 무관했다. 게하르나 토데와 달리 그는 여기서 르네상스와 프란체스코의 관계를 우선 규정짓고자 하지 않았다. 그는 지극히 반듯하게 고무되었던 성인의 생애를 남김없이 아름다운 색채와 정서로써 생생하게 그리고자 했다. 이 프랑스의 프로테스탄트 신학자가 자신의 그윽한 시적 저술에서 묘사한 감동적이면서 적잖이 그릇된 인간상은 주관적이며 서정적 정신으로서의 프란체스코이며, 내적이고 따뜻한 경건한 감정에 알맞은, 이 세상의 아름다움을 되찾은 인물, 개인의 정서적인 바람을 종교에 끌어들인 인물이었다. 그리고 그는 또 이 새로운 헌신의 형식을 두려워하면서 옛 엄숙한 교회 앞에서는 아이다운 존경을 갖추고 몸을 굽히는 사람, 향수 어린 환멸의 인간이며, 자신의 지극한 목적을 위해 거의 순교자가 되어야 했던 인간이었다. 그런데 이러한 특징들이 바로 그대로 하나하나 르네상스의 개념과 맺어졌다. 즉 개인적 감수성, 현세 긍정과 미적 감각, 교리나 권위에 대한 개성적인 태도 등이 그것이다. 그러므로 사바티에는 르네상스 개념에 본질적으로나 시한(時限)에 변화를 준 점에서나 어느 누구보다 아마도 더욱더 이바지했다. 말 그대로의 의미에서 그것은 이제 더 이상 본래의 지적인 성장뿐만 아니라 심정의 성장을 뜻했다. 즉 세계와 개성이 지닌 모든 탁월성을 향해 눈을 뜨고 영혼을 바치는 일이었다. 개인주의와 세계의 발견이라는 부르크하르트의 주제는 이제 극단적으로 다루어졌다. 르네상스의 과정에 대한 고전 문화의 재생이 지닌 중요성은 전적으로 배경으로 뒷걸음쳤다. 로렌초 발라가 순수 라틴적인 것의 부흥에서 전적인 구원과 신생을 기대하고 안젤로 폴리치아노(Angelo Poliziano)가 호라티우스 이래 가장 사랑스럽고 매혹적인 라틴 시를 읊은 일, 플라톤이 피렌체에서 새로운 구세주로 받들어진 사실 등 이러한 르네상스의 비슷한 특징은 전적으로 중요성을 지니지 않게 되었다.

결국 무슨 일이 일어났을까? 르네상스 개념은 이제 개인주의나 세속적 정신과 더불어 있음이 분명하나, 탄력성을 완전히 상실한 만큼 확장되어야 했다. 그것은 사실 더 이상 그 무엇도 의미하지 않았다. 중세의 주요한 문화 현상으로서 최소한 르네상스의 개념과 무관한 것은 하나도 없었다. 중세 말 자발적이며 독자적인 모습을 드러낸 모든 것은 서서히 중세로부터 옮겨져서는 르네상스의 기원으로서 그 속에 자리를 차지했다. 끝이 보이지 않았다. 만약 눈을 뜬 개인의 자각을 르네상스의 정신이라고 한다면, 프란체스코와 나란히 그 이전의 또 다른 위대한 서정적 정신이었던 클레르보의 베르나르(Bernard de Clairbaux)를 르네상스의 왕관을 최초로 쓴 인물로 왜 받들지 않을까? 그렇다면 엄밀히 따져 중세란 과연 지난날 존재했던가.

이렇게 되면 한 발만 내디디더라도 르네상스의 개념을 그 기초, 즉 고전 연구의 재생으로부터 완전히 떼어버리게 된다. 엄밀한 의미에서 이러한 걸음은 일찍부터 예술사의 영역에서 들라보르드(De Laborde)의 제자이자 파리의 예술사가인 루이 쿠라조에 의해 이루어졌다. 그의 『에콜 뒤 루브르 교수 요강』(*Leçons professées à l'école du Louvre*, 1888, 특히 그 제2부 「르네상스의 진정한 기원」)에서 쿠라조는 고딕 양식이 스스로 완벽한 자연주의로 철저하게 전환하면서 쇠퇴하고 그 쇠퇴로부터 르네상스가 태동했다는 이원적인 의제를 제기했다. 이 과정에서는 고전적 모범이라든지 이탈리아마저 그것들이 일찍이 르네상스에 이바지한 원인으로서의 그 어떤 중요성도 무시된다. 새로운 형태는 14세기에 벌써 유럽 여러 지역에서 태동했다. 프랑스에서 자연과 현실에 대한 새로운 감정을 불러일으킨 것은 주로 플랑드르의 거장(巨匠)들이었다. 다른 지역에서 르네상스의 개념을 개관하는 용어로 '개인주의'를 사용한다면, 쿠라조는 '리얼리즘'을 썼다. 얀 반 에이크의 당혹스럽고 고통스러운 리얼리즘은 이제 여러 학자들에게 진정한 르네상스 정신의 가장 뚜렷한 예로 생각되었다. 쿠라조에 이어 벨기에의 예술사가 피렌스 헤바르트(Fierens Gevaert)는 멜히오르 브루데를람(Melchior Broederlam), 클라우스 슬뤼터르(Claus Sluter) 및 반 에이크와 그들의 선구자에 관한 연구에 몰두하여 『북방 르네상스』(*La renaissance septentrionale*, 1905)라는 책을 썼다.

고대가 르네상스 발생의 원리라는 생각을 명백히 전적으로 거부한 것은 렘브란트에 관한 주목할 만한 저술을 쓴 독일 예술사가 카를 노이만(Carl Neumann)이었다. 그는 비잔티움 연구에서부터 시작하여 이탈리아 인문주의자들의 형식적 미술 애호와 몰락에 처한 비잔티움풍의 교과서적 악취미 간에 중대한 유사성이 있음을 주목했다.[36] 진정한 르네상스의 참된 기원은 개성의 감정의 발전, 자연과 세계의 자각 속에서 이미 발견되었다고 충분히 의식한 까닭에 그는 그러한 생각에 도달할 수 있었다.

....

36) C. Neumann, "Byzantinische Kultur und Renaissance", *Historische Zeitschrift*, XCI, 1903, pp. 215~32.

고전의 모방은 르네상스를 풍요롭게 하는 요소가 아니라 오히려 그 반대로 장애이며 그것을 파멸케 하는 요소이기까지 하다. 낡고 좁은 의미에서의 르네상스에 관한 가장 전형적인 견해, 즉 인문주의자들의 그럴듯한 우아한 미술 애호나 문학적 속물근성은 바로 비잔티움주의일 뿐, 중세로부터 직접 꽃핀 새로운 서구 문화의 본질적 창조 정신으로부터 유리된, 단지 피상적인 것에 지나지 않다. 고대는 진정한 르네상스의 진로를 비끼게 한다. "이제 고전적 모범이 의식적으로 생활과 도덕의 척도가 되었고 예술은 거대하고도 기념비적인 분위기와 고대의 귀족적인 자태를 향한 열정으로 인해 혼을 빼앗겼으며, 공식적인 기교에 의해 예술의 모든 진실한 내용이 제거되었다."

르네상스 본래의 개념을 이처럼 완전하게 뒤엎은 것이 과연 정당할까? 혹은 노이만이 화려하게 제기한 주제 자체가 어느 정도 '재기발랄' (belesprit)한 데 그쳤다고 할까? 나는 여기에서 단지 그의 주요한 전제에서 약간의 오류를 지적하고자 한다. 볼테르도 비잔티움에서 추방된 사람들이 고도의 문화 재생(르네상스)에 직접적으로 크게 영향을 끼치지 못했음을 이미 그 시대에 알고 있었다. 가령 로마와 피렌체의 몇몇 인문주의자들이 비잔티움풍이 드러내는 특징을 상기했다고 하더라도 그 특징들을 비잔티움풍으로부터 받아들이지는 않았다. 가령 비잔티움풍이 문학 세계에서 어느 정도 영향이 있었다고 하더라도 조형예술에서 고대의 모범이 비잔티움으로부터 도출된 것은 분명히 아니었다. 그리고 마지막으로 가령 고전주의가 낡은 비잔티움풍에서는 매너리즘과 경직화에 빠졌다고 하더라도 이탈리아에서는 참으로 달리 작용했을 것이다. 이탈리아에서 그것은 성숙되고 풍요로운 일반적인 삶의 거의 신천지와도 같은 풍토에 뿌려진 것이다. 이렇듯 르네상스 속의 고전적인 요소를 제거한들 르네상스 개념의 해명에 무슨 도움이 될까?

문화사의 과제

　박사 학위논문의 논제로 네덜란드법이 요구하는 것은 지난날의 학술적 유산과 다르지 않다. 논제를 피력하고 그것을 변증하는 것은 피에르 아벨라르와 마르틴 루터의 시대로 거슬러 올라간다. 중세 대학에서 논제와 토론은 학문적인 문제 제기의 자연스러운 매개체였다. 그것은 지적 수단으로서의 체계이자 정신적 형태로서의 영역으로서 적합했다. 중세 대학은 문자 그대로 (학문의) 투기장이었으며 토너먼트의 목록과 완전히 나란하게 놓인 레슬링 경기장이었다. 사람들은 거기에서 진지하고도 위험이 따르는 경기를 연출했다. 대학의 행동 양상은 기사도의 그것과 마찬가지로 성별식(聖別式)이나 입문식(入門式) 혹은 논쟁, 도전, 투쟁 등의 성격을 지녔다. 의식의 형식에 대한 끊임없는 토론이 중세 대학 생활을 구성했다. 그것은 토너먼트와 마찬가지로 문화를 창출하는 사회적 놀이의 의미 깊은 형식 가운데 하나였다.

　기술로서의 논제와 토론은 중세의 사고와 중세 사회구조에 적합했다. 학문적 논쟁은 삼단논법을 무기로 삼았다. 그 삼중 구조가 바로 창, 방패, 검이라는 삼위일체를 반영하고 있다. 박사와 학사는 기사와 사동(使

童)이 그랬듯이 고귀하고 알맞은 무기를 갖추었다. 논제는 양편의 공통된, 한계가 분명히 주어진 특수한 영역을 지닌 사상 체계를 전제로 한다. 그리고 그 속에서는 모든 개념이 합리적으로 규정된다. 바꾸어 말하면 그것은 스콜라학의 체계다. 논제는 또한 사상가들 간의 고도의 문화적 유사성을 과제로 한다. 사람들을 서로 소통하게 하는 수단으로서의 관례가 필요하다. 그것은 모든 사람이 경기 규칙과 형식논리를 띤 전술에 익숙함을 가정한다. 논제는 어느 정도의 교조주의와 사고의 경직성을 전제로 한다. 거기에는 근대적 사고의 필수적 특징이라고 할 모든 개념 및 관념의 일반적 종속 관계나 상대성에 관한 자각은 없다.

오늘날에 논제의 번성에 이바지한 문화 조건은 찾아볼 수 없다. 그것이 인문주의나 종교개혁 시대에는 아직도 남아 있었으며 계몽주의, 합리주의 시대에도 미약하나마 어느 정도 타당성을 지녔다. 네덜란드의 경우 1815년의 고등교육에 관한 전통적이며 엄격한 법령에서는 그것이 유지되고 있었다. 그러나 지금은 더 이상 지난날의 조건이 통용되지 않는다. 그와 더불어 논제는 시대에 뒤떨어진 매체가 되고 거의 타자수의 손에서 구르는 거위 깃펜이 되었다. 그것은 수학을 빌려 교육적 도움을 주는 것으로 그 가치를 유지하고 있다. 그 밖의 효력은 아카데미적 의식으로서 도움이 될 뿐이었다. 논제는 본질적으로 이용되면 이용될수록 그것이 뒷받침하는 학문의 성격에 보다 규범적으로 작용한다.

체계적인 학문일수록 논제는 덜 이용된다. 도그마적인 신학이나 법학에서는 아마 논제가 지금이나 앞으로도 훌륭한 도움이 될 것이다. 그것은 문헌학이나 언어학에서는 그 활동의 구석 자리를 차지할 뿐이다. 역사가는 논제 없이도 쉽게 소임을 다할 수 있다. 그의 개념 세계는 매우 유동적이며 결론은 몹시 느긋하여 개별적인 지식으로부터 만들어놓은 전체상은 인접 연구자의 그것과 매우 다르므로, 논제가 품은 함정이나 삼단논법과 같은 그물망으로는 건질 수 없다.

단지 그것을 순수하게 비판이나 방법론의 문제로만 다룬다면 이야기는 다르다. 그 경우 논제의 형식이 역사에 필요하지 않더라도 유효할 수 있다. 역사의 진위, 우선순위, 유래에 관해서는 논제를 제기할 수 있다. 어떤 특정한 문제에 관한 타당성 여부 혹은 그 선호도의 문제에 관해서도 마찬가지다. 그러나 이러한 것은 근본적으로 역사 자체의 문제가 아니다. 그 모두는 단지 역사의 앞뜰에 속할 뿐이다.

이 머리말에 이어 문화사에 관한 일련의 고찰을 다섯 가지 명제의 관점에서 정리하고자 하는 나는 화려한 연기로 여러분을 의심케 할지도 모른다. 그것은 낡고 녹슨 검이나 무방비 상태의 팔 하나로 경기장에 오르는 박사와 기사의 문화사적 유사성을 새로 밝히는 모습으로 비치지 않을까. 그렇다고 하더라도 그것이 독단주의자의 길로 들어서는 것은 아닐 것이다. 만약 선택된 형식이 초근대적인 것으로 정당화될지라도 간결과 명석의 가치, 사물에 몰두하는 능력, 요컨대 '표제'(表題)의 가치는 받아들여질 것이다.

I

역사학은 애매한 문제 제기의 결함에 시달린다.

몇 가지 역사 학술지에 '기대는' 습관을 지닌 사람이라면 모든 나라에서 달마다 헤아릴 수 없이 많은 논문, 논설 및 사료들이 간행되어 그 목록을 훑어보는 것만으로도 이상야릇한 느낌을 피하기 어려울 것이다. 전 세계의 학자들은 극단적으로 세부적인 점까지 파고드는 모습을 보인다. 여기에는 작은 나라의 무명 외교관의 편지가 있는가 하면 수도원의 볼품없는 회계장부도 있다. 바로 쓸모없는 것들의 홍수다. 역사 지식에 이바지한다는 이러한 모든 연구는 그 연구자만의 연구 성과이며 그만이 그 주제에 관심을 표할 뿐이다. 그는 머뭇거리며 자문한다. 즉 얼마나 많은 사람들이 역사적 사고의 엄청난 노력의 결과를 마음에 새길 것인 가? 그러나 대답은 어렵지 않다. 각각 세세하게 나뉜 연구를 읽는 독자 란 극히 드물다. 가령 모든 인쇄물이 얼마나 깊이 그리고 광범위하게 읽 히고 소화되는지가 혹은 지적 생산에 바친 노동과 그 전체 생산물 가운 데 소비된 지적 가치의 진정한 비율이 통계학에서 산정될 수 있다면, 우 리는 몸서리치게 될 것이다. 인쇄본의 페이지마다 새겨진 노력, 월별 연구 기간당 독자 수, 이 이상 간담을 서늘하게 하는 모습과 그래프를 상상 할 수 있을까? 돌멩이뿐인 광야에 씨를 뿌리는 비유로는 어떠한 위안도 받지 못한다면, 학식이라는 기구에 의해 탕진된 노력은 부질없는 에너지 낭비가 아닐까 묻지 않을 수 없다.

필연적으로 비체계적 성격인 역사학이 사상의 흐름에 확산·분리되는 경향이 날로 심화되고 있다. 모든 연구 가운데 극소수만이 지식의 핵심 으로 돌아가는 것처럼 여겨진다. 여기에서 비판적인 학자는 이의를 제기 하고 그들 나름의 의견을 개진한다. 그에 따르면 모든 전문 논문은 훗 날의 집대성을 위한 예비 연구다. 사료는 아직 충분히 유용하지 않고 비 판의 수준에 이르지 않았다. 주요한 문제를 다루기에 앞서 많은 세세한 것들을 확정지어야 한다. 우리는 그 기초를 미리 갖춘다. 우리는 자유로 운 벌목꾼이며 물을 퍼올리는 사람이다. 그러나 우리는 의심스럽게 되묻 는다. 그대들은 타인의 미래를 위해 겸허한 무아(無我)의 환상을 이루고 자 한다. 그러나 건축주가 와서 보면 그대들이 그를 위해 마련한 석재 (石材)의 대부분이 쓸모없음을 알게 될 것이다. 그대들은 나무를 베거나 돌을 깎은 게 아니라 기껏해야 광택을 내거나 다듬은 데 지나지 않는다. 그대들이 그 일을 하는 이유도 보다 혁신적인 일에는 힘이 미치지 않기 때문이다.

하지만 다행히 이러한 설교와 같은 충언이 역사 방법론의 맺음말일 수는 없다. 학문의 한 영역의 실제적인 연구 과정을 될 수 있는 대로 명석하게 밝히는 것은 바람직한 일이다. 우리는 리얼리스트[1]로서 언제나 다음과 같은 관념, 즉 지식 분야가 '형성물'(Gebilde), 다시 말해 하나의 '구조'라는 전체상으로 인식된다는 생각을 피할 수 없다. 이러한 생각이 예술에서는 일반적인 듯하다. 왜 학문에 관해서는 그렇지 못할까? 우리는 다음과 같이 과장 없이 말할 수 있을 것이다. 즉 고딕 양식의 아름다움과 본질은 그 가장 주요한 작품에서 구현된다. 그리고 많은 학자들은 모든 교회를 일일이 찾아가지 않더라도 그 전체상을 가슴에 새긴다. 우리는 한 학문 영역의 지식과 진리에 관련해서도 그와 같은 생각을 무의식중에 떠올리고 있다. 이러한 개념이 물리학 같은 영역에서 얼마만큼 적용되는지 나는 알 수 없다. 아마도 물리학 지식의 전체상이 하나의 두뇌속에 담겨 있다고 가정할 수도 있을 것이다. 그렇더라도 그것이 반드시 물리학의 모든 세세한 부분을 담고 있다고 가정할 필요는 없을 것이다. 물리학과 역사학은 자연적으로 비교의 대상이 되며 서로가 과학과 인문학을 포함한 사고방식의 극단을 이룬다. 한쪽은 지극히 엄밀한 학문이며 다른 한쪽은 부정확한 학문이다. 역사학이 물리학과 대립된다는 사실에서 우리는 다음과 같이 말할 수 있다. 역사적 지식과 이해가 물리학적 엄밀성과 같이 풍요로우리라고는 결코 생각할 수 없다. 역사적 지식은 언제나 잠재적인 것이다. 아무도 세계사나 대제국의 역사를 속속들이 파악하지 못한다는 의미에서뿐만 아니라 보다 깊은 의미에서, 즉 어떤

1) 리얼리스트라는 말은 각별히 예외적인 용어라고 밝히지 않는 한 언제나 유명론자(唯名論者)와 대비되어 쓰여야 한다. 이 스콜라학적 대립은 우리의 사상 및 언어활동에 지금도 대단히 중요하고 일상적으로 유효하다. 학술 문헌에서 '노미널리스트'(nominalist)라는 용어를 발견하는 일은 지금도 빈번하다.

대상 하나(그 대상이 레이던이건 유럽이건 관계없이)에 관한 모든 역사적 지식이 A의 마음과 B의 마음에서는 상이하게 나타난다. 설사 그 두 사람이 모든 책을 함께 읽었다고 하더라도 마찬가지다. A의 머리에서만 하더라도 역사적 지식은 오늘과 어제 달리 나타난다. 아니 그것은 전혀 나타나지 않을 수 있으며, 어떠한 순간에도 확정된 형태를 취할 수 없다. 그것은 한 개인의 이미지를 불러일으키는 기억에 지나지 않는다. 그것은 실제적으로 오직 '책'에 서술된 것과 역사를 동일시하는 학생을 위해서만 존재할 뿐이다.

한 지역의 역사를 안다는 것은 여러 특수한 사건에 관해 통용되는 많은 개념을 알고 있음을 의미하며, 새로운 생각을 이끌어내는 과거의 지식을 가득 채우는 것이기도 하다. 그러므로 그는 새로운 관념에 비판적으로 대응하거나 그것을 자기의 개념 속에 받아들여 동화하기도 한다. 그러한 상황에서 그의 마음속에는 이들 개념이 더불어 하나의 '이미지'를 형성하리라는 환상이 생겨난다. 그리고 그것이 누군가가 마음에 깊이 새긴 생각이라면 다른 사람들의 전체적 개념보다 고도의 인식적 가치와 보편성을 얼마든지 지닐 수 있다. 이러한 경우 우리는 학자 대 학생이라는 관계를 생각할 필요가 없다. 오히려 양자의 숙련된 정신을 생각해보자. 아마추어 향토사가 가운데도 지혜로운 역사가가 있고, 대학의 고명한 교수 가운데도 역사적 사실에 우둔한 수집가가 있다.

이것은 개인 마음속의 학문적 '삶'과 관련된 문제다. 우리가 객관적인 정신으로서의 학문 혹은 문화의 요소로서의 학문에 관해 생각할 때 그것은 어떤 의미를 지닌 것일까? 우리가 가령 A 씨 혹은 B 씨가 알고 있는 것이 아니라 '사람들'이 알고 있는 것에 관해 이야기할 때 그것은 어떤 의미를 지닐까? 예를 들어 마그나카르타는 계몽적인 의미, 정치적·시민적인 책임이라는 미래 지향적인 의미에 기초한 자유주의적인 헌법은 아니었다. 그러한 사실을 오늘날 '사람들'은 알고 있다. 말하자면 1900년 이

전에 학교를 다닌 교양 있는 일반 영국인들은 이러한 사실을 아마도 몰랐을 것이다. 그들로 말하자면 마그나카르타가 무엇을 뜻하는지 막연히 알고 있거나 전혀 이해하지 못한다. 그러나 최근 영국 교육에서 다행히 역사 연구와 역사 교육을 올바르게 관련시킨 훌륭한 방법 덕택에[2] 보다 반듯한 견해가 이제서야 전통적인 입장을 뒤바꿔놓았다. 그러므로 이 경우 '누가'라는 주체는 실제로는 어떤 한정된 식자(識者)들 혹은 전체적인 것으로서 생각되는 역사학을 의미한다. 그와 함께 우리는 유명론과 실재론의 대립에 봉착한다.

'학문적으로 인정된다'든가 '학문적으로 확증된다'든가 하는 비유적인 표현은 우리에게 불가결하고도 생생한 가치를 지닌다. 단지 개인적인 지식의 개념과 더불어 우리는 역사학이라 불리는 역동적이고도 거대한 지식의 개념을 확고히 지녀야 한다. 그런데 그것이 한 사람으로는 결코 인식되지 않으나, 시종일관 통합된 이미지로 분명히 존재한다. 이러한 맥락에서 본다면 깊이보다 단지 활동 영역을 확대한 데 지나지 않는 무질서한 연구 성과가 전혀 다른 모습으로 나타난다. 하나의 역사 연구가 1만 명의 독자에게 이해되건 9명의 독자에게 이해되건 그것은 별로 중요하지 않다. 전문 논문이 저마다 훗날의 종합 연구를 위한 '예비 연구'임을 입증할 필요는 전혀 없다. 그것은 노래하는 모든 찌르레기, 풀을 먹는 모든 소와 마찬가지로 우주 속의 하나의 독립체로서 이미 스스로 존재할 동등한 권리가 있다. 역사학은 하나의 문화적 과정, 하나의 세계적 기능이며 여러 개의 집을 지닌 조상 전래의 저택이다. 그 특수한 주제는 헤아릴 수 없이 많으며 그 하나하나는 오직 소수의 사람들에 의해서만 알려져 있다. 그러나 단지 서로 달리 여겨지는 연구 성과에서 각 시대정신은 어느 정도의 유사성, 조화와 수렴성을 새로 형성한다. 비록 한 사상가의

---

2) 주로 역사학회의 활동과 그 정기간행물인 『역사』(History)의 업적 덕분이다.

두뇌 속에서 그 동질성이 인식되지는 않더라도 모든 지적 시대에는 역사적 사고의 사실상의 동질성이 성립된다. 전혀 별개인 사물에 관한, 복잡하게 얽힌 지식들에서조차 학문의 확고한 보편성, '공통된 합의'가 존재하고 지식과 견해의 무한한 다양성이 표명된다. 그리고 모든 특수한 영역에서 지칠 줄 모르는 탐구의 성과가 풍요로운 학문이라는 화덕으로 모아진다. 그것은 세부적인 지식이 결론을 이끄는 종합적 연구자가 나타나야만 그 가치가 드러난다는 의미가 아니다. 학문적 업적들 간의 국제 교류가 어떤 방향에 따라 특정한 역사적 대상에 관해 새로 제기된 개념이 형성되어야 하는지 결정한다는 의미다. 예를 들어 십일조의 역사에 관한 과제는 프랑스, 이탈리아, 독일 그리고 도처에서 수행되고 있다. 연구 대상을 둘러싼 확고한 지식은 일반적으로 소수에게만 알려져 있으며 모든 사람들에게는 잠재적인 것으로 존재할 뿐이다.

어떤 대상에 관해 '지식의 현상(現狀)'을 언급하는 것은 무엇을 의미하는 것일까? 메테르니히(Fürst von Metternich)를 놓고 생각해보자. 하인리히 폰 스르빅(Heinrich von Srbik)의 저서 『메테르니히』에 포함된 모든 내용을 알고 있는 사람은 아무도 없을 것이다. 만약 안다는 것이 사람의 마음 혹은 기억에 간직됨을 의미한다면, 아마 저자 자신도 모든 걸 알지는 못할 것이다. 그러나 이 책이 스르빅에게 반대하는 이의 언급에 의해 균형을 잡는다면 메테르니히라는 주제에 관한 지식의 현상은 '대표한다'고 할 수 있을 것이다. 그러므로 이렇게 볼 때 '지식의 현상'이라는 표현이 불가피하더라도 얼마나 애매한가가 명백히 드러난다.

만약 역사학의 존재를 객관적인 정신으로, 즉 수많은 사람들의 마음속에 함께 존재하는 세계를 이해하는 한 형태로 인정하고, 가장 뛰어난 학자마저 옛 신비주의자의 표현 그대로 '단 하나의 불꽃'을 마음에 새기는 세계 인식의 한 형태로 인식한다면, 참으로 바람직한 결과를 얻을 수 있으리라. 이러한 인식에는 지난날 니체에 의해 역사의 저속한 형태로 경

206 제2부 문화와 문화사란 무엇인가

멸적으로 낙인찍힌 골동 취미적 태도의 명예회복이 은근히 내포되어 있다. 먼 과거에 기원을 둔 고풍스러운 것들에 대한 직접적이며 자생적인, 소박한 열정은 지역사나 계보학을 둘러싼 호사가들의 심정에서 자주 볼 수 있으나, 그것은 역사적 지식 탐구의 최초의 형태일 뿐만 아니라 완벽한 가치를 지니기도 한다. 그것은 과거를 향한 충동적인 설렘이다. 그러한 심정에 사로잡힌 사람이 과거로부터 아주 사소한 관련성을 이해하는 데 지나지 않는다 하더라도 그 설렘은 하늘과 땅을 남김없이 알고자 하는 심정과 마찬가지로 깊고 순수하게 진정한 지혜를 잉태한다. 경건한 사람이 신을 섬기기 위해서는 가장 천한 노동도 마다하지 않음이 아니던가?

그러므로 개별적이고 특수한 분야의 연구자가 예비적 성격을 호소하면서 자신의 연구의 학문적 중요성을 정당화할 필요는 없다. 그의 연구의 진정한 정당성은 보다 깊은 곳에 있다. 그는 생생한 바람과 만나고 근대정신의 고귀한 욕구를 따른다. 그의 연구가 훗날의 연구를 위해 풍요로운 열매를 꽃피울지의 문제는 별로 중요하지 않다. 그의 연구가 비록 무한한 가능성을 지닌 단편 가운데 오직 하나를 천착하는 것일지라도 그는 자신의 시대의 역사학을 밝힌다. 그는 과거와의 정신적 교류를 생생하게 이룩하며 이는 본질적이고 중요한 일이다. 옛 유물과 공손히 소통하면서 그는 작게나마 생생한 진실의 가치가 마치 정성을 들인 식물처럼 귀하고 부드럽게 싹트는 것을 서서히 깨닫게 된다.

우리는 이제야 설교적인 어조에서 벗어나 우리의 주제가 기대했던 부정적 내용보다 훨씬 낙관적으로 들리는 논조로 전환한 것 같다. 그러므로 역사와 관련된 모든 것은 무엇이든 좋다. 그리고 어떤 엉터리 연구자도 역사학의 공부벌레도 그 자신을 세세한 학문의 스승으로 여길 것이다. 모든 사람이 현명하고 만약 역사학이 삶의 필요와 마찬가지로 학교를 필요로 하지 않았더라면, 그렇게 되었을 것이다. 오늘날 모든 학문 분야는 그 순수한 업적의 가치와 거리가 먼 거대한 국제 조직체를 이루고 있다. 그리고 모든 조직이 그러하듯 그것은 메커니즘화의 일반적 절차의 영향과 체계화의 강제를 피할 수 없다. 또한 그것은 모든 것을 지나치게 잘 조작하는 근대의 완벽해진 문화적 환경의 결과다. 오늘날 역사 연구의 장치는 세미나, 시험, 학위논문 등의 시스템을 갖춘 대학뿐만 아니라 과학 협회, 사료 출판 혹은 전문적 역사 연구의 촉진을 위한 연구소나 학회, 잡지, 교육 출판물, 회의, 지적 공동 연구를 위한 위원회 등 모든 것을 포함하고 있다. 이 시설들은 모두가 제각기 활동하기를 원하고 업적을 바라며 사료를 요구한다. 저널은 더욱더 호수를 채워야 하며 출판업자는 시장에 새 책을 선보여야 한다. 출판사는 멈출 수 없다. 젊은 역사가는 학위논문이나 기고문으로 자기의 재능을 과시해야 하고 원로 학자는 잠자코 있지 않다는 것을 보여줘야 한다. 이 모든 사실을 외면적으로 드러난 그대로 학문의 장치로서 거론한들 그것이 우리의 학문 지향적인 고귀한 충동이나 지적 영감의 생생한 열정에 상처를 주는 것은 아니다. 지식을 갈구하는 불굴의 정열이야말로 학문의 장치를 포함한 모든 것의 뿌리다. 나는 다만 하나의 학문 '활동'은 단지 학자의 자유로운 지적 행위에 의해서 이루어질 뿐만 아니라 그것을 가능케 하기 위해서 사회적 매개를 필요로 하고, 그 수단이 날로 두드러지고 강제적으로 기능함에 따라 학문이 보다 완벽해진다고 말하고 싶다. 학문의 물레방아는 계속 돌고 돌아야 한다. 그런데 그것은 무엇을 돌게 하는 것일까?

역사가의 활동에서 중요한 것은 사료의 발굴, 선별 그리고 이를 이용하기 위한 준비로 이루어진다. 그것은 분말을 뽑아내는 것이 아니라 곡물을 선별하고 옥석을 가려내는 단계다. 사료가 햇빛 아래 널려 있는 것은 아니다. '전통'조차 있는 그대로 사료가 되지 않는다. 사료는 전통에 포함되어 있다. 다른 학문보다 역사학에서는 사료로부터 지식으로의 길이 보다 길고 보다 어려울 뿐만 아니라 무지에서부터 사료를 발굴하기까지의 도정(道程)도 벅차다. 자연과학에서는 그것이 역사적 요소를 포함하지는 않는 한 재료는 관찰, 분류, 실험을 위해 정리되어 주어진다. 그러나 역사의 재료, 즉 과거에 생겨난 어떤 사건은 주어지는 것이 아니다. 그것은 자연이 존재한다는 의미에서와 같이 존재하지는 않는다. 그것을 존재하는 것으로 만들기 위해서 역사가는 많은 어려운 탐구와 입증을 수행해야 한다. 즉 그는 있는 그대로의 작업의 대상, 사실의 사료를 알기 전에 찾아내고 확인하고 선별해야 한다. 얼핏 보기에 이 모든 것들은 예비적인 기능, 즉 준비 단계와 목록을 작성하는 단계에 지나지 않는 듯 보인다.

그렇다면 마지막의 종합적인 작업을 제외하면 모든 것은 결국 '예비 연구'에 지나지 않는 것일까? 결코 그렇지 않다. 역사가의 연구에서 그것들이 반듯하게 이루어졌다면 역사 지식은 실제로 풍요롭게 결실을 거둔다. 역사적 통찰력의 발전은 원사료를 비판적으로 검토한 뒤에 따르는 과정이 아니라 자료를 발굴하는 작업에서 끊임없이 나타난다. 학문은 단지 종합의 경우에서뿐만 아니라 분석하는 과정에서도 개별적으로 이해된다. 진정한 역사적 분석은 의미에 관한 끊임없는 해석 없이는 불가능하다. 분석을 시작하기 위해서는 마음속에 이미 종합화 과정이 선행되어야 한다. 잘 꾸며진 관련성의 개념은 자료의 발굴, 선별이라는 기초적인 일들이 개시되기 위해서라도 꼭 필요하다.

여기에 어려운 문제가 놓여 있다. 연구자들은 자신들이 바라는 것에 대한 적절한 인식 없이 소재에 접근하고 그것을 분석한다. 비판적으로 분석되고 축적된 자료들이 종합되면서 학문이 창고 가득 쌓인다. 출간된 사료들은 말 그대로 원천이 아니라 실은 웅덩이라고 할 것이다. 그리고 그러한 오류는 단지 사료 출판에만 관련되어 있는 것이 아니라 사료의 전문적인 분석에도 관련된다. 가엾은 학생들은 자신의 지적 능력을 시험하기 위해 어떤 주제를 물색하고 있지만, 학교는 그들에게 사료 더미를 억지로 떠맡긴다.

가장 반듯하고 완벽한 전통일지라도 그 자체는 형태가 없으며 말이 없다. 그것은 우리의 물음에 대한 해답으로서만 역사를 이야기한다. "그것이 본래 어떠했던가"(wie es eigentlich gewesen)를 알고자 하는 보편적인 바람에 인도되어 전통에 접하는 태도는 물음으로서는 충분하지 않다. 랑케의 이 유명한 구절은 이 거장이 사소하고 가벼운 의미로 쓴 것인데, 그 문맥으로부터 분리되어 하나의 격언처럼 취급된 까닭에 오해를 받고 그릇되게 사용됨으로써 하나의 상징적인 어조를 띠게 되고, 때로는 비생산적 역사 연구의 그릇된 슬로건으로 전락할 위험성마저 있다. "그것이 본래 어떠했던가"라는 물음을 들었을 때 사람들은 깨진 꽃병의 파편을 손에 들고 그것이 원래 어떻게 되어 있었는지 생각하는 모습을 떠올린다. 그런데 이러한 파편의 조립은 다음과 같은 결과가 알려져야만 역사 연구에 유용한 이미지가 된다. 즉 그 파편이 다른 것과 섞여 있다 하더라도, 그것이 어떻게 되어 있었는가 하는 질문에서 그것이 이미 꽃병의 어떤 이미지에 의해 파편을 가지고 있는 사람에게 규정되어 있어야 한다. 이와 마찬가지로 "그것이 본래 어떠했던가" 하는 것 가운데서 그것이 어떤 '의미'를 지닌다고 하면 지금보다 더 접근하여 묘사하고자 하는 어떤 역사적이며 논리적인 통일체의 개념에 따라 이미 규정되어 있어야 한다. 이 통일체는 과거 현실의 임의적인 한 단면으로 뒹굴고 있다고 결코 생각할 수 없다. 우리의 마음은 전통으로부터 어떤 요소를 선택하고 그것으로부터 역사적으로 일관된 이미지를 구축하는데, 그러한 관련성은 지난날 그것들이 현존했던 그대로 재현된 것은 아니다.

바로 여기에 문제 설정이 미비한 데서 오는 위험이 놓여 있다. 학자들은 사료라고 하면 금방 덤벼들어 무엇을 찾을까 하는 반듯한 판단도 없이 그 분석에 착수한다. 건전한 역사 탐구의 출발점은 언제나 어떤 특정한 것을 올바르게 알려는 열망이어야 한다. 그때 목적 지향적인 마음가짐이 엄밀한 지적 인식을 바라는 모습이건 지난날의 진실과 정신적으로 교감하고자 하는 요구이건 상관없다. 명확한 물음을 던지지 않는다면 어떠한 지적인 응답도 주어질 수 없다. 물음이 애매하면 대답도 애매하기 마련이다.

결함은 물음이 애매한 데 있는 것이지, 주제의 지나친 전문화에 있는 것이 아니다. 헤아릴 수 없이 많은 세세한 연구의 흐름이 읽히지 않고 무관심하게 눈앞을 지나치는 것을 보면, 알 만한 가치가 있는 것은 무엇일까 하고 그 한계를 때로 통렬히 따지고 싶다. 그런데 이러한 초조함을 불러일으키는 것은 역사의 전 영역을 충분히 파악하는 것이 불가하다는 우리 자신의 감정일 뿐이다. 사료 자체에 불가지의 영역이 있는 것이 아니라 우리가 그것을 처리하는 방식에 문제가 있다. 지역사의 극히 전문적인 주제를 다루는 역사가는 주제에 대한 생생한 관심을 지닌 소집단과 더불어 반듯한 학문의 문화적 연대를 이루고 있다. 그 소집단의 영역 바깥에서는 연구 주제가 별 관심의 대상이 되지 않거나 약간 문제가 될 뿐이다. 그러나 이런 작은 문제를 그가 보다 잘 취급하면 그 탁월성의 영역은 보다 많은 사람들의 관심을 끌게 된다. 그에 반해 그가 '일반적으로 중요한' 주제를 지나치게 상세히 다룬다면, 많은 사람들은 그 본래 논제의 중요성을 쉽게 묵살할 것이다.

역사 지식의 잠재적 성격을 잘 이해한 사람들은 세부적인 연구가 범람하더라도 정신의 균형감각을 방해받지 않는다. 오히려 그를 괴롭히는 것은 그 주제가 크든 작든 그 연구가 영혼이 담겨 있지 않은 기계적인 성과물이 되어버리는 것이다. 그는 역사의 심오한 인식 가치의 시금석을 앞에 놓고 때로 한탄하며 "현자 한 사람이 물을 수 있는 것보다 바보 열 사람이 답할 수 있는 것이 더 많다"는 속담을 역이용할 것이다.

역사적 문제의 이와 같은 모호성은 정치사나 경제사보다 문화사에서 더욱 심각하다. 정치사의 문제는 대체로 바로 눈에 띈다. 국가 혹은 그 한 부분, 조직과 기능은 역사 연구의 대상으로 분명히 정해지고 모든 사람들에게 이해된다. 이러한 사실은 그 통합된 내부에서 일어나는 일련의 사건들에서도 마찬가지다. 경제사의 경우에도 비슷하다. 영업, 노동 형태, 경제 관계 등이 관찰 대상으로 잘 규정되어 있어 정치사와 마찬가지다. 그 차이는 경제사의 경우 독자들에게 '호소하기' 위해 정치 현상보다 더 많은 '전문 지식'이 요구된다는 점이다.

문화사에서는 상황이 약간 다르다. 문화사의 대상은 바로 문화다. 문화라는 극히 근대적인 개념은 우리 시대의 구호이기도 하지만, 정의하자면 언제나 어려움이 따른다. 그러므로 우리는 문화사의 내용이나 의미가 분명하게 규정되어 있는가의 물음을 당연히 제기할 수 있다. 사람들은 언제부터 포크로 식사를 했을까? 어떻게 결투가 영국 관습에서 사라졌을까? 이러한 물음은 방법론의 견지에서 볼 때 르네상스의 본질은 무엇일까라는 문제보다 더 분명히 정의되고 뚜렷이 인식된다. 그러나 그러한 답은 적어도 단어의 보다 깊은 의미에서 문화사를 의미하지는 않는다. 문화사가 정치사, 경제사와 구별되는 것은 그것이 보다 심오하고 보편적인 주제를 지향한 까닭이며, 그런 한에서 문화사를 지칭할 수 있는 것이다. 국가나 경제는 전체로서뿐만 아니라 개별적으로도 존재한다. 그러나 문화는 오직 전체로서만 존재할 뿐이다. 문화사의 세부 사항은 도덕, 풍속, 민속, 옛것의 영역에 속하며 따라서 쉽게 골동품으로 변한다.

문화사에서 모든 학자가 끊임없이 모든 영역을 망라할 필요는 없다. 여기에도 오히려 색다른 위험이 잠재된 듯하다. 이에 관해서는 뒤에 언급할 것이다. 만약 문화사를 자연스럽게 구분한다면 교회사, 종교사, 예술사, 문학사, 철학사, 과학사 및 기술사로 나눌 수 있을 것이다. 이들 모든 분야에서는 세부적인 대상을 연구하는 과제가 주어진다. 주제 확정을 위해서는 여전히 충분한 연구가 요구된다. 그러나 그러한 특수 역사 연구의 성과가 가령 그것이 종합이나 의미 부여로 이어진다고 하더라도 문화사를 창출하는 것은 아니다. 마찬가지로 양식의 역사나 사상사도 단어의 완벽한 의미에서는 문화사라고 하기 어렵다.

오직 연구자가 삶의 양식, 예술 양식, 사유 양식을 각인하도록 모두가 손잡고 노력할 때 실제적으로 문화사에 관해 이야기할 수 있다. 이러한 양식은 자연적으로 주어지는 것이 아니다. 우리의 손에 의해서만 그 형태가 빚어진다. 그러므로 이와 같은 이유에서 문화사는 연구자와 사상가의 자유로운 정신의 고결하고 빼어난 산물이므로 그 문제 설정에도 최대한의 신중함이 요구된다. 모든 어긋난 문제 제기는 시빗거리라는 이미지를 드러낸다. 오늘날 문화사는 때때로 초점에서 비껴난 이미지로 인해 크게 시달리는 것 같다.

II

발전의 개념은 역사 연구에서 별로 유용하지 않으며 자주 혼란을 초래하고 거추장스럽다.

"불충분한 문제 설정이라고?" 근대 역사가들은 자신만만하게 반문한다. "그것이 어떻단 말인가? 우리는 전통이라는 몸체의 어느 부위를 절개하더라도 거기에서 역사라는 피를 뽑아낼 수 있다는 확신 아래, 발전의 개념과 '오직 내면에서 이해하라'라는 약속을 메스를 들이댈 유인으로 가지고 있지 않은가?"

발전 개념의 적용은 많은 연구자들 사이에서 학식의 검인이며 지적 시장에서 상품의 품질을 보장하는 보증서로 여겨지고 있다. 에른스트 베른하임은 육화(肉化)된 학문으로서의 역사학의 타당성을 바로 역사적 사건의 개념을 발전으로 이해함으로써 획득하지 않았던가. 역사의 단편은 저마다 발전을 구현한다. 그러한 발전의 시대적 목표가 인식됨으로써 비로소 문제가 설정되고 연구자는 확고히 뿌리를 내릴 수 있다.

인문학을 둘러싼 발전이라는 용어의 타당성이나 유효성을 부정할 마음은 전혀 없다. 다만 발전이라는 용어가 가볍게 쓰이며 그것이 지닌 비유의 의미가 충분히 이해되지 않고 오히려 그 용어가 해가 될 수 있기 때문에 논하려는 것이다. 발전이라는 막연한 개념은 만병통치약이 되기 쉽다. 그런데 모든 만병통치약이 그렇듯 그 치료 효과는 환상일 뿐이다.

19세기 말에 이르러 자연과학은 눈부신 발전을 이루어 학문의 진정한 규범으로 이바지하고, 그 방법론은 근대적 사고에서 참된 지식에 이르는 유일한 길로 인식되었다. 앞으로도 어떠한 지적 활동이든 참된 학문이 되고자 한다면 자연과학적 엄밀한 문제 제기와 정확한 방법론으로 실행되어야 한다. 이미 오귀스트 콩트는 그 방도를 보여주지 않았던가. 그리고 여러 학문, 즉 언어학, 경제학, 인류학 등은 이미 그 길을 더듬어왔다. 그러면서 그들은 찬란한 발전을 도모하지 않았던가. 그런데 모든 연구 분야에서 가장 비체계적인 역사학, 인문학이라는 가정의 주부와 같은 역사학은 이제 쓸모없는 가재도구를 모두 없애버리고 새로운 양식으로 집안을 꾸밀 때가 도래했다. 지난날 일반 법칙을 정하기 위해 기껏 실험 소재로 쓸모가 있었던 것들을 더 이상 알 만한 가치가 없는 것으로 잡동사니와 함께 던져버리자.

그러나 이러한 요구에 따라 진지하게 역사를 가까이하면 바로 "있는 그대로 있게 하라, 그렇지 않으면 있게 하지 말도록"이라는 격언이 들려온다. 역사가들은 자신들 무리 가운데 한 사람인 카를 람프레히트가 그들 자신의 학문인 역사학에 부과한 요청에 거의 본능적으로 저항했다.

그런데 철학 쪽으로부터 도움의 손길이 나타났다. 지난날 빌헬름 딜타이가 길을 닦은 후 1894년부터 1905년에 걸쳐 빌헬름 빈델반트, 하인리히 리케르트, 게오르그 짐멜 같은 철학자들이 역사적 인식의 본질에 관한 논쟁에서 비로소 근대적인 인문학적 인식과 이론을 독자적으로 갖춤으로써 그것을 자연과학적 규정으로부터 자유롭게 했다. 그 철학자들은 역사적 인식이 자연과학적 인식과 그 본질이나 형성(formation)에서 근본적으로 다르다는 사실, 더 이상 사건 자체의 특수한 항목에서 인식 목표를 찾지 않는 역사는 완전히 위축될 운명에 처하리라는 사실 그리고 그것이 단지 과학이라는 용어를 개념에 따라 일반적으로 표현된 인식에만 배타적으로 제한하도록 단정지을 뿐이라는 사실을 입증했다.

30년 전 이 논쟁이 있은 후 역사는 자유로운 길을 걷고 바로 그 본질에 어긋나는 방법론적 요구에 시달리지 않게 되었다. 그 본질은 필연적으로 불변하고 그 성과 또한 변치 않았다. 바로 이 항구성에서 인문학에 속한 독자적 존재라는 역사학의 필연성의 깊은 증언을 볼 수 있다. 만약 역사가 엄밀하고 실증적인 과학이 되도록 운명지어졌다면, 강력한 요청이 울려 퍼진 이래 왜 역사가 그 세대에서 그 과정을 헤쳐 나가지 못했을까?

오늘날 인식에 관한 이론(Theory of Knowledge) 영역에서의 최근의 발전에 주목하는 사람이라면,[3] 이를 분명히 알게 될 것이다. 이러한 문제를 가장 철저히 추구해온 독일에서는 적어도 리케르트가 『자연과학적 개념 구성의 한계』(Grenzen der naturwissenschaftlichen Begriffsbildung)를

----

3) 이에 대해서는 Erich Rothacker, *Logik und Systematik der Geisteswissenschaften*, Munich and Berlin, 1927; Theodor Litt, *Wissenschaft, Bildung, Weltanschauung*, Leipzig and Berlin, 1928 및 직접적인 관련성은 미약하나 Hans Freyer, *Theorie des objektiven Geistes*, second edition, Leipzig and Berlin, 1928을 참조할 수 있으며, 엄밀한 과학적 방법이 절대적으로 우월하다는 새로운 요구는 Wilhelm Ostwald, "Grundsätzliches zur Geschichte der Technik", *Zeitschrift des Vereines deutscher Ingenieure*, CXXIII, 1929, pp. 1~8에서 시도되었다.

저술했을 때보다 인문학의 독자성이라는 관점이 더욱 확고한 신념과 보다 광범위한 의의를 지니고 옹호되었던 것이다. 사실 새로운 '접근' 시도가 오히려 자연과학의 편으로부터 나오고 있다. 그리고 그 엄밀한 이론도 그사이 변하지 않을 수 없게 되었다.[4]

문화철학자 진영에서 인문학의 본질에 관한 명백한 개념이 존재했다하더라도 역사가 대다수가 그러한 사실을 자각한 것은 아니다. 일상적인 의미에서 발전이라는 용어를 생각해보면, 실제 역사 연구가 아직도 자연과학적 사고의 끊임없는 강력한 영향 아래 놓여 있음이 명백하다. 그리고 역사가 자연과학의 일종의 우위에 의해 억제되고 역사 본래의 모습이 아닌 자연과학적인 악센트가 역사의 언어에서 들려온다는 것도 분명하다.

세계 인식의 **특정한** 수단으로서의 발전의 이념은 자연과학에서보다 오히려 역사적 사고의 영역에 뿌리를 두고 있다. 그것은 18세기 프랑스 철학에서 육성되었다. 볼테르, 안 로베르 자크 튀르고(Anne Robert Jacques Turgot) 및 콩도르세는 거대한 역사 과정을 점진적인 이행, 끊임없는 변화, 진보로 본 최초의 인물들이었다. 이러한 견해는 역사적인 중요성을 의식적으로 구성한 것으로 설명한 당시의 지배적 생각과 대립되었다. 문화적인 상황이나 문화 현상이 효과적이고 느긋하게 무의식적으로 발전한다는 이념은 헤르더, 독일 낭만파 그리고 마침내 헤겔의 마음속에서 보다 풍부한 내용과 깊은 의미를 획득했다. 19세기 전반에 이르러 변형, 변화 및 진보라는 말 대신 발전이라는 용어가 점차 쓰이기 시작했다. 그렇다고 해도 그것은 대체로 순수하게 이념적이며 본질의 구체적인 형태

----

4) T. Litt, 앞의 책, p. 13; K. Joël, "Die Überwindung des 19. Jahrhunderts im Denken der Gegenwart", *Kantstudien: Philosophische Zeitschrift*, XXXII, 1927, pp. 475~518과 비교할 것.

를 이루지 못한 지적 개념에 지나지 않았다.[5] 일련의 현상들이 본질과 의미의 전체상으로 받아들여졌다. 이 전체상 속에서 관찰되는 연이은 변화를 사람들은 전체에 대해 인지되는 의미에 비추어 생각한다. 전체상은 이 의미와 관련하여 있음 직한 모습을 지니며 그 과정을 우리는 발전이라고 부른다. 그리고 발전의 개념은 유기체의 개념과 접목되면서 보강된다. 그런데 이 유기체라는 개념도 그 뿌리를 근대적 자연과학에 둔 것은 아니었다.[6] 추상적인 것들을 이해하기 위해 인간의 신체 구조를 그것들에다 전이시켜온 것은 오래된 은유였다. 만약 유기체를 생물학적 개념으로 지칭한다고 하더라도 그로부터 도출되는 것은 원시적이며 신비로운 생물학이다. 유기체 전체에 관한 발전의 개념이 만약 인식을 위한 수단으로 도움이 되고자 한다면, 그것은 고도의 리얼리즘을 필요로 한다. 우리는 발전을 본질(entity)로부터 실현시키는 전체상의 존재를 믿어야 한다. 이러한 비유에는 내재적 경향이야말로 그 과정을 결정짓는다는 뜻이 내포되어 있다.

그런데 19세기 후반에 이르러 자연과학에서 발전의 개념이 큰 승리를 거두었다. 발전은 단지 그것의 근대 생물학적 형태, 즉 진화에 관한 다윈의 이론에서 영원불멸의 왕좌를 차지했다. 다윈의 진화론은 모든 세대를 막론하고 우리 사고에 가차 없이 침투했다. 그것은 손쉬운 가설로서 지속적으로 강력하게 작용했으므로, 우리가 사건의 흐름을 그 관련성으로 생각하려고 하면 거의 의식적이건 무의식적이건 간에 그 영향을 받게 마련이었다. 지난날의 애매하고 이념적인 발전 개념은 이제 생물학적인 견해로 메워졌다. 그것은 라테라노 궁전(Laterano, 로마에 있으며 1308년까지 교황의 궁전으로 사용되었다. 현재는 박물관이다.) 종소리와 비슷하게 들린

5) E. Rothacker, 앞의 책, p. 80ff.
6) 같은 책, p. 85ff.

다. 무대가 바뀌고 변용되고 이어지는 단일한 가락이 울려 퍼지고, 진화의 화음이 반사된다.[7] 모든 상황이, 모든 관련이 사회와 자연 속에서 비슷하게 발전의 산물로서 선험적으로 도입된다. 발전이라는 말은 지나치게 통용되어 마모되었다. 그것은 자신이 품은 이미지의 무거운 함축성을 상실하여 결정론적 인과성 일반과 애매한 동의어가 되고, 그 개념의 내용은 비논리적으로 사용되었다.

그리하여 약삭빠르고 흔들림 없는 진화론자들이 배출되었다. 그들은 전통에 관한 잡지로부터 역사를 판에 박힌 듯 읽어내기에 수수께끼가 없다. 그들은 시대의 모든 차이와 국가 및 문화의 변천을 해명할 열쇠를 주머니에 간직하고 있다. 또한 망설임 없이 이 열쇠를 과거의 일곱 군데 열쇠구멍에 끼워 넣는다. 그리고 성공한다. 그들의 손 안에서 세계의 과정은 지상에서 가장 단순명료해진다. 그들은 전 인류의 역사를 낙관적으로 서술하며, 독특하고 화려한 그림으로 펼쳐 보여준다. 허버트 웰스(Herbert G. Wells)는 『역사의 개관』(*Outline of History*)에서 그리고 얼마 뒤 헨드릭 W. 반 룬(Hendrik W. Van Loon)은 『인류사』(*Story of Mankind*)에서 일반 독자를 기쁘게 하는 데 크게 성공했다. 그러나 그들은 인류의 과거만을 서술하는 데 만족하지 않았다. 그 반듯한 전망을 획득하기 위해서는 천체의 역사 그리고 지구의 생명의 역사가 선행되어 서술되어야 했다. 그리하여 그들은 지구가 응결(凝結)된 증기탕으로 우리를 안내해 대접한다. 이것이 행복한 생각으로 여겨질까. 그러나 사실상 그것은 역사적 인식의 본질에 관한 오해다. 왜냐하면 지리학적·고생물학적 사건은 역사와는 다른 지적 기관에 의해, 다른 종류의 지식에 초점을 맞춘 이른바 정밀과학의 기관에 의해 논해지는 것이기 때문이다. 이 상이

---

7) 예를 들면 앙리 세(Henry Sée)가 "L'idée d'évolution en histoire", *Revue philosophique*, LII, 1926, p. 161에서 사용한 용어와 비교할 것.

한 두 가지 지적 활동의 결합은 혼성체(하이브리드)를 제공하겠지만, 정신을 혼란스럽게도 한다.

　호사가들에 의한 통속 작품은 일반 대중의 욕구를 채워준다고 한다. 그러나 그러한 생각은 일반 대중의 중요성을 위험스럽게도 과소평가하는 것이다. 내밀하고 배타적인 학자 집단에 의해서만 뒷받침되는 역사학은 붕괴하기 마련이다. 역사학은 모든 교양인이 공유하는 역사적 문화에 근거해야 한다. 이러한 책들은 역사에 대한 일반적 관심의 현대적 지향성을 신중하게 증언하고 있다. 그뿐만 아니라 그것은 반듯한 자질에 의해 관심의 본질을 결정하는 데도 도움이 된다. 유럽의 역사적 전통은 여전히 일종의 균형감각을 지니고 있다. 그러나 미국에서는 진지한 문화사가인 하비 로빈슨(J. Harvey Robinson)의 『생성되는 정신』(*The Mind in the Making*) 같은 책이 전적으로 소박한 진화 사상에 의거하고 있으나, 학계에서는 그것을 시대에 뒤떨어지지 않는 지식의 탁월한 표명으로 평가하고 있다.

　역사학의 대열에서 파생한 발전 개념이 확산된 것은 베른하임의 명저 『역사 방법론과 역사철학 교본』(*Lehrbuch der historischen Methode und der Geschichtsphilosophie*)에 힘입은 바 있다. 역사학도라면 누구나 알고 있듯이 베른하임은 그 근본을 가로지르는 지식의 유형에 따라 '이야기적'(referierende), '교훈적·실용적'(didactic, pragmatische) 및 '발생적·발전적'(genetische, evolutionary) 역사로 나누었다. 이러한 분류를 몇몇 관점에 비추어 비논리적이며 오해를 야기할, 실제적으로 쓸모없는 것이라고 경솔하게 논평해서는 안 된다. 오늘날 베른하임을 대신하여 주목받기 시작한 빌헬름 바우어는 소책자에서[8] 베른하임이 주장한 역사 연구를 둘러

---

8) Wilhelm Bauer, *Einführung in das Studium der Geschichte*, second edition,

싼 세 가지 상정된 형식은 결코 시대순으로 나열된 것도 아니고 서로 우월을 견주는 것도 아님을 인식하고 있었다. 그럼에도 불구하고 그는 베른하임의 체계를 받아들이고 있다. 이미 라이프니츠(Leibnitz)는 바람직한 역사 지식에 세 가지 기반이 있는 것으로 여겼다. 그는 다음과 같이 말했다. "우리가 역사에서 찾고자 하는 것은 세 가지다. 첫째는 개별적인 것들을 알고자 하는 바람이며, 다음으로 삶을 위한 가장 유용한 교훈이며, 마지막으로 모든 것은 그 원인으로부터 가장 잘 이해되므로 과거를 통해 현재의 사실들의 기원을 찾으려는 바람이다."[9] 이 마지막 고려가 베른하임이 '발생적 역사 고찰'(genetische Geschichtsbetrachtung)이라고 한 것과 전적으로 상응한다. 미개 민족의 신화를 통해 종족의 기원을 설명한다든지, 그리스의 옛 산문작가가 폴리스의 계보와 기원을 이야기한다든지, 헤로도토스가 사람들이 왜 전쟁을 일으켰는지 알고자 할 때, 그 생각들은 저마다 발생적인 경우다. 베른하임은 이 '발생적'이라는 개념을 '발전적'이라는 개념으로 대치하면서 이중의 과오를 범한 것으로 여겨진다. 그는 초창기 역사 연구의 풍요로운 인식 가치를 잘못 판단하고 근대 역사 사상이 마치 지난날에 몰랐던 보다 차원 높은 원칙에 의해 계속 유지되었다고 과대평가했다.

중요한 사실은 이 발전이라는 용어가 어떤 역사 문제에 적용되었을 때 그 합당성 여부를 분명히 이해하는 것이다. 명확히 한정된 현상에 관한 이해에 그것이 도움이 됨을 부정하는 사람은 없을 것이다. 적어도 역사의 한 영역에서만큼은 발전의 개념이 가령 돌연 변수가 있다고 하더라도 결정적으로 가능할 것이다. 그 좋은 예가 복식사다. 이 영역에서는 일

....

Tübingen, 1928, p. 150.

9) Leibnitz, *Accessiones historicae*, two volumes, Hanover, 1698/1700, *Revue de synthèse historique*, New Series, XLIX, 1929, p. 266에서 인용.

종의 생물학적 합법칙성이 사실상 타당성을 지니고 개인 혹은 사회의 재능이나 욕구 및 이해관계로부터 독립된 형태로 발전을 결정짓는다. 제도의 역사, 경제형태의 역사 혹은 국가기관의 역사는 대체로 별 문제 없이 발전의 개념으로 이해된다. 그것은 과학사, 기술사에서도 유용하다. 그러나 철학, 종교, 문학 및 예술의 역사에서는 갑자기 착오를 일으킨다. 그리고 설사 가장 유용한 경우일지라도 발전 개념은 절대적 영향력을 지닌 영역, 즉 생물학의 경우보다 훨씬 엄하게 유보되어야 한다.

생물학자는 하나의 유기체를 고유한 경향을 지닌 하나의 독립된 개체로 이해한다. 그것은 번식을 통해 자기 자신을 재생함으로써 본질적 구조를 영구적으로 유지하고, 그 기관, 형태 및 기능의 계통발생적 변모는 그것이 서식하는 환경에 의해 결정된다. 계통발생적 과정이 오래 지속된 결과 외부로부터의 갖가지 영향에 의한 변화는 일반적 유사성과 반복에 의해 서로 균형을 이룬다. 그리고 환경의 요소는 항상성, 정상적인 영향으로 여겨지고 특정한 방향을 지닌 발전의 내적 조건과 일치한다. 그러나 계통발생적 과정의 한 국면을 그것의 개체발생적 특수성으로 생각하면(다시 말하여 생물학적인 대상을 역사적으로 생각하면) 그것은 더 이상 진실일 수 없다. 외부로부터의 모든 영향은 유기체 자체의 상태를 남김없이 크건 작건 방해하는 일련의 연속적이며 불균형한 장애로 생각된다. 즉 그것은 우리가 보통 하나의 대상으로 생각하는 독자적인 자립성 혹은 내적 관련성을 무용지물로 만든다. 생물학의 방법은 단지 유기체를 환경으로부터 분리된 것으로 생각하고, 대상과 환경의 끊임없는 관련성에 관해서는 잠시 언급할 뿐 대상의 발전을 하나의 폐쇄된 일련의 과정으로 여긴다. 외부로부터의 헤아릴 수 없이 많은 모든 영향이 유기체 저마다의 선천적인 발전 가능성과 인과적으로 결부되는 것이 아니라는 사실은 무시될 수밖에 없다.

역사 현상이란 그 자체를 둘러싼 환경으로부터 아무 저항도 없이 개념적으로 분리되는 것이 아니다. 만약에 역사적 현상이 지금 언급했듯이 생물학적 대상으로 취급된다면 그것은 바로 보복을 당할 것이다. 즉 그 방법론은 암초에 부딪히고 말 것이다. '쥐새끼'의 모습을 어떻게 그려낼 것인가의 문제는 객관적으로 정해지기 마련이다. 그러나 무엇이 종교개혁 현상에 관한 역사적인 자료에 속할지의 문제는 객관적으로 확정될 수 없다. 그것이 불가능함은 그 현상이 추상적 성격이기보다 역사적인 조망인 까닭이다. 이는 일반적인 역사 개념에 대해서만큼 구체적인 역사 인물에 대해서도 사실이다. 루터는 생물학적 인간 종의 표본으로서 엄밀하게 범위가 제한되지만, 역사적 현상으로서의 루터는 종교개혁과 마찬가지로 전혀 범위가 제한되지 않으며 제한할 수도 없다. 그러한 개체발생적인 관점에서조차 역사적 사실은 생물학적 사실과 비교될 수 없다. 그리고 현상에 관한 개체발생적 측면으로부터 계통발생적 측면으로의 이행은 역사에서는 참으로 불가능하다. 모든 시대에 걸친 역사적 전체상을, 예를 들어 프랑스인을 생각할 때, 이 전체상의 이념이 특수한 문제는 단지 불충분하게 다룰지라도 그것은 그 범주에 속하는 온갖 현상들의 총화 속에 함축되어 존재한다. 한편 '쥐새끼'의 생물학적인 전체상의 이념은 그 자체로 모든 쥐새끼에서 실현된다. 그리고 역사적으로 모든 시대에 걸친 전체상을 하나의 유기체로 생각할 때, 그것은 이미 시적 비유로 기능한다. 이에 대해 학문의 관점에서는 반론이 있을 수 없다. 사실 학문이라고 할지라도 비유 없이는 존재할 수 없다. 언어 자체가 그러한 비유로서 융성을 누리고 있는 것이다.

그와 같은 역사적인 유기체에 발전의 방향을 결정짓는 고유한 경향이 있다고 여긴다면, 이미 우리는 목적론에 빠져든 격이 된다. 역사적 유기체는 생물학적인 유기체와 달리 목적을 갖고 있는 한에서 일관성을 지닐 수 있기 때문이다. 이 점에 대해서는 이론의 여지가 없다. 두 가지가 분명하다. 역사는 궁극적으로 각별한 사고의 방법이며, 역사적 과정에 관한 최종적인 설명은 우리의 사유에 허용된 유일한 것이다. 그러나 만약 역사적 유기체나 역사적 발전 개념에 생물학적 척도를 적용한다면, 그 개념은 바로 왜곡되고 강압적이 될 것이다. 그럼에도 불구하고 그것이 역사에 충분한 실제적 가치를 지닌다고 해서 그것들을 포기할 필요가 없다고 할 것인가? 이 문제는 필경 발전이라는 비유가 어느 정도 적용되고 유용한가에 달려 있다.

역사 현상은 앞에서 말했듯이 생물학적 현상보다 환경으로부터 훨씬 자유롭다. 나폴레옹은 그가 살아온 세계와의 관련에서 관찰할 때 역사적 존재다. 어떠한 경우에도 그를 세계로부터 떼어놓고 생각할 수는 없다. 쥐라는 유기체를 실험하는 데 외부 환경으로부터 분리하여 특정 영향의 작용을 알아보는 식으로 역사적 유기체로서의 나폴레옹을 부분적으로 고립시킬 수 없다. 이러한 진실은 나폴레옹 대신 프랑스인이라는 일반 개념을 다루어도 마찬가지다. 모든 역사적 맥락은 언제나 개방적이다. 나폴레옹의 러시아 원정을 초래한 요인들을 내가 아무리 많이 지적하더라도 새로운 생각이 떠올라 그것을 받아들이면 역사적 연관성은 언제나 열린다. 닫힌 역사적 유기체란 존재하지 않는다.

그럼에도 불구하고 국가나 문화를 가능한 한 느슨한 의미의 유기체로 보기를 바란다면, 고유한 경향의 발전에 관해 이야기하는 것이 의미가 있을까? 생물학에서는 고유한 가능성의 실현과 그 발전 과정을 방해하는 외부로부터의 교란의 영향 간에 어느 정도 구분이 가능하다. 엄밀히 말하여 이러한 구분도 목적론적인 관점에서만 합리적인 근거를 지닌다. 역사 현상에서는 이 모호한 선(線)조차 그려질 수 없다. 역사적으로 볼 때 인간과 인간, 인간과 자연의 관계에서 모든 것은 외부로부터 영향을 받기 마련이다. 역사상에서 두 가지 요인의 결합, 역사적 사실의 모든 태동에는 원래 관련이 없는 무수한 영향이 함께 작용한다. 오라녜(오렌지)공 빌럼 2세(Willem II van Oranje)의 1650년 9월 디런(Dieren) 방문 그리고 당시 치명적인 천연두 바이러스가 만연한 사실, 그러한 연이은 원인을 끌어당겨 보면 필경 원초적 원인에까지 거슬러 올라간다. 외부로부터의 모든 영향은 이전의 상황을 교란하기 마련이다. 그러한 사실이 근본적으로 유효한 생물학에서는 계통발생적 견지에서 유사성과 연속성이 가세하여 그 모든 방해를 통틀어 하나의 요인으로 간주할 수 있다. 생물학은 유기체가 특정한 지속적 조건의 출현을 그것의 생존에 필수적인 것으로 생각한다. 그러나 역사가들은 그러한 길을 따를 수 없다. 역사가에게 모든 영향은 장애로 기능한다. 그 결과 발전의 개념은 의심스러운 가치를 둘러싼 결정적으로 폐쇄된 논증이 되어버린다. 멕시코나 페루의 문명을 둘러싼 연구의 발전 개념을 생각해보자. 코르테스(Cortes)나 피사로(Pizarro)의 도착을 문명 발전 요인으로 생각하는 사람은 아무도 없을 것이다. 그것은 모든 현상의 파국이었다.[10] 그러나 이 비극적 파국은 이전에 오직 양적인 관점에서만 문명의 '발전'(evolution)을 규정지은 무수한 사건과 구별한 것에 불과하다. 그 관점에서 그것은 기존의 것들의 붕괴가 아니라 '전환'이었을 것이다. 모든 역사적 발전은 굴곡이 있는 단순한 순간이 순수하게 '전환'한 결과다.

우리는 영국, 스웨덴 및 네덜란드의 정치제도 발전을 쉽게 이야기할 수 있다. 이들 세 나라에서는 저마다 중앙집권제와 귀족제의 관계가 거의 규칙적으로 보일 만큼 역사의 흐름에 따라 교체되어왔다. 중앙집권제를 강화한 강력한 지배자에 이어 2류의 인물이나 무력한 후계자 혹은 중앙집권의 전면적인 공백 상태가 뒤따르고, 그로 인해 귀족제가 중앙집권의 희생 위에 다시 기반을 확보하는 일들이 되풀이되었다. 그 결과 권력의 균형이 잡히고 사람들은 그것을 발전의 산물이라고 즐겨 불렀다. 사실

....
10) 이것은 생물학적 개인의 죽음이 아니라 전체 종의 파국적 절멸로 비유해야 하며, 심지어 사실상 역사적이지만 생물학적이지는 않은 현상이다. 생물학에서의 역사적 요소는 T. Litt, 앞의 책, p. 32ff.에서 시사되어 있다.

상 이들 모든 변화는 그것이 작용한 이른바 유기체의 관점에서는 우연한 환경의 결과다.[11] 정복왕 윌리엄, 헨리 2세, 에드워드 1세 및 에드워드 3세가 유능한 군주이며 그들의 통치는 상당히 오래 지속되었다. 이후 무능한 계승자로 인해 학정의 시기를 맞이할 것이라는 식의 어떠한 경향성도 영국 헌법에는 전혀 담겨 있지 않다. 구스타부스 아돌푸스(Gustavus Adolphus) 및 찰스 10세 구스타부스의 요절과 그에 따른 섭정은 비슷하게 극심한 재난이었다. 네덜란드의 통령 빌럼 2세의 요절, 빌럼 3세에게 자식이 없었다는 사실, 통령 후계자였던 요한 빌럼 프리소(Johan Willem Friso)의 실종 그리고 빌럼 4세의 죽음 등은 네덜란드 공화국의 본질과 관계가 없다. 이러한 계보상의 사실들은 외적 방해 요소로서 해당 국가의 발전 과정에 중대한 영향을 끼쳤다. 그러한 사실들은 어떤 한정된 합법칙성의 개념, 즉 사상의 동요를 예상케 하고 무모한 역사가를 그릇되게 하여 법칙의 형성으로 인도한다. 즉 정치체제의 발전은 강력한 정권과 약체 정권의 시대가 어떤 법칙성을 띠고 교체됨으로써 결정된다는 식이다. 그렇다면 이러한 역사가는 남들이 생생한 지식이라는 계란을 반숙이라도 먹고 있는 동안 빈 계란 껍질만을 고집한 격이 될 것이다. 그러한 발전 개념의 논리적 가치는 전혀 없고, 그러한 공식은 역사 지식으로서 무의미하며 결코 유익하지 않다.

따라서 생물학적 의미의 발전 개념이 역사에 적용된다면, 그것은 반듯한 이해를 어렵게 할 것이다. 그것은 본질적으로 충분한 설득력을 지니지 못한다. 가령 역사적 관찰을 논외로 하더라도, 그것은 극히 부수적으로 제한된 범위에서만 유용하다. 전적으로 비유적인 의미에서 이해한다면, 그것은 거의 무용지물일 뿐이다. 이러한 의미를 이해한다면, 역사의

....
11) 일반 경제 체계의 구성에서 정치적 그리고 그 밖의 비경제적 요인의 역할에 대해서는 Otto Hintze, "Der moderne Kapitalismus als historisches Individuum", *Historische Zeitschrift*, CXXXIX, 1929, pp. 457~509, 특히 pp. 466, 476, 479.

한 단면을 이해하기 위해서는 특수한 역사적 사실의 불가피성을 받아들여야 한다.

우리는 여기에서 슈펭글러가 즐겨 그랬듯이, 인과관계의 모든 적용이 발전에 관한 엄밀한 개념의 포기를 의미하는가 하는 문제를 논의하지는 않겠다. 인과율의 원리는 바로 인식 이론에서 다소 어려운 고비를 맞이하고 있다. 인식 수단으로서의 인과율의 타당성을 엄격히 제한하는 것은 옛 아리스토텔레스적·스콜라철학적인 질료인(質料因), 동력인(動力因), 목적인(目的因) 간의 구별의 복권과 어울리는 듯 여겨진다. 설사 그렇더라도 역사적 의미를 인식한다는 것이 엄밀하게 완결된 인과율을 지칭함을 뜻하지는 않는다. 중요한 것은 언제나 관련된 맥락의 이해다. 이러한 맥락은 이미 언급했듯이 늘 개방적인 것으로서, 비유하자면 쇠사슬을 하나하나 연결한 형태가 결코 아니며, 묶을 끈이 허용하는 한 새로운 가지를 추가할 수 있는 느슨한 한 다발의 나뭇가지로 이해된다. 아니 나뭇가지보다 더 적절한 것은 한 다발의 들꽃이다. 꽃다발 속에서 새롭게 발견한 꽃처럼 역사적 맥락의 개념에 가해진 새로운 생각은 그 가치에서 서로 다양하고 개별적이다. 그리고 그 모두가 꽃다발 전체의 모습을 바꿔놓는다.

III

만약 폭넓은 독자를 위한 역사 서술이 문학적 필요에서 생겨나고 문학적 방법으로 이루어지고 문학적인 영향을 지향하는 미학풍의, 감정적 역사의 수중에 빠진다면, 그것은 우리 문화에 해로울 것이다.

역사만큼 일반 대중에게 그 문호를 널리 개방한 학문은 없다. 아마추어(호사가)로부터 전문가로의 이행이 역사만큼 느슨한 학문도 달리 없다. 역사적 이해를 위한 혹은 역사 연구를 위한 학문적 소양이 그만큼 초보적으로 요구되는 것도 없다. 역사는 언제나 학교보다 실생활에 뿌리를 더욱더 굳게 내리고 있다. 중세의 학교 체계는 고대 후기의 그것으로부터 발전했으면서도 역사를 위한 자리는 없었다. 자유 7학예와 그 위에 상석을 차지한 세 가지 거대 전문학, 즉 신학, 법학, 의학은 그 전문화와 개별화 과정에서 학문 연구의 근대적 전문화를 진작하는 모태가 되었다. 그러나 역사는 그렇지 못했다. 역사 편찬은 문화적 국면이 그 정신적 중심으로 여긴 곳, 즉 시장 광장과 수도원, 궁정, 야전 막사, 회의실 그리고 신문사에서 태동했다. 역사 연구가 자유 학예와 별로 관련이 없었다는 사실은 중세 이후의 대학에서도 역사가 거의 고려되지 않았음을 의미한다. 대학의 교육체계는 19세기에 이르기까지 계속 중세의 테두리에 파묻혔다. 인문주의 시대로부터 낭만주의 시대에 이르는 동안 나타난 역사가 가운데 대학교수는 극히 드물다. 대학이 창출한 뛰어난 역사서도 거의 없었다. 영국에서는 정치가이자 역사가인 인물들이 지금도 적잖이 역사 서술에 이바지하고 있다.

19세기는 역사의 연구 방법에, 그러므로 역사학의 본질 전체에 큰 변동을 초래했다. 18세기 말 이래 학문은 대체로 문화와 사회를 아우르는 구성 요소로서 지난날 이상으로 중요한 기능을 다하게 되었다. 그것은 그 자체보다 엄격하고 더욱 까다로운 요구를 부과했으며, 그 요구는 연구의 요람인 대학에서의 연구에 의해서만 달성될 수 있었다. 이제 역사도 아카데미적인 학문이 되었다. 역사를 학문적 위상으로 높인 나라 독일은 의심의 여지 없이 19세기에 가장 뛰어난 역사가를 다수 배출했다. 그리고 그들은 모두 대학교수였다.

대학으로 그렇게 방향을 전환한 것이 문화생활과 역사의 접촉을 포기한 것은 아니었다. 그것은 랑케나 로베르트 프라윈(Robert Fruin)의 이름을 상기하는 것만으로도 충분하다. 만약에 문화생활과의 접촉을 역사가 포기했더라면 그 변화는 나쁘게 작용했을 것이다.[12] 왜냐하면 국민 문화와의 생생한 접촉 없이 서술된 역사, 교양 있는 공중의 진지한 관심을 누리지 못하는 역사는, 가령 그 잘못이 문화생활 자체의 타락에 있었다고 해도 정도(正道)가 아니다. 그렇다고 모든 역사 연구가 필연적으로 일반인이 알기에 쉬운 표현을 써야 한다는 뜻은 아니다. 그와는 상관없다. 모든 다른 학문과 마찬가지로 역사에서도 일반 독자가 알 필요도 없으며 알고자 하지 않는, 그러한 저술이 전문 학자에게는 있기 마련이다. 그리고 그 저술은 그를 지적 조직으로부터 자유롭게 한다. 탐구, 비판적인 선별, 출판, 주석 및 종합은 잘 훈련받은 학문 연구자의 자명한 자유 영역이다. 그러나 모든 업적의 배후에 놓여 있거나 그 위를 배회하고 있는 과거의 거대한 이미지는 분명히 모든 사람들과 관련된다. 문화의 도구로서의 한 기능, 즉 과거의 문화에 관한 결산서의 도구로서의 기능을 다하는 과제는 오직 그 시대의 생활 전반에서 그 자신의 영역과 공명(共鳴)의 틀을 발견하는 역사학에 의해서만 충족될 수 있다. 학문의 어느 영역이건 반듯하게 정립되기 위해서는 그것을 육성한 문화에 의해 수용되고 그것에 의해 뒷받침되어야 한다.

모든 문화는 부분적으로 삶의 전제 조건으로서 과거에 어느 정도 몰입하기 마련이다. 그리고 모든 문명에는 지난날의 현실을 반영하는 특정한 개념이 존재하여, 그 문명을 지탱하는 사회는 그 현실을 가슴에 새겨두고 있다. 그러한 개념은 본질적으로 갖가지 형태를 드러내면서도 결코

....
12) 다음에 뒤따르는 내용과 비교할 것. T. Litt, 앞의 책, 특히 pp. 4, 19; E. Spranger, "Die Kulturzyklentheorie und das Problem des Kulturverfalls", *Sitzungsberichte der Preussischen Akademie der Wissenschaften, Philosophisch-historische Klasse*, CXLVI, 1926, pp. li(reprinted in *Geisteskultur: Monatshefte der Comeniusgesellschaft für Geisteskultur und Volksbildung*, XXXVII, 1929, pp. 65~90).

공동체적 성격을 상실하는 일이 없으며, 결국 그 공동체적 성격을 낳은 문화에 '역사'로 이바지한다. 과거의 이미지를 필요로 하는 문명의 성격에 따라서 그리고 그러한 이미지를 창출한 지적인 초점에 따라서 그것은 신화, 영웅시, 진실, 연대기, 무훈시, 역사적 민요의 형태를 드러낸다.[13] 그와 같은 형태를 이룬 문화에서, 그것이 이바지한 문화에서 그 모든 것들은 '실제 일어난 것'을 어느 정도 상징한다. 그것은 비단 삶의 요구뿐만 아니라 진리를 위한 요구로 충만한다. 만약 이야기의 진실에 대한 믿음이 사라진다면 그 형태를 창출하는 시대는 지나가버린다. 비록 그것이 모조품으로나마 여러 세기 연명하고 혹은 겉보기에는 재현된 듯 보일지라도 별 수 없다고 할 것이다. 목가(牧歌)나 연가(戀歌)와 같이 허구의 상상력이 의식적으로 낳은 형태는 앞에서 언급한 형태들과 분명히 차이를 드러낸다. 무훈시를 둘러싼 프랑스의 제재(題材)와 순수 기사(騎士) 이야기의 브르타뉴 제재(題材) 사이에서 문화는 일보 전진했으나 그 일보는 세 걸음 만에 하늘과 땅 사이를 걸은 트리비크라마(Trivikrama)의 걸음걸이만큼이나 크다. 이러한 형태들을 이룩한 문화의 발전이 더디면 더딜수록 그 문화는 제례(祭禮)와의 관련을 더욱더 명백히 드러낸다. 그것은 모두가 나름대로 '실천윤리'다. 그것은 그 문화 특유의 지적 형태의 위상에 합치하는 한 그 문화와 관련된 '역사'다. 신화는 모든 시대에서 원시 문학이기보다 더욱더 원초적인 학문이다.

근대 문명이 과거와 관련하여 지닌 인식의 형태는 더 이상 신화가 아니라 비판적인 학문이다. 신화적인 개념으로 만족하고 있는(그렇듯 일상적으로) 현대 문화는 유치한 자기기만에 빠지고 있다. 만약 우리가 시적 허용임을 알고 있는 역사적인 구성을 믿는 체한다면, 그것은 마치 어린

---

13) 그 단순한 문학 형태에 대한 앙드레 졸레스(André Jolles)의 이론은 나의 이 설명 방식을 시사하고 있다.

아이와 장난감 기차 놀이를 하는 만화 「펀치」(Punch) 속 아버지와도 같다. 우리 문화에 적합한, 진정 성숙한 결실로서의 과거를 이해하는 형식은 오직 비판적인 학문의 형식뿐이다. 그런데 이 훌륭한 문화적 가치를 지닌 고귀한 결실을 제공하기 위해서는 전문가가 자신의 전문성을 알고 있는 것만으로는 불충분하다. 교양 있는 많은 사람들이 역사 연구의 훌륭한 작품을 즐김으로써 문화와 역사 지식 간의 관계는 훨씬 만족스러운 균형을 이루게 된다.

우리 문화에서 일반 교양인들이 받아들이고 원하고 흡수할 수 있을 만큼 삶을 위해 명백한 가치를 지닌 비판적이고 훌륭한 업적을 학문이 공급하는 데 성공한다면 역사적 지식의 자질은 가장 높은 수준이라고 할 수 있다. 엄밀한 객관성, 진지한 서술, 순수 학문 지향적 설정 등에 위축되지 않고 진지한 역사학을 요구하는 독자가 많으면 많을수록 그것은 반듯한 문화의 증명이며 역사가가 자신의 소명을 다하는 데도 바람직하다. 한편 역사의 여신 클리오가 시대의 적절한 인식 형태로서 엄밀한 요구를 등한시하고 단지 독자 수를 부풀리게 된다면 그것은 문화에서건 학문에 대해서건 바람직하지 못하다.

우리 시대가 바로 최선의 상황에 놓여 있다고는 도저히 말할 수 없다. 그러한 조건은 지금보다 한두 세대 이전이 좋지 않았을까 의심하게 된다. 이러한 문제가 일반적인 주장으로는 풀리지 않는다. 역사에 대한 바람이 피상적으로는 이전보다 증대된 듯 여겨진다. 많은 사람들이 좋아하는 형태로서 문화와 예술을 강조하고 도판을 많이 담은 세계사가 베스트셀러가 되고 있다. 무엇인가 특수한 문제에 관한, 작은 판형의, 주로 시리즈의 한 권인 그리고 때때로 유능한 저자에 의해 잘 편집된 축약 안내서 같은 것들 말이다. 그 밖에 회상록, 전기, 지방사 그리고 더 많은 것들이 있다. 한편 우리 문화에 관한 역사 연구 분야에서 현대의 대표적인 연구자들은 한 세기 이전의 대표적인 연구자들이 갖추었던 위대한 목소리를 지니지 못하고 있다. 미슐레나 매콜리의 음성은 오늘날의 어느 역사가의 목소리보다 더 또렷이 울려 퍼지고 있지 않은가? 아니면 우리에게 그렇게 여겨질 뿐인가? 그러한 어조는 상대적으로 쇠퇴했으니, 그것은 문화의 교향악적 연주법의 일반적인 변화에 공통적으로 원인이 있다고 할 것이다. 쓰인 언어의 화음은 끊임없이 시끄러워지고 점차 산만해지고 형태를 잃어가고 흩어지기 마련이다. 그러므로 개개의 부분들로서는 따라가기가 쉽지 않다. 모든 분야에서 뛰어난 목소리들은 전체의 일반적인 음향 속에서 사라져버린다.

그러나 역사학이 문화를 위해 보다 고도의 기능을 다하기 어렵게 하는 또 다른 상황이 존재한다. 그것은 문학과의 경쟁이다. 문학은 그 자체로 결코 성실하지 못한 경쟁자가 아니다. 문학도 학문과 마찬가지로 그것을 낳은 문화의 한 인식 형태다. 그 기능은 아름다운 시나 이야기를 낳는 데 있는 것이 아닌 세계를 이해하는 것, 학문과는 다른 방법으로 세계를 이해하는 데 있다. 그런데 세계를 이해하는 데서 오늘과 어제는 한순간도 구별될 수 없다. 현재가 과거가 되는 것이 아니라 오늘이 바로 어제다. 그 결과 문학의 구체적인 소재가 언제나 근본적으로는 역사적 형태의 세계였다. 그와 같은 소재들을 다루는 데서 문학은 학문적인 요구에 구애받지 않는다. 문학에서 세계의 형태는 단지 모티프에 지나지 않는다. 문학의 가치는 이 형태의 전형적·상징적 효과에 대한 것으로서 그 '진실'이나 '그것이 본래 어떠했던가'에 핵심이 있는 것이 아니다. 그러므로 문학은 형태의 세계로부터 전적으로 자유로이 그 인간상을 창출하는 것을 선호하고 진정한 '역사'로부터 그것들을 선택한다. 즉 오직 그것이 현재와 미래에 특별한 이유를 지니는 한 과거의 세계를 '진정 무엇이 일어났던가' 하고 관찰한다. 문학은 학문이 설명하지 않는 그리고 아마도 설명할 수 없는 갖가지 우주적인 혹은 인간적인 연관의 수수께끼를 끊임없이 드러낸다. 인류의 과거와 사회에 관련된 학문에 비해 문학적 창조의 힘은 바로 자유분방한 정신적 충족감, 자유로운 구상, 무한한 암시에 있다. 반면 그 약점은 창작 간의 일관성의 결여 및 영원한 불확실성에 있다.

역사 혹은 문학 가운데 어느 편을 추구할 것인가 하는 물음에 대한 답은 그 과제의 지적인 위상을 규명함으로써 전적으로 밝힐 수 있다. 만약 '진실'을 위한 강렬한 욕구나 어느 특정한 일들이 어떻게 '진정 일어났던가'를 규명하고픈 깊고 진지한 열망이 결여되었다면, 그는 역사를 연구해서는 안 된다.

최근의 잘못은 바로 여기에 있다. 즉 지금 역사학은 불성실한 경쟁자에 대해 불평을 한다. 지적인 위상은 혼란스럽고, 잡스러운 저작물이 유포되고, 그 대용품적 성격을 가장하는 시도가 이루어지고 있다. 이러한 사실을 단지 투기꾼과 같은 엉터리 문사(文士)들의 탓으로만 돌릴 수는 없다. 그 책임은 역사학이 우리 문화가 요구하는 종류의 성과를 질적으로 만족스럽게 채워주지 못한 데도 있다. 그렇다고 이를 가엾은 전문 역사가의 잘못으로 돌릴 수는 없다. 그들은 더 이상 이러한 과제에 적합하지 않다. 역사의 주제는 지나치게 어려우며 그들의 두뇌는 혼란스럽기만 하다.

역사의 소재는 모든 나라에 관해서만이 아니라 모든 도시, 모든 조직 그리고 모든 사건에 관해 끊임없이 축적되고, 사료 출판이나 전문 연구에 의해 그 영역이 넓혀지고 있다. 심지어는 수많은 전문 역사가들이 힘겨울 만큼 이른바 진정한 사료가 넘치기 전에 비판적 취사선택이 수행되어야 한다. 그들이 이룬 성과는 대체로 아직 조잡하여 우리의 문화에 직접 이바지하지도 못하고 그렇게 여길 수도 없다. 그들도 스스로 그것들을 자주 '예비 연구'라고 말하며 변명한다. 그러나 그것은 앞에서 말한 대로 어리석은 환상이다. 만약 그것들이 진정 단순한 예비 연구에 지나지 않는다면 그것은 믿음직하지 못한 가상의 역사적 메시아의 도정(道程)에 헛되이 깔린 미완성작이리라. 그러나 이미 논한 것처럼 '예비 연구'라는 환상을 환기할 필요는 없다. 세밀한 연구는 또한 그 스스로 가치가 있다. 그것은 다가올 구원을 위한 준비가 아니다. 그것은 친애하는 수호신에 대한 따스한 예찬이며, 그곳에 살고자 하는 지적 환경을 향한 기쁜 귀의(歸依)다.

그러나 문화는 더 많은 것을 요구한다. 그러므로 전문 역사가는 경험상 하나의 세밀한 문제를 확정짓기 위해 자신이 지불해야 할 비판적 과제가 극히 많음을 알고 있으며, 문화적 과제를 이룩하기에 사료들이 무한히 다양하고 복잡하여 자기 능력에 비추어 절망하고 머리를 설레설레 흔들게 된다. 그러고는 그 과제를 다루기 위해 필요한 예비 연구가 아직도 근본적으로 마련되지 않았다는 착각을 방패 삼아 도망쳐버린다. 그러고는 문화에 등을 돌린 채 건축 장인이 아닌 석공이 되고자 마음먹고 돌을 쪼개는 일을 한다.

바로 여기에 아마추어 역사가의 빈틈없는 손길이 주저 없이 간섭해온다. 그는 광범위한 여러 연관을 파악하는 데 필요한 전망을 모두 알고 있다. 우리의 지적 생활에서 위험스러울 만큼 안이하게 비치는 감상이 그에게는 질서정연한 사상으로 여겨진다. 근대정신을 이해하는 데는 논리적 사고의 엄밀한 구성이나 명석한 개념의 의식적인 원리가 요구되지 않는다. 토크빌은 예언자적 통찰력으로 이러한 지적 관행을 예견했다. 그는 '민주적'이란 단지 '근대적'임을 의미하는 것이라 여기면서 다음과 같이 썼다. "민주적인 국민은 포괄적인 술어나 추상적인 표현을 정열적으로 즐긴다. 왜냐하면 그러한 표현 방식은 사고를 확대하고 수많은 대상을 작은 공간에 포함시킬 수 있으므로 정신 활동을 돕기 때문이다. …… 그러므로 민주국가에 사는 사람들은 불확실한 이념을 지니게 된다. 그리고 그들은 그 이념을 소화하기 위해 안이한 표현을 요구하게 된다."[14] 이와

14) Alexis de Tocqueville, *La démocratie en Amérique*, two volumes, 1835, Book Three,

같이 고전적 합리주의자인 토크빌은 사고의 거대한 비합리화의 도래를 예견했다.

지나치게 광범위한 맥락 속에서 모든 것을 요약하는 이 두 기본적인 태도는 (역사가 늘 수행해야 할 일을 초월하고 있지만) 아마추어 역사가들에 의해 마련되는 대중적 역사의 기본 원리다. 그 저자 자신은 결코 잡스럽지 않다. 허버트 웰스나 반 룬에게는 진지한 역사적 열정으로서의 영예가 주어져야 한다. 그러나 절망적인 전문 역사가나 낙천주의적 아마추어 곁에는 제3의 길을 걷는 요소, 즉 근대적 출판업자가 존재한다.

근대적 출판업자, 그는 지극히 중요한 문화의 기구 가운데 하나이기는 하나, 그 기능으로 인해 언제나 얼토당토않은 결과를 부득불 야기한다. 혹은 넌지시 빗대어 말하면 그는 속담에도 나오는 들소처럼 눈을 부릅뜬다. 그는 자신이 해야 할 유용한 사회의 정신적 상황을 이해하고, 또한 물질적인 국면도 평가할 수 있어야 한다. 그런데 이 두 가지 가운데 하나라도 등한시한다면, 그의 출판물은 '인기'를 얻지 못하고 문화적으로도 결실을 맺지 못한다. 출판업자는 모든 문화가 지녀야 할 역사에 대한 갈망을 알고 있다. 그러나 그는 독자의 집중력 감퇴도, 흥미 위주의 탐닉도 알고 있다. 그는 이른바 민주적인 균등한 사회에서 지난 시대의 역사에 관심을 가진 독자보다 더욱 광범위한 독자층을 만족시키는 것이 자신의 기회이자 책무임을 알고 있다. 그러나 이와 같은 광범위한 독자층을 획득하기 위해서는 그들의 문화적 관행을 존중하고 그들의 비위를 맞출 줄도 알아야 함을 알고 있다. 즉 아카데미적인 모든 것에 대한 혐오, 지적 양식에서 정서, 색채 및 감상을 향한 강한 욕구, 개인적이며 주관적인 그리고 편향적인 것에 대한 기호 같은 것들을 말이다. 그런데 그

pp. 113, 115.[*Democracy in America*, two volumes, New York, 1948, II, pp. 69~70에서 인용했음]

것은 결국 일종의 철학적 모호성에서 기인한다. 이러한 모든 특징을 계산해달라고 출판업자가 저자들에게 일일이 역설할 필요는 전혀 없다. 저자들도 스스로 잘 알고 있다. 자신이 대중의 지적·정서적 취향에 양보하면 양보할수록 그 저작은 더욱더 출판에 적합하다. 그러므로 문화적 강제력은 일반 교양에 역사 연구가 스며들게끔 기획된 작품을 미리 처방한다. 즉 학술적인 주석은 자취를 감추고, 갖가지 색채가 들어가고, 견해가 강하게 주장되고, 환상이 날카롭게 자극된다.

이런 방식으로 문학적 역사, 말하자면 역사적 문예(belles-lettres)라고 불리는 잡스러운 작품이 고개를 든다. 왜냐하면 그 본질은 문학이며, 역사적인 것은 단순히 부수적인 것에 지나지 않기 때문이다. 오늘날의 역사적 문예라는 장르는 역사소설이나 역사 희곡 같은 지난날의 형태와 명백히 구별된다. 역사소설은 그 겉보기는 어떻든 소설일 뿐 그 이상의 무엇도 아니다. 다만 그 소재를 역사로부터 끌어왔을 뿐이다. 어느 정도 역사적 정확성을 지향하는 노력은 보다 만족스러운 효과를 얻을 수 있다. 그러나 그것은 어디까지나 부수적인 문제일 뿐이다. 그에 반해 새로운 형식, 즉 문예는 역사임을 주장한다. 전문 역사가의 역사가 아니라 그보다 더 훌륭한 작품이라는 차별을 내세우면서 말이다.

이 상품의 질에는 무언가 문제가 있다. 그것은 우리가 언제나 자랑스럽게 표방한 하나의 대단히 분명한 척도, 즉 연구를 통해 '진리'에 다가서고자 하는 진지한 욕구의 유무와 관련된다. 역사란 다만 '무의미한 것에 대한 의미 부여'(Sinngebung des Sinnlosen)라는 상투적인 문구를 즐겨 쓰는 사람에게 이것은 무의미하다. 그러나 역사가 '의미 깊은 것의 의미를 밝히는 것'(Sinndeutung des Sinnvollen)으로 여겨지는 한, 어떤 척도가 요구된다. 즉 어떤 과거가 지닌 완전히 '순수한' 영상을 향한 욕구로부터 분출되지 않았다면, 그것은 결코 역사라고 할 수 없다는 것이다.

이러한 사실을 감안하면 오늘날의 문학적 역사 서술이 지닌 두 가지 형태 간에는 질적 차이가 존재한다. 그 첫 번째 것, 보다 소중한 것을 나는 교양적인 역사 장르라고 부르고 싶다. 여기에는 진실을 표현하려는 욕구가 진지하다. 그러나 그 초점은 학문적이라기보다 더욱 심미적이며 종교적이다. 종교적 색채가 대단히 농후했던 시대에 한 무리의 광신도나 경건주의자를 배출한 사회적 충동이 현대사회의 교양인들 사이에서는 종교의 영역으로부터 예술과 문학의 영역으로 옮아갔다. (심리학적 유형으로서의) 많은 '경건한 영혼'은 오늘날 순수 심미적 양식으로 존재하고 있다. 토마스 아 켐피스(Thomas a Kempis)의 나라 네덜란드에서 문학비평과 예술비평이 일찍이 문학적 경건주의, 근대적인 '새로운 헌신'(그것은 『신(新) 백 가지 이야기』Cent nouvelles nouvelles처럼 대단히 분명치 않다고 하더라도)의 특징을 극히 자연스럽게 띠었던 것은 결코 우연이 아니었다. 거기에는 공동생활 형제단(the Brothers of the Commom Life)의 정신적·도덕적·사회적 관습의 특징이 적잖이 엿보였다. 서로 간의 경애감, 정서의 섬세한 분석, 절도 있는 시각, 그 모두가 그들에게는 낯선 것이 아니었다. 역사의 교양서가 바로 그 범주에 들어맞았다. 그것은 시대의 예술과 지혜를 감성적으로 이해하고자 하는 막연한 요구와도 부합한다. 그 어조는 교훈적이다. 교훈적 저작은 그것이 다루는 모든 것의 정서적인 내용을 과대평가하면서 약간 게으른 세대를 위한 교양의 요구에 맞추어 역사적 인물들을 단정하게 해석한다. 그것은 오해된 그리고 오해받기 쉬운 주의(主義), 이데올로기를 경솔하게 받아들인다. 그것은 모든 성인(聖人), 현자(賢者), 영웅들의 영혼에 담긴 수수께끼를 알고 있다. 그것은 휘파람을 불면서 최고의 작품을 창출하는 예술가들을 위해 비극적인 심리 갈등을 꾸며낸다.

특히 마지막 측면에서 교훈적 저작의 정신이 낭만주의의 후예임을 본질적으로 보여준다. 잠깐 우리 시대의 특이한 성격인 악덕의 가면을 살펴보자. 그것은 완전히 다른 형태이기는 하나 어떤 의미에서 18세기 감상주의의 근대적인 재현이다. 옛 감상주의는 미덕의 예찬과 그 자체로 밀접히 결합되어 있음을 자각했다. 그것은 때때로 아주 어려운 방식으로 정열과 미덕 간의 균형을 시도했다. 오늘날에는 더 이상 그럴 필요가 없어졌다. 정열만으로 혹은 그 모습만으로도 충분하다. 언어나 이미지로 현실을 재현할 경우에는 (나는 여기서 대체로 문학에 관해 말하고 있다) 정열의 요소가 기능해야 한다. 윤리 규범이 찬미되는 것은 절대 있을 수 없다. 도의적 인간도 악덕을 찬양함으로써 근대인의 후광을 확보한다. 이러한 찬양은 신성한 듯한 미덕의 과시가 언제나 그랬던 것과 똑같이 문화적 위선의 한 형태다.

감상주의와 정열 양자는 18세기 중에 문학과 문화의 영역을 사로잡은 평민적인 지적 태도의 토양에서 자랐다. 만약 '평민적'(plebeian)이라는 말에서 경멸적인 뉘앙스를 제거하면 '민주적'이라는 말을 정치적·사회적 영역을 위해 보류할 수 있을 것이다. 그리고 평민의 개념은 (부르주아라는 의미를 포함하여) 문화 영역에서 귀족적이라는 개념의 안티테제로 쓰일 수 있다. 귀족적인 문화는 그 감정을 드러내지 않는다. 그 표현 형식은 근엄하고 신중하다. 그 일반적인 태도는 금욕적이다. 강해지기 위해서는 냉엄해져야 한다. 혹은 적어도 감정이나 성향의 표현은 오직 우아한 형식으로서만 바람직하다. 에르네스트 세이에르(Ernest Seillière)는 이러한 사실을 훌륭하게 설명하고 있다.[15)]

일반 민중은 언제나 반금욕적이다. 감정의 격한 물결, 가득 찬 눈물, 벅찬 감동은 언제나 민중의 가슴을 적시고, 상류 계층의 정신까지도 보

---

15) Ernest Seillière, *Le mal romantique: Essai sur l'impérialisme irrationel*, Paris, 1908; *Les mystiques du néo-romantisme: evolution contemporaine de l'appétot mystique*, Paris, 1911; *Le péril mystique dans l'inspiration des démocraties contemporaines*, Paris, 1918; *Les origines romanesques de la morale et de la politique romantiques*, Paris, 1920.

통 그에 따라 요동치기 마련이다. 에밀 파게(Émile Faguet)에 따르면 '신랄한 평민'인 루소와 함께 반금욕적인 지적 태도가 선으로서 승리했다. 그 이름은 낭만주의다. 그와 함께 사랑과 증오의 우거지상에 무례한 흥미가 모이고 그것은 영화 속에서 엄청난 표현을 발견했다. 악덕의 문학적 과시와 뒷골목에서 병 타령을 하는 두 하녀의 대화 사이에는 지적 차이가 극히 적다.

역사는 민주적이 되어도 좋으나 금욕적으로 지속되어야 한다. 쥘 라포르그(Jule Laforgue)는 자신의 편지에서 모든 역사는 끝없이 연속되는 비참함일 뿐 그 무엇도 아니라고 여긴다고 말하고 있다. 그러나 그는 시인이었다. 만약 역사가가 세상의 온갖 비참 앞에서 동정을 기울인다면 그는 자신의 책무를 등한시하게 될 것이다.

근엄하고 신중하며, 가슴에 깊이 설레이는 감정을 더듬는 데 약간 회의적이고 느긋한 마음씨는(모두가 반듯한 역사 서술이 지켜야 할 의무이지만) 오늘날의 독자에게 통하지 않는다. 이 점에서 우리가 유념한 역사적 문예라는 두 번째 장르가 나타난다. 낭만적인 전기는 최근에 하나의 장르로서 국제적으로 각광받게 되었다. 그것은 일반적인 제목 아래 시리즈로 나타난다. 이러한 사실에서 그 현상에는 출판의 이익이 그 역할을 다하고 있음을 알 수 있다. 바야흐로 새로운 종류의 인생(Vitae) 이야기에 대한 요구가 나타났다. 그것은 사료 지식을 널리 수집하고 그에 근거하여 순수 역사에 접근하면서도, 시장에 맞추어 근본적으로는 문학으로 조절하는 의도가 엿보인다. 만약 저자가 냉정하다면 그 요구는 앙드레 모루아(André Maurois)의 『디즈레일리』(Disraeli) 같은 역사의 한계를 약간 벗어난 작품을 제공하게 된다. 그렇지 않은 다른 경우에는 조제프 델테유(Jeseph Delteil)의 『잔 다르크』(Jeanne d'Arc)에서처럼 문학이 완전히 지배하게 된다. 에밀 루트비히는 몇 해 사이에 유명해졌다. 빌헬름 하우젠슈타인(Wilhelm Hausenstein)은 우리에게 렘브란트와 사스키아(Saskia)

부부 간의 비밀을 알려준다. 지난해 네덜란드 문학은 펠릭스 티메르만스(Felix Timmermans)의 작품에 의해 이 장르에서 주목할 만한 표본을 제공했다.『피터 브뤼헐, 그리하여 나는 그대의 작품에서 그대의 향기를 맛보았다』(Pieter Bruegel, zoo heb ik U uit Uw werken geroken)가 그것이다. 이 작품에서 그 뛰어난 저자는 스스로 이중의 진귀함을 보여주었다. 호격(呼格)의 책 제목과 후각적(嗅覺的) 역사 편찬이다(후자로 말하자면 이미 그에 앞서 다른 사람에 의해 행해진 바 있다).

이 모든 이름보다 더욱 충격적인 것은 15세기 프랑스사의 가장 저명한 학자인 피에르 샹피옹(Pierre Champion)의 걸작『샤를 도를레앙』(Charles d'Orléans),『프랑수아 비용』(François Villon) 및『15세기 시의 역사』(Histoire poétique du XVe siècle)이며, 그 뒤 그는『루이 11세』(Louis XI)에서 전기와 문학적인 성과의 길을 따르는 것을 자신의 소명으로 여겼다는 사실이다.

진정한 역사 정신을 갖춘 사람이라면 대단히 아카데미적인 학자이건 혹은 단순히 교양 있는 독자이건 이러한 장르 전체에 부정적으로 반응할 것이다. 이는 반듯한 감식가가 물을 탄 포도주를 싫어하는 것과 같은 이치다. 그는 불순물을 알아차린다. 이 세상에는 역사의 순수하고 산뜻한 맛에 필적할 만한 문학적 효능이란 존재하지 않는다. 우리는 역사의 무미건조함을 원치 않으나 '쓴맛'이 있어야 한다. 잡스러운 장르의 추한 냄새를 씻어버리기 위해서는 수중에 있는 일급의 진정한 사료(연대기나 재판 기록, 증서, 편지 혹은 결의문)만으로도 충분하다.

역사적 문예의 저자는 다음과 같이 반박할 것이다. 즉 역사가인 그대들은 모든 역사 인식(문제의 설정, 자료의 취사선택, 확정된 자료의 해석과 종합)에 강렬한 주관적인 요소를 인정하고 있지 않은가? 그렇다면 나와 그대들의 작업 간에 활력과 교묘한 환상을 제외하면 어떤 차이가 있단 말인가? 그리고 그것은 그대들에게도 결여되어서는 안 되지 않을까?

그에 대한 답변은, 그 차이는 작품이 어떤 지적 자세에서 만들어졌는가에 달렸다고 할 것이다. 그 반론의 가장 대표적인 형태의 하나로서 기 드 푸르탈레(Guy de Pourtalès)의 『리스트의 생애』(위인의 생애 시리즈 제1권)를 들어보자.

저자가 바로 첫 쪽부터 갖춘 것은 문학이었지 역사가 아니다. 그가 서술한 모든 것은 역사가에게 미심쩍게 여겨지는 것들뿐이었고, 역사가가 서술해야 할 만한 것들은 모두 문학적인 이미지들로 뒤덮여 생기가 없다. 가능한 한 자기의 편견을 배제하고 과거를 이해하고자 하는 지극히 진지한 욕구야말로 저작을 역사로 만드는 유일한 길이다. 판단은 무엇을 서술해야 할까 하는 절대적인 신념에 좌우된다. 그런데 과거가 소설의 언어로, 상상적인 문학작품의 형식으로 옮겨지면서, 저자는 여전히 자신이 역사를 쓰고 있다고 믿더라도 역사의 신성한 본질은 더렵혀진다. 그러므로 그는 스스로 문화를 뒷받침하고 있는 인식 형식을 포기하고 반듯한 독자들의 진정한 역사 감각을 질식시켜버린다.[16]

역사와 문예 간의 경계를 뚜렷이 지울 수는 없다. 그것은 양심, 겸양 및 공헌의 문제다. 괴테는 요한 페터 에커만(Johann Peter Eckermann)에게 이렇게 말했다. "붕괴하고 있는 시대에는 모든 경향이 주관적이다. 그에 반해 새로운 시대를 향해 사물이 성숙할 때는 모든 경향이 객관적이다." 이 말이 진실이라면 우리 시대는 과연 어디에 놓여 있을까 하고 자문해본다. 에리히 로타커(Erich Rothacker)에 따르면 최근 10년간 역사적 지(知)의 쇠퇴는 결코 우연한 현상이 아니다.[17]

....

16) 기쁘게도 나는 해럴드 템펄리(Harold Temperley)가 "Foreign Historical Novels", *Historical Association Leaflet*, LXXVI, 1929에서 이런 종류의 중복 서술된 역사에 대한 나의 혐오감을 공유하고 있다는 사실을 알게 되었다. 하지만 내 생각에 그는 진실된 역사 소설이 역사를 이해하는 데서 지니는 가치를 과장하고 있다.

17) E. Rothacker, 앞의 책, p. 166.

내게는 에른스트 트뢸치가 1919년 봄 레이던 대학 강연에서 한 마무리 발언이 아직도 생생하게 메아리치고 있다. 그는 오늘날 가장 중요한 과제로서 건강의 회복을 지적했다. 외경(畏敬)의 마음, 우리 자신보다 더욱 풍요롭고 고귀한 모든 것에 대한 새로운 존중, 그것이 가장 중요하다고 그는 생각했다. 그 강연과 같은 시기에 혹은 약간 앞서서, 지적 지평선에 혜성처럼 나타난 슈펭글러에 관해서 그는 다음과 같이 말했다. "우리가 어려움 끝에 획득한 비판적 합리주의, 문헌학적인 요소, 경험적 엄밀함 및 인과율에 대한 조심스러운 탐구를 포기하려고 한다면 훗날 그것들을 찾고자 고생하게 되고 (그러한 능력도 의지도 결여된 채) 적극적이었던 정신도 사라져 결국 곤란스러운 야만으로 타락한다면 참으로 유감스럽다고 할 것이다."[18]

　칼라일은 자신이 말한 영웅들의 근본적 특징으로 자기 자신과 세계에 대한 지극한 진실성, 깊은 성실성을 들었다. 누구나 영웅이 될 수는 없으나 모든 사람이 영웅적인 성실성을 향해 노력할 수는 있다.

　재능과 유행 및 지적인 즐거움이 문학이라는 공간에 담은 모든 것과 역사학은 경쟁을 해야 한다. 이 경우 오늘날의 형편은 역사가에게 바람직하지 않다. 역사학이 문화적 창조에서 과거에 관한 문학적인 파악을 뛰어넘어 오늘날 문화생활의 구조를 여전히 다룰 수 있을까, 이것이 문제다. 여기에서도 또한 지배 집단의 일반적 발전, 바꿔 말하면 사회 민주화가 위험을 드러내고 있다. 전문적인 학문은 소수를 위해서만 기능한다. 그것은 귀족적이다. 문학(그와 더불어 일반적으로 수용되는 학문)은 다수를 위한 것이며 다수의 것이어야 하고 현대 문화가 전적으로 그러하듯 민주적이어야 한다. 학문과 문학이 아직도 하나였던 고도의 교양 계층과

<hr />

18) 슈펭글러에 대한 트뢸치의 리뷰, "Der Untergnag des Abendlandes: Umrisse einer Morphologie der Geschichte, two volumes (Munich, 1918)", in *Historische Zeitschrift*, CXX, 1919, pp. 281~91, 인용은 p. 290.

대중의 소박한 지적 생활 간의 지적인 간격이 신사와 일반 서민 간의 사회적 격차와 여전히 일치했던 지난날의 환경은 더 이상 존재하지 않는다. 미하일 로스토프체프가 『로마 제국의 사회경제사』(Social and Economic History of the Roman Empire)의 결론에서 제기한 고뇌에 찬 의문은 아직도 답변되지 않고 있다. "궁극적인 문제는 유령처럼 아직도 떠돌아 해결되지 않고 있다. 고도의 문명을 그 수준을 낮추지 않고, 가치를 악화시키지 않고 하층계급에게 확산할 수 있을까? 모든 문명은 대중에게 침투하자마자 그 순간 타락할 수밖에 없는 것일까?"

IV

문화사의 주요 과제는 문명의 실제적이고 특수한 과정을 형태학적으로 이해하고 서술하는 데 있다.

1. 역사적 감흥

여기서는 역사 연구의 본질과 과제에 관련된 세 가지 안티테제에 대해 생각해보자. 그 가운데 첫 번째는 질문의 형식으로 잘 표현될 수 있을 것 같다. 즉 역사가의 지적 활동에서 중요한 것은 추체험의 요소일까, 직관적 이해의 지배일까? 혹은 구성 및 종합의 요소일까? 이 문제의 경우 훨씬 오래전 인문학적 인식론이 독립적 형태로 정립된 시기에 이미 첫 번째 것에 긍정적인 방향으로 답이 주어졌다. 그러면서도 그 견해에는 제거되어야 할 여러 불확실성이 남아 있다.

자연과학은 람프레히트가 주장한 것처럼 정확성의 규범을 진정한 학문의 유일한 시금석으로 여기고 그러한 요구를 부각한다. 이와 같은 자연과학의 지배로부터 역사가 해방되어야 할 때 언제나 제일 먼저 필요했던 것은 스스로가 무엇에 관해 말해야 하는가를 인식하는 것이었다. 그러나 이러한 사실도 자주 그러했듯이 뒤늦게야 자각되었다. 역사가의 지적 활동의 진정한 본질에 관한 명확한 상은 연구자가 서로를 이해하기 위한 전제 조건이었다. 람프레히트는 모든 역사 연구는 특수한 사실에 관한 지식을 결합하고 그 독자적 의미가 해소될 수 있도록 일반적인 개념의 확립을 지향해야 한다고 요구했다. 그럼으로써만 역사는 과학이 될 수 있었다. 만약에 그것이 특수한 사건의 관찰에만 머문다면 역사는 학문이라고 할 수 없을 것이다. 가령 이 규범이 정당하다 하더라도 역사학이 결코 존재할 수 없었을 것이다. 역사가가 이제까지 생각하고 서술한 그 모든 것들은 전혀 다른 방식으로 나타났다. 단지 일반 지식의 이해가 학문이 된다는 그러한 주장은 부질없는 명제였다. 빈델반트와 리케르트는 어떠한 일반적인 개념으로도 도출되지 않는 특수한 지식도 바로 진정한 학문이라고 주장했다. 그럼으로써 그들은 인문학적 지식 이론에 토대를 마련했다. 람프레히트와 그의 개념 구성적 역사 연구 슬로건에 대한 그들의 논박 속에서 람프레히트의 반대론자들은 역사가의 지적 활동의 이미지를 그것의 실제 모습대로, 그것이 가장 훌륭한 성과를 산출해 왔던 것으로 그려냈다. 이러한 이미지 속에서 역사의 구체적인 특성이 중요시되었다. 생각건대 이러한 이미지를 떠올리면서 그들은 무엇보다 (그밖에 달리 어떻게 생각할 수 있겠는가?) 랑케의 고전적인 모습을 떠올렸을 것이다. 모든 법정이나 궁전의 복도를 기웃거리고 모든 외교문서의 우여곡절을 뚫고 결국 그 인물들과 긴밀하게 교류하며 중요성과 가치를 평가하곤 했던 랑케의 정신은 람프레히트의 반대론자에게 역사가의 이미지에 대한 영감을 주었다. 이런 맥락에서 볼 때 그들의 역사 연구 개념에서 직관이나 추체험과 같은 요소에 강조점이 주어지는 것은 당연하다. 랑케도 그렇게 생각하고 활동한 것으로 여겨진다. 그는 온갖 인간의 삶을, 모든 역사적 사건들을 자신의 마음속에서 추체험했다.

"역사가는 과거를 우리 앞에 다시 한 번 사실적으로 비추고자 합니다. 그리고 그것은 과거의 고유한 사건들을 그 개별적 과정에 따라 어느 정도 우리에게 추체험할 수 있도록 함으로써만이 가능합니다. 역사가는 언제나 청중 혹은 독자를 향해 현실의 한 단면을 그들의 상상력을 이용해 명백히 떠올리도록 호소할 것입니다."[19] 리케르트는 1894년 유명한 강연 「문화과학과 자연과학」에서 이렇게 피력했다. 그리고 그 무렵 빈델반트도 다음과 같이 말했다. "전승된 전통을 역사적으로 비판할 때 요구되는 개념적인 조작이 아무리 정밀하더라도 궁극적인 목적은 언제나 많은 사료들로부터 과거의 진정한 형태를 생생하고 명확하게 그려내는 데 있다. 그리고 그것이 창출하는 것은 무엇보다 인간과 인간 삶의 이미지이며, 풍요로운 독특한 모습이며, 활기가 충만한, 개인적 활력이다."[20]

이 두 철학자가 현대의 역사 인식론이 더 이상 책임지려 하지 않는 역사적 리얼리즘을 얼마나 중요시했을까 하는 문제에 대해서는 거론하지 않겠다. 역사란 과거의 착잡한 모습을 재현할 수도 없고 또 그러고자 하지도 않는다. 또 과거의 한 윤곽을 구성하여 그것을 진실이라고 지칭하고 달리 있었을 수도 있는 모양새를 배제하고자 하지도 않는다. 그러면서도 그것과는 달리 하나의 의문이 뒤따른다. 과연 근대사의 얼마나 많은 페이지가 빈델반트나 리케르트의 언명에 실제로 부합할 수 있을까? 그것들이 역사가의 의도나 그 저술이 독자에게 끼친 영향을 실제로 반영하고 있을까? 역사의 기능이란 진실로 현실의 한 단편의 추체험, 인간과 인간 삶의 이미지를 비춰주는 것일까?

문제를 실현될 가능성이 없는 관점에서 잠시 살펴보자. 가령 랑케의 위대한 창조물이 아니라 게오르그 바이츠(Georg Waitz)의 저작이 역사 개

19) H. Rickert, *Kulturwissenschaft und Naturwissenschaft*, Tübingen, 1984, p. 39.
20) W. Windelband, *Geschichte und Naturwissenschaft*, Strasbourg, 1894, p. 31.

념을 결정한다면 역사가의 지적 기능의 이미지는 어떤 형태로 비칠까? 아마도 사람들은 바이츠가 비교 대상으로 적절한 역사가가 아니라고 말할 것이다. 그는 법제사가로서 역사적 형태를 가지고 작업할 수밖에 없었으니 그것은 본질적으로 관조나 추체험과 같은 방식으로 이해될 수 있는 것이 아니었다. 그러므로 그 논지를 받아들이든 그렇지 않든 현대의 학문적 역사의 모범으로서 이론(異論)이 없는 일반적 성격의 저작을 들어보자. 나는 피렌의 『벨기에사』를, 특히 그 처음의 두 권을 참조하고자 한다. 피렌은 인간의 삶을 묘사했을까? 전혀 그렇지 않다. 지나간 현실의 볼거리를 기술했을까? 아니었다. 그러나 이제부터 차이가 나타났다. 그는 이미지를 떠올렸던가? 그렇다. 그는 그것들의 추체험을 허용했던가? 그렇다. 피렌의 책과 같은 저작을 읽으면 그것이 순수 학문적 수준임에도 불구하고 사람들은 실로 과거와 직접 결부된 감정을 되풀이하여 지니게 된다.

이제야 문제의 핵심에 다가섰다. '역사적 감흥'이라는 용어로 가장 잘 시사된 역사적 이해 속에 가장 중요한 요소가 있는 것이다. 이것을 또한 '역사적 접촉'이라고도 할 수 있다. '역사적 상상'은 너무나 많은 것을 이야기하게 되고 '역사적 비전'도 마찬가지다. 왜냐하면 시각적 개념으로서의 서술은 지나치게 한정되기 때문이다. 빌헬름 폰 훔볼트가 이와 관련하여 이미 사용한 독일어 '예감'(Ahnung)이라는 말은, 다른 맥락에서 지나치게 많이 쓰이지 않는 한, 거의 완벽하게 그것을 표현할 것이다. 이완벽하게 환원될 수 없는 과거와의 접촉은 어떤 하나의 분위기에 들어서는 것이며 자기 초월의 수많은 형태의 하나이며 우리에게 주어진 진실 체험의 형태다. 그것은 심미적 즐거움도, 종교적 정서도, 자연의 자각도, 형이상학적인 인식도 아니다. 그러면서도 그것은 그 모든 것의 하나의 모습이다. 이러한 감동의 대상은 우리가 구분할 수도 있다고 생각하는 개별적 형태의 인간의 모습도 인간의 삶도 인간의 사상도 아니다. 이 관련에서 정신이 창출하거나 경험하는 것은 거의 이미지라고 할 수 없다. 설사 하나의 형태를 가정한들 그것은 복합적이고 모호한 것, 대체로 '예감'이다. 감동을 주고 감동을 받는 사람들에 대한 예감인 만큼 길과 집, 들판에 대한 예감이며 소리와 색깔들에 대한 예감이다. 순수성과 진실이라는 지극한 신념에 따른 과거와의 접촉은 사료 혹은 연대기의 한 줄, 하나의 인쇄물, 옛 노래의 사소한 음표로부터도 끌어들일 수 있다. 그것은 저자가 어떤 언어로 자신의 저작에 담은 그러한 요소가 아니다. 그것은 역사책 속이 아니라 그 너머에 담겨 있다. 독자가 그것을 저자에게 가져다주며 그것은 저자의 호소에 대한 독자의 응답인 것이다.

만약 이것이 많은 역사가들에 의해 추체험으로 표현되는 역사 인식의 요소라면, 그것은 잘못된 표현이다. '추체험'은 지나치게 한정된 심리적 과정을 의미한다. 우리는 역사적 감동을 하나의 추체험으로서 이해하기보다 오히려 음악의 이해나 차라리 음악에 따른 세계의 이해와 깊이 관련된 것으로 인식한다. 인식 방법으로서의 추체험은 많든 적든 간에 끊임없는 독서와 사색이라는 어려움을 수반한다. 이러한 감흥, 비전, 접촉, 예감은 실제에서 각별한 지적 투명성의 요소, 정신의 순간적인 통찰의 요소로서 한정된다.

이러한 역사적 감흥은 분명히 본질적인 것이므로 그것은 거듭해서 역사 인식의 참된 본질로 느껴진다. 미슐레의 묘비에는 그 자신의 말이 새겨졌다. "역사는 부활이다." 텐은 "역사란 과거의 사람들을 보는 것과도 같다"고 말했다. 그들의 이 두 모호한 표현은 인식론의 조심스러운 정의(定義)보다 더욱더 유용하다. 문제가 되는 것은 '대체로'(a peu pres)이다. 부활은 바로 꿈의 영역에서, 무형의 이미지를 관찰하며 절반밖에 이해되지 않는 말을 들으면서 일어난다.

역사적 감흥의 가치나 삶에서 그것이 요구되는 수준(과거와의 접촉을 향한 충동에 걸맞은 수준)에 내포된 것은 니체가 생전에 경멸하며 던져버린

'골동 취미'의 부활이다. 계보학(系譜學)이나 문장학(紋章學) 그리고 아마추어 지방사가의 극히 소박한 역사 탐구는 이러한 지적 몰입을 통해 고귀하고 숭고해질 수도 있었다. 만약에 연구자나 독자들이 그들로부터 감흥을 받는다면 그들의 저작은 스스로 큰 의의를 지니게 된다.

앞에서 논했듯 불행히도 추체험이라고 불리는 그 기능은 아무리 중요한 것이라도 언제나 인식되는 것이 아닌, 오직 때때로 나타날 뿐이었다. 그것은 단지 역사적 이해의 한 부분에 지나지 않는다. 역사 이해나 역사 서술은 단순한 역사적 암시의 체험 및 환기보다 더욱더 중요하다. 만약 우리가 피렌의 명성에 더해 마이네케, 조지 트레벨리언(George M. Trevelyan) 그리고 그 밖의 몇몇 뛰어난 대표자들의 손을 거친 오늘날의 진정 최상의 역사 서술을 바로 펼쳐든다면, 그 감화(感化)의 주요 부분은 정서 체험이 아니라 맥락을 이해하는 것임이 분명하다. 랑케나 미슐레와도 같은 근대 역사가들의 책들을 검토한 사람이라면, '추체험'에 호소할 의도는 극히 적으며 특정한 형태로서 이해하고자 하는 노력을 언제나 발견한다. 진정한 구상성(具象性)이란 결코 개념성의 반대로 여겨지지는 않는다. 역사의 모든 작품은 관련성을 구성하고 형태를 디자인함으로써 과거의 리얼리티를 파악할 수 있다. 역사란 사실을 의미 깊게 배열함으로써 이해를 창조하며, 엄밀한 인과관계의 확립은 극히 제한된 의미를 지닐 뿐이다. 역사가 갖추는 지(知)는 '무엇이', '어떻게'와 같은 물음에 대한 답변이다. 그리고 '왜'라는 물음이 단지 하나의 예외로서 존재한다. 그런데 학자나 독자 모두가 대체로 후자의 물음에 답변하는 것으로 착각한다.

2. 심리학 혹은 형태학?

과거는 우리의 마음속에서 스스로 수렴되며, 그러한 과거의 형태를 둘러싼 관조(觀照)에 따라 역사의 의의를 긍정한다면 이제 제2의 의문이 생겨난다. 역사가 되고 또 되어야만 하는 과거에 관한 형태학은 과거에 관한 심리학으로 불리는 것이 보다 적절하지 않을까? 이러한 관점에서 역사의 현실적 과거를 사회심리학으로 주장하기를 확신한 람프레히트의 권위는 그 이론을 응용하여 서술한 그의 저서 『독일사』의 뒷 권들이 지난날 읽힌 것 이상으로 훨씬 더 광범위하고도 영속적인 영향을 끼쳤다.

언뜻 보기에 역사적인 주역들을 심리적으로 해명하고 더 나아가 한 시대 전체의 정신적인 삶을 총괄할 수 있는 사람은 이러한 방법으로써 역사를 밝힐 수 있다고 여겨진다. 그러나 그것은 현실적으로 아주 그릇되었다고 할 수 있다. 역사학의 지난날의 발전과 앞으로의 발전이 보여주듯이, 역사학은 역사적 심리학의 그와 같은 욕구와 전혀 무관하다. 그것은 참으로 상관이 있을 수 없다. 아나니(Anagni) 사건에서 미남왕 필리프 4세, 보니파키우스 8세, 기욤 드 노가레 및 모든 다른 단역들의 마음에 들어가본들 그리고 그 관련성을 지적으로 모두 종합해본들 1300년의 그 끔찍한 사건이 결코 생겨날 리 없다. 그 사건이 나의 마음을 흔들어 그 인물들이 운명에 어떻게 맞서고 그들의 충동이 어떻게 표명되었는지 심사숙고해본들, 현실적으로 일어난 모든 것 가운데 그 어떤 요소도 미리 결정되었다고 시사할 수 없다.

개인의 심리적 인식 대신에 대중의 심정에 관한 인식, 즉 일종의 사회적 심리의 인식을 가정하더라도 그 결과는 오히려 진정한 역사적 이해와 거리가 멀다고 할 것이다. 가령 12세기 영국 주민들의 사회적 심리를 묘사할 수 있다고 가정해보자. 나에겐 그러한 심리가 실제로 인지될 수 없을 뿐만 아니라 참으로 생각될 수조차 없다. 그것은 토머스 베켓(Thomas Becket) 혹은 콘월 백작 리처드(Richard, Earl of Cornwall) 같은 사람을 밝히는 데는 물론 영국의 운명을 실제적으로 설명하는 데도 전혀 쓸모가 없다. 그러나 반론이 있을 수 있다. 즉 심리적으로 인식하고자 하는 모든 시도는 개인을 향하든 집단을 향하든 간에 결국 형태학, 형태를 파악하고자 하는 바람이 아니던가? 베켓의 인격은 하나의 형태, 아리스토텔레스나 아퀴나스에 의해 사용되고 우리 시대가 다시 한 번 그 의미를 인식하기 시작한 말의 불가피한 의미에서의 형상(形相, forma)이 아니었던가? 문학사가가 한 시인을 이해하고자 할 때 그의 과제는 일종의 심리학이며 또한 형태학이 아니던가? 그리고 이러한 현상은 한 정치가를 묘사하는 일반적 역사가에게서도 바로 진실이 아닐까?

의심의 여지 없이 당연하다. 나는 역사가 원칙적으로 형태학이며 심리학은 아니라는 명제를 갖고 역사의 모든 심리적 활동들을 부정하고자 하는 것이 아니다. 우리가 한 인간의 삶, 한 개인의 인격 혹은 많은 인간 생활의 가정적(假定的) 집대성을 하나의 역사적 형태로 다루면서 그 가운데 과거의 한 단면을 실제적인 과정으로 이해한다면, 그 외관상의 모순은 해소된다. 그리고 심리적 인식은 역사에 주어진 형태의 한 관점으로 여겨진다. 그러한 사실은 역사 연구에서 생물학에서와 달리, 현상을 결코 유기체로서가 아닌 언제나 사건으로서 보고자 자각할 때 더욱 그러하다. 역사의 유기체(가령 그것이 있다면)는 인간 심리의 외면에 놓여 있다. "인류의 진정한 연구는 인간"이라는 알렉산더 포프(Alexander Pope)의 말은 인류학적 관점에서 보면 정당하나 역사적 관점에서는 오해받기 쉽다. 역사는 인간을 내면적으로 결합시키거나 그 행위의 심리적인 원리에 관련된다기보다 인간 상호 간의 유대나 관련성에 깊이 연관된다. 미국적 개념인 사회학적 가치를 깊이 지닌 '행태'(behavior), 즉 외부 세계에 대한 대응으로서의 인간 행위는 극히 조심스럽게 응용된다면 역사가에게도 유익할 것이다.

역사적 지식욕와 심리학적 지식욕 간의 차이는 침묵이라는 논증에 의해 밝혀질 수 있다. 만약 그러한 차이가 없다면 역사는 일찍이 심리학과 밀접하게 결부되었을 것이다. 그러나 그렇게 되지는 않았다. 이 두 학문 간의 관계는 우호적이면서도 그렇게 우호적인 편은 아니다. 결론을 맺기에 앞서 심리학적 연구 성과를 확인해야 한다고 생각한 역사학도가 과연 있었을까? 역사는 헤라르뒤스 헤이만스(Gerardus Heymans) 학파의 역사심리학의 몇몇 실험들에 자료를 제공했으나 그 실험 결과에 역사는 영향을 받지 않았다. 역사에 대한 심리 분석 이론의 응용에 관해 나는 여기에서 언급하지 않겠다. 심리학과 역사 간의 보다 밀접한 **접근** 가능성은 에른스트 크레츠머(Ernst Kretschmer)의 『체격과 성격』이 잘 보여준다. 이 뛰어난 책은 역사가들 모두의 학문적 통찰력에 큰 보탬이 되었을 것이다. 그러나 역사적 인물에 그 이론이 적용된 몇몇 실례를 보면, 그 성과에 역사가로서는 회의적일 수밖에 없다. 만약 크레츠머의 이론 체계에 진정 기대할 만한 것이 있다면 나는 그것을 그의 고도의 형태학적 가치에서 찾고 싶다.

역사란 과거가 우리에게 주는 의미의 해석이다. 이러한 역사의 특성에는 정합(整合)이라는 성격도 포함된다. 역사가는 자신의 문화에 비춰진 과거의 한 단면을 이해하기 위해 언제나 그리고 모든 측면에서 그 단면의 형태와 기능을 관찰하려고 노력해야 한다. 역사는 언제나 형태와 기능의 언어로서 말한다. 가령 형태학의 방법론적 계획이 전혀 고려되지 않는 경우일지라도 말이다. 다만 유일한 조건은 지(知)에 대한 주장이 순수 역사적이어야 하며 역사가가 완고해서는 안 된다는 것이다. 모든 역사학 논문은 그 논제가 반듯하게 설정된 것이라면 역사적·형태학적 문제에 대답해주기 마련이다. 그러나 모든 학파가 예외 없이 어리석게 전통이라는 잡동사니에 국자를 처박는 데 급급하다면 참으로 슬픈 일이다. 만약 정해진 형태나 기능도 찾지 못한다면 그러한 연구의 결산은 볼품없는 폐물의 혼합이거나 수사학적이며 낭만적인 인쇄물에 지나지 않을 뿐이다.

모든 사건(아주 단조로운 사실을 제외하고)은 역사적 인식의 능력에 따라 구상되며, 그 전제로서는 과거의 소재가 정리되고 현실의 일련의 혼돈이 하나의 심적 이미지로 통합되는 것이 필요하다. '일상생활'에서 이러한 정리는 어떠한 역사적 집착도 없이 행해지는 일이 허다하다. 이러한 자연스러운 관념을 소재로 한다는 사실 때문에 역사는 삶 자체와 불가분의 유대를 지닌다. 역사적 사고란 오직 일반적인 사고의 연장일 뿐이다. 그것은 현실의 극단적인 명목론(名目論)으로부터 이념에 이르는 과정을 더욱 진척시키는 일이다. 역사에 관한 자각이 시작된 그 시초부터 과거에 형태를 부여하는 이념이 존재했다. 철저한 명목주의자에게는 '자본주의'나 '종교'는 물론 '의회'나 '세계대전'도 존재하지 않는다.

특히 정치 생활의 역사적 형태는 생활 자체에서 이미 발견된다. 정치사는 고유한 형태를 띠고 있다. 즉 국가조직, 평화협정, 전쟁, 왕조 및 국가 자체 등이 그렇다. 이러한 여러 형태 자체의 엄청난 중요성으로부터 정치사가 분리될 수 없다는 사실 속에 정치사의 기본적인 성격이 존재한다. 정치사는 더욱 각별한 사회의 형태학인 까닭에 확고한 우위를 계속하여 누려왔다.

경제사의 술어(術語)는 삶에서부터 직접 취해진 정치적 술어보다 더욱 현상에 대한 학술적 분석의 산물이다. 문화사의 술어의 경우는, 풍속이나 그와 비슷한 것들이 아닌 한 더욱더 그러하다. 문화사의 진정한 문제는 언제나 형태의 문제이며, 사회적 현상의 구조와 기능의 문제다. 이러한 사실은 문화사가 사회학에 이바지해야 함을 의미하는 것이 아니다. 문화사는 그 독자적 의미에서 현상을 생각하며 그럼으로써 사회학에 바로 모범이 된다. 문화사가는 현상으로부터 사회를 인식하기 위한 보편타당성을 지닌 법칙을 이끌어내고자 하는 의도를 포기한다. 문화사가는 자신이 설계하는 형태의 윤곽을 그릴 뿐만 아니라, 직관을 가지고 색칠하고, 시각적 암시를 통해 그것을 빛나게 한다. 위대한 문화사가는 언제나 의식적인 계획을 극히 멀리하는 역사적 형태학자였다. 즉 그들은 삶과 사상, 풍속과 지(知), 예술 등 제 형태의 탐구자였다. 그 형태들을 명확하게 할수록 그들은 더욱더 훌륭히 성취했다. 일반적인 물음은 일반적인 답변만 얻을 수밖에 없다. 르네상스의 역사는 부르크하르트의 솜씨로는 모호한 형태일 수밖에 없었다. 왜냐하면 '르네상스'는 명백하게 이해될 수 있는 형태가 아니며, 그럴 수도 없기 때문이다. 부르크하르트의 일반적인 명제(그 자체는 19세기 정신에 대한 안티테제이며, 그러므로 19세기 말에 이르러서야 겨우 이해되었다)는 그런대로 유효했다. 그러나 그가 마치 건물의 초석처럼 도려내어 이용한 모든 그 나름의 형태, 즉 명예와 조롱, 재치와 가정생활 및 기호를 두른 모든 장(章)은 최고의 걸작으로서 그 가치를 오늘날에도 유지한다. 비올레 르뒤크의 경우에도 사정은 마찬가지다. 그는 오늘날에는 시대에 뒤떨어진 것으로 평가받고 세부적인 면에서 가끔 그릇된 것으로 지적된다. 그러나 형태에 대한 그의 뛰어난 감수성 덕에 그는 지금도 여전히 거장이다. 이들과 더불어 시대에 뒤지지 않은 제3의 동시대인은(그 업적이 영국 밖에서는 거의 알려지지 않았지만) 역사가 레슬리 스티븐(Leslie Stephen)이다. 그는 오직 빅토리아 시대를 경멸적 어조로 말함으로써 자신의 우월성을 입증할 수 있다고 여기는 오늘날의 많은 멍청이들을 부끄럽게 하기 위해서라도 더 명성을 누릴 가치가 있다. 스티븐은 구상력이 뛰어난 인물은 아니었다. 그의 저서 『18세기의 영국 사상』(English Thought in Eighteenth Century)은 일반적인 명제를 피하고 그에 더해 일반적인 결론을 내리는 것마저 회피한다. 그러나 바로 그러한 까닭에 그의 저작은 시대의 흐름을 버틸 수 있었다.

19세기의 진정으로 뛰어난 문화사가 대다수가 그 시대의 흐름으로부터 어느 정도 일탈되어 있음은 우연이 아니었다. 오귀스트 콩트는 그러한 사조의 산실이었다. 그러나 실증주의는 문화사를 창출하는 데 적합하지 않았다. 헨리 버클은 더 이상 거의, 아니 전혀 읽히지 않는다. 그에 비해 부르크하르트, 르뒤크 및 스티븐은 지(知)에 대한 명확한 인식론을 가지고 있지 않으면서도 인문학의 독자성을 자명한 것으로 여기고, 우리가 지금도 따를 수 있는 길을 지시해줄 수 있었다. 문화사를 이해하기 위해서는 정신을 인식해야 한다. 문화사가가 자신의 과제를 뒷받침할 확신을 발견하기에 이 시대는 바람직하다고 할 것이다. 한스 프라이어(Hans Freyer)의 『객관적 정신의 이론』이나 테오도르 리트(Thedor Litt)의 『학문·교양·세계관』 및 로타커의 여러 연구 등의 저서를 펼쳐들어 그 연구 방법을 살짝만 엿보더라도 진정한 지식에 빛을 더하게 됨을 깊이 느끼게 될 것이다.

3. 형태학과 신화학

역사의 과제를 대체로 인간의 과거에 관한 형태학을 창출하는 것으로 이해한다 하더라도 거기에는 경계해야 할 만한 의문이 남는다. 즉 문화사는 문화 과정을 관찰하면서 그 형태에 대한 명칭을 대부분 만들어야 하는바, 그 형태학은 신화학으로 뒷걸음칠 위험을 피할 수 있을까?

슈펭글러는 『서구의 몰락』의 부제로 '세계사의 형태학'이란 용어를 사용했다. 마이네케는 지난날 텐에 관해 "작은 진실에 의해서라기보다 큰 과오를 통해 학문에 이바지한" 인물이라고 말한바,[21] 이러한 언명은 장차 슈펭글러에게 해당될 듯싶다. 그렇다면 그것은 그의 깊은 통찰력, 다양한 것들을 오직 하나의 명칭으로 종합하는 대담성, 역사적 사고에 관한 강인한 투명성 덕분이며 그가 구성한 체계 때문이 아닐 것이다. 10년이 지난 지금 세계사에 관한 그의 윤곽은 미완성인 채 버려진 무덤이 되었다. 그가 디자인하면서 이룬 조작, 독단, 곡예풍의 조화는 그의 구성이 역사의 지적 체계와는 거리가 먼 것임을 보여준다. 그의 용어가 극히

....

21) Friedrich Meinecke, review of G. P. Gooch, *History and Historians in the Nineteenth Century*, London, 1913, in *Historische Zeitschrift*, CXII, 1914, pp. 150~54.[인용은 p. 153]

어울리지 않았듯이 그의 분류법도 역사적 사고를 가두는 많은 족쇄이며 감옥과도 같다. 그가 아랍 문명의 비전으로부터 아무리 고혹적이고 휘황찬란한 모자이크를 만들었다고 해도 그것은 마치 지겨운 안개처럼 퍼져 로마 제국, 젊은 서유럽, 죽음에 처한 이교(異敎), 발전 도상의 기독교 및 이슬람 등 제 현상의 그 모든 비전을 뒤덮어 흐릴 것이다. (슈펭글러가 주장하는) 파우스트적 인간의 풍모는 라틴 세계에 대한 어떠한 이해도 불가능하게 할 것이다. 슈펭글러는 어리석었다. 그는 영국을 모르면서 증오하고, 미국에 대해서도 알지 못했다. 가장 강력한 두 가지 사회적 구조인 종교와 국가에 관해서도 그것이 지닌 지극한 의미를 현실적으로 이해하지 못했으며, 문화의 수준과 문화 전파에 관해서도 맹목적이었다. 그러나 그의 저작의 근본적인 결함은 그의 지식의 결함이나 견해의 한계에 있었던 것이 아니라 형태학에서 신화학으로 나아가는 길로 무모하게 발걸음을 옮긴 사실에 있다. 모든 시대가 청년기, 성년기 및 노년기를 거친다는 비유에 따른 그의 의인법적 문화 생태는 모든 우상의 운명을 짊어지기 마련이다.

인문학적 사고의 자유로운 본질을 인식하는 많은 학자들은 역사적인 형태화는 다름 아닌 신화의 창출이라고 믿었다. 그런데 최근에 이르러 리트가 그러한 관점이 얼마나 믿을 수 없는 것인가 분명히 조리 있게 밝혔다.[22] 현대인이 만약 신화라는 걸 알면서 혹은 신화인 양 보이고자 신화를 만든다면, 그는 그 자신의 문화 정신의 배반자다. 우리의 지적 인식의 문화 형태는 비판적인 학문 정신이다.

인문학적인 사고방식의 최대의 적은 의인관(擬人觀)이다. 그것은 사고방식이 삶 그 자체로부터 도출된, 대대로 전해진 원수와 같다. 인간의 모든 언어는 스스로 의인법적으로 표현되고, 인간 행위로부터 유래한 이

....
22) T. Litt, 앞의 책, p. 97f.

미지로 표현되며, 모든 추상적인 것을 감각적인 비유로 채색한다. 그러나 인문학의 과제는 그 언어의 형태적 본질을 자각하고 환상이 비유를 거느린 채 만연하지 않도록 조심하는 것이다.[23]

우리는 베다(Veda)의 신들이 세계 창조의 재료로 자신의 신체를 제공한 푸루샤(purusa)라든지 에다(Edda) 신화에 나오는 그의 동료 거인 이미르(Ymir)를 결코 완전히 제거하지 못할 것이다. 하나의 세계를 이해하기 위해서 우리는 언제나 그 세계를 대신하여 한 인물을 개념적인 대역으로 내세우게 되었다. 역사는 거의 언제나 일반적 성격을 지닌 주체들을 근본적으로 신화적 주역으로서 끌어들인다. 자본주의, 휴머니즘, 혁명 같은 것들이 모두 그러하다. 어느 정도 그것은 피할 수 없다. 그러나 학자라면 정신의 독립성을 솔직히 이해하면 이해할수록 정신에 가면을 씌우는 안이한 비유적인 표현을 더욱 깊이 경계해야 할 것이다. 뛰어난 문화철학자인 카를 요엘(Karl Joël)은 다음과 같이 말했다. "만약 삶이 보다 높은 수준에 이르기를 원한다면, 그것은 그에 적절한 나라의 국민과 개인을 선택한다. 역사의 활기 찬 정신은 각성의 횃불을 치켜들고 잠든 대지와 꿈꾸고 있는 인간 세계를 활보하여 정신적·육체적인 목적을 위해 군대와 영웅을 소환한다. 그리하여 통합된 '세계정신'(Weltgeist)은 문화적 삶에 새로운 전환을 불러오고 갈라졌던 유대를 로마를 위해 복구했다."[24] 이 문구는 우의적(寓意的) 혹은 수사적인 표현이지만, 어떻든 위험스럽다.

로타커는 다음과 같이 말했다. "발전의 개념은 필연적으로 정신운동에 객관적 과정의 성격을 부여하는 경향이 있다. 이러한 개념과 더불어 이성의 간계(奸計)라는 관념, 즉 발전이라는 객관적인 과정에 의해 행위 주

....

23) 같은 책, pp. 21, 22.

24) K. Joël, "Der Säkuläre Rhythmus der Geschichte", *Jahrbuch für Soziologie*, I, 1925, pp. 159, 146.

체가 속임을 당한다는 관념이 필연적으로 규정된다."[25] 만약 발전 개념의 순수한 추구가 오직 헤겔의 신화적 관념상(觀念像)에만 상응하는 것이라면 차라리 다른 인식 방법을 찾아보는 것이 낫지 않을까? 그렇게 되면 이 방황하는 '세계정신' 혹은 미묘한 이성에 오히려 신이라는 이름을 부여할 것이다. 그렇게 되면 발전 개념은 엄밀한 유신론적 기반 위에서만 유지되어야 한다는 주목할 만한 결론에 도달할 것이다.

그러나 이러한 고상한 결론은 슈프랑거가 말했듯이 드물다. 그는 말했다. "사람들은 문화적 복합체의 개념을 마치 문화가 엄격히 생물학적 성장의 법칙을 지닌 유기체인 양 적용하거나 심지어 헤겔의 미묘한 '세계정신'과 마찬가지로 모든 살아 있는 존재와 무관하게 악마적인 길을 가는 신비한 존재로 생각한다."[26] 이 구절에는 가장 심오한 형이상학적인 사고가 담겨 있다.[27] 그러나 그것은 더 이상 역사학의 영역에 속하지 않는다. 역사가 이해하는 현실적 맥락의 풍경은 그토록 안이한 의인(擬人) 형태의 은유에서는 경직되어버린다. 문화사가의 기도는 다음과 같다. "의인관으로부터 우리를 자유롭게 하여주소서. 아멘!"

4. 일반 형태학 혹은 특수 형태학

이와 같은 사고의 경직성에 의해 자주 야기되는 결함은 연구자가 자신의 사고를 지나치게 확대하는 데 있다. 그는 그 세부적인 구조를 충분히 알지도 못하면서 거대한 복합체의 윤곽을 훑어보고는 일반적 형태를 피력하고자 한다. 그 결과 토크빌이 앞에서 인용한 문장에서 밝힌 그러

25) E. Rothacker, 앞의 책, p. 82.

26) E. Spranger, 앞의 글, p. xlvii.

27) W. B. Kristensen, "De goddelijke bedrieger", *Mededeelingen der Koninklijke Akademie van Wetenschappen, Afdeeling Letterkunde*, LXVI, Series B, no. 3, 1928: Fritz Blanke, *Der verborgene Gott bei Luther*, Berlin, 1928 참조.

한 일들이 일어난다. 그리고 모호하고 불확실한 역사 개념이 형태로 둔갑하고 모든 종류의 잡다한 관념이 섞여 짝을 짓는다. 전체는 오직 분명한 은유가 적용될 경우에만 집약되고 표현된다. 역사가가 밝히고자 하는 복합체가 거대하면 거대할수록 그러한 거짓된 실체화(實體化)의 위험은 더욱더 커진다.

문화사의 개념이 이런 방식으로 형성되면 그것은 하나의 지적인 힘이 되어, 위안이 되는 새로운 신들을 지나치게 섬기고자 하는 우리의 마음을 지배하기 시작한다. 그리고 모든 권력과 마찬가지로 그 개념은 팽창되고 다른 개념을 희생하면서 그 영역을 지배한다. 그 개념이 부풀려지고 그에 대응하는 표현이 과장되면서, 그 힘의 팽창은 더욱더 과장된 성격을 띠게 된다.

문화사에 관한 거의 모든 일반적 용어는 많든 적든 간에 오늘날 이와 같은 과정에 시달리고 있다. 르네상스라는 용어는 비록 뚜렷하지는 않다 하더라도 원래 하나의 의미를 지녔다. 그것은 어떻든 긍정적이며 역사적인, 말하자면 사실적인 의미를 지녔으며, 시대의 포부에 공명함으로써 본질적인 요구에 부응하고 그에 이바지했다. 그 개념은 서서히 두 가지 방향으로 확산되고 연장되었다. 즉 하나는 중세로 뒷걸음치고 다른 하나는 근대로 뻗어 나갔다. 그것은 비슷한 혹은 비슷하게 보이는 현상이 일어난 모든 종류의 영역에 적용되었다. 헤르베르트 치자르츠(Herbert Cysarz)는 이렇게 말했다. "우리의 진정한 르네상스는 18세기에 일어났다. 고전주의는 독일의 고도의 르네상스다." 술어가 처음으로 쓰이고 오직 한 번 특수하고 독특한 문화 과정에 한정되어 적용되는 한 그것은 풍요롭고 적절한 중요성을 지니지만, 일단 다른 영역으로 옮겨지면 본래의 의미를 상실해버린다.

르네상스라는 용어에서 일어난 그러한 현상은 고딕이나 중세 및 바로크라는 용어에서도 나타났다. 이러한 경우 지적 교류의 수단을 위한 활발한 요구가 개입되어 있음은 분명하다. 근대정신이 아무리 교조주의나 형식주의로부터 탈피했어도 그 자리를 단지 새로운 형태로 대신한 것으로밖에 보이지 않는다. 인문학자들이 자신이 감지한다고 믿은 어떤 형태나 윤곽에 관해 자신이 헛된 그림자를 좇고 있는지 여부를 실험이나 계산의 도움 없이 혼자 힘으로 결정해야 한다고 믿는다면, 그것은 위험한 특권 의식이다.

문화사는 바야흐로 역사적 삶의 특수한 형태들을 정립하는 과제를 한가득 짊어지고 있다. 그 과제는 감히 일반적인 문제를 다루기에 앞서 특수한 것에 관한 형태학을 정립하는 일이다. 하나의 중심 개념을 둘러싼 문화 전체를 묘사하는 데는 충분한 시간이 필요하다. 우리는 먼저 다원론자(多元論者)가 되자. 오늘날 문화사에서 과거의 삶에 관한 객관적 관찰이나 명백히 식별된 형태를 정의하기에는 이룬 것이 너무나 적다.

특히 이 문화형태학의 특수 영역과 가장 넓은 의미의 역사 개념으로 이해되는 모든 인문학 사이에 밀접한 상관관계가 존재한다. 여러 특수한 전문 연구는 각자 자신의 영역을 지니면서도 필연적으로 그것들 간에는 모두 접촉이 있다. 헌정사, 법제사는 모든 사회생활의 가장 중요한 형태인 국가와 그 체제를 탐구한다. 경제사는 상업의 형태를 서술하고 분석한다. 종교사, 기술사 및 사회학은 자신의 영역에서 저마다 같은 일을 한다. 예술사와 문학사는 오랫동안 외적·발생론적 관련에 몰두했으나 지금은 명확한 형태의 이해와 그 확립의 길을 모색하고 있다. 언어학은 '젊은 문법학자'의 외면적인 형태학으로부터 의미론(意味論), 즉 사상의 표현인 내면적 형태학[28]으로 옮아가면서부터 인문학의 극히 중요한

....

28) 내 생각에 문법학자들은 지금도 여전히 '형태학'이라는 말을 극히 외면적 의미에서 쓰고 있는 듯하다.

부분이 되었다. 철학, 법학 및 역사는 머지않아 언어학과 보다 친밀해져야 할 것이다.

문화사의 과제가 이와 같은 모든 특수과학의 작업 속에서 완벽하게 수행되었다고, 그것들이 문화의 연구로 통합되었다고, 자주적인 문화사는 어떠한 전문과학에도 예속되지 않는다고 생각할지도 모른다. 하지만 그러한 견해는 그릇된 것으로 여겨진다.

한편 여러 특수한 인문학(그것은 모두가 본질적으로 역사적이다)과 역사 사이에는 역사를 문헌학과 구별짓는 본질적인 차이가 존재한다. 이들 여러 새로운 학문, 즉 언어, 법률, 경제, 예술 등의 학문은 개념의 확장 해석이 통상적이지는 않을지라도 용어의 넓은 의미에서 문헌학이라고 할 수 있다. 이들 모든 전문 학문이 지닌 문제는 현실적인 사건들로부터 유리된 것으로서 문화적인 형태 자체를 이해하려는 것이다. 순수한 문학사 연구의 궁극적인 목적은 특정한 시작(詩作)을 독자적으로 이해하든가 문학 일반의 개념으로 해석하는 것이다. 이에 대해 문화사는 언제나 정신의 표현인 과거의 제 형태를 사건의 흐름 속에서 관찰하면서 이해하고자 한다. 문화사는 대상에 관심을 기울이면서도, 대상으로부터 그것이 놓인 세계로 언제나 돌아간다. 문헌학과 역사 간의 이러한 경계선은 물론 언제나 쌍방에 의해 극복된다. 평화로운 공존 관계에서는 언제나 그러하다. 그러면서도 이 경계선은 그 의미를 여전히 지닌다.

문화사의 대상은 국민의 역사, 사회집단의 역사로부터 인지될 수 있는 문명의 다양한 형태와 기능이다. 그리고 그것은 문화적 이미지, 모티프, 주제, 상징, 개념, 이념, 양식 및 감성으로 응축된다. 그것들은 또한 저마다 개별적인 인문학의 대상이 될 수도 있다. 즉 시적 테마는 문학사의, 양식은 예술사의, 개념은 역사철학의 대상이 된다. 그러면서도 그것들은 거대한 역사 드라마의 극적인 장면으로 관찰되는 한 일반적인 문화사의 대상이 되기도 한다.

비교종교학과 민족학은 신화, 성례(聖禮), 마상 시합, 비밀 조직 등이 문화생활에서 갖는 의미를 밝힌다. 문화사는 역사의 다양한 과정에서 그 존재와 영향을 되풀이하여 밝힐 수 있다. 특수한 사건들을 잘 이해하는 것은 문화의 여러 형태의 이해에 도움이 된다. 그러므로 그것은 여러 특수 전문학에 확인과 뒷받침을 제공할 수 있다. 문화사의 수많은 대상은 특수 전문학 영역의 한계를 넘거나 그 전체로 확산된다. 예를 들어 목가(牧歌)는 문학과 조형예술에 관련될 뿐만 아니라 무용, 음악, 사회생활 및 정치 이론과도 관련된다. 그것은 필경 하나의 문화적 테마다. 봉사, 명예, 성실, 복종, 모반, 반항 및 자유를 위한 투쟁 등의 문화적 기능은 저마다 사회학의 주제이기도 하다. 그러나 만약 문화사가 끊임없이 상이한 시대, 상이한 지역에서 그것들의 작용과 형태를 밝히지 않는다면 사회학은 그 사회적 기능들을 체계적인 연구를 통해 확실하게 다루지 못할 것이다.

누군가가 허영의 역사를 쓸 수 있다면 그는 문화사의 반(半)을 다스린다고 할 것이다. 예를 들어 그 누가 우리에게 17세기 오만의 역사를 써줄 수 있을까? 7대 죄악(오만·질투·나태·탐식·탐욕·분노·욕정)은 다루어지기를 기다리는 문화사의 일곱 개의 장이다. 내가 보기에 지금까지 7대 죄악 가운데 오직 하나만이 문화사의 테마로 중요시되어왔다. 그 까닭은 그것이 다른 여섯 가지 죄와 달리 만인에게 바로 이해되어서가 아니라 문화적 연관에 따라 그 의미를 바꾸었기 때문이다. 그것은 아케디아(acedia, 나태)의 죄다. 이 죄를 '나태'로 여긴다면 적합하지 않다. 페트라르카에게서 그것은 '세계 고뇌'를 의미했다. 단테가 표현한 아치디아(accidia)의 개념을 바르게 이해하는 것의 어려움은 일찍이 이 주제를 둘러싼 논의의 초점이 되어왔다.[29]

....

29) 이에 대해서는 다음의 날카로운 논고를 참조. Rochus von Liliencron, "Die Insassen des

그 주제들이 지적 생활의 영역에서 독점적으로 추구되는 것은 바람직하지 않다. 문화의 한 양식으로서 정원의 역사라든지 길, 시장, 여인숙의 역사라든지 말, 사냥개, 매의 역사라든지 문화적 기능으로서 모자나 책의 역사를 서술하는 일은 얼마나 즐거울까? 되풀이하여 밝히지만 그것이 사회적으로 지닌 의미는 인문학의 개별적 연구만으로 해명될 수 없다.

문화사가 이전보다 체계적인 인문학의 성과에 더욱더 주목한다고 한들, 역사의 여신 클리오의 영역을 걱정되는 사회학에 내줄 위험은 없다. 문화사는 자신을 위해 사회학자로부터 아직도 많은 것들을 배울 수 있다. 그러나 사회형태에 관한 체계적 학문인 사회학에 문화사가 방황하는 장인(匠人)과도 같은 봉사를 다함으로써 자기를 비하할 필요는 없다. 미국의 행동사회학과의 긴밀한 접촉, 마르셀 모스(Marcel Mauss)의 역사사회학, 막스 셸러(Max Scheler)와 한스 프라이어의 철학적 사회학과의 여러 접촉은 오직 문화사에 도움이 되었다. 가령 위험이 있다면 그것은 오히려 최근 몇몇 학자가 따라야 한다고 생각하는 이른바 '세계 창조적 매력'에서 기인한다.

인식론을 둘러싼 최근의 경향 덕분에 역사는 오늘날 그 고유한 가치와 독자성을 어느 때보다 잘 의식하게 되었다. 역사의 신빙성은 바로 그 불확실성에, 결코 규범적일 수 없으며 그래서도 안 되는 사실 속에 존재한다.

vierten Dante'schen Sünderkreises", *Zeitschrift für vergleichende Litteraturgeschichte und Renaissnace Litteratur*, New Series, III, 1890, pp. 24~25; Fritz Kern, *Dante* (Kämpfer, *Grosses Menschentum aller Zeiten*, I, Berlin, 1923); Paul Piur, *Petrarcas Buch ohne Namen und die päbstliche Kurie*, Halle, 1925, p. 35f. 및 이 책에서 인용하고 있는 문헌.

V

역사의 시대구분은 가령 불가피하다고 하더라도 필경 부차적이고, 언제
나 막연하고, 변하기 쉽고, 어느 정도 자의적이다. 외면적이며 우연한 단
절에 의한 색깔 없는 명칭이 시대를 디자인하는 데 가장 바람직하다.

    세계에서 일어나는 사건들의 역정(歷程)을 일련의 시기로 나누고 그것
에 고유한 본질과 목적을 저마다 지니도록 하려는 욕구의 기원은 역사
편찬 자체보다 오히려 우주론이나 점성술로부터 비롯된다. 시간과 운명
의 개념은 옛 오리엔트의 종교와 매우 깊이 관련되었다. 아베스타(Avesta,
조로아스터교의 경전)의 '체르반'(zerwan, 페르시아어 zaman)과 같은 어휘
속에는 운명, 천공(天空), 무한한 시간, 세계의 무궁한 변화와 운동의 개
념이 단순하고 충격적이며 심오한 강박관념으로 혼재한다. 시간은 스스
로 생겨나고 모든 사건에 작용한다. 발전된 모든 종교 형태에서 순환과
영구불변의 체계는 있기 마련이다.
    기독교 문화는 비슷한 사건의 반복이라는 회귀적 순환의 개념이나 영
구불변이라는 우주론을 실제적으로 전혀 인정하지 않았다. 기독교 수
난사의 한정된 구상은 그러한 광대한 제 시기를 받아들이지 않았다. 그
러므로 기독교에서 시대 연속이라는 관념은 우주적인 것에서부터 역사
적인 것으로 옮겨졌다. 역사적이라 하더라도 그것은 구원설과 만물 종
말관에 초점을 맞춘 것이었다. 세계사 시대구분의 기본은 4대 세계 제국
의 개념이었다. 즉 아시리아, 페르시아, 마케도니아 및 로마다. 그들은 앞
선 나라를 차례로 계승하면서 능가했다. 이러한 개념은 헬레니즘 사상
에서 이미 발전했다. 그것은 사실 일찍이 다니엘서의 예언이나 바다 건
너 왔다는 네 마리 동물의 모습 및 네부카드네자르(Nebuchadnezzar, 신
바빌로니아의 왕, 재위 기원전 605~562년)의 꿈의 이미지에 표현되었다.[30] 이

4대 세계 제국의 구성과 비슷한 것이 마태복음에 나타나는 세계에 관한 여섯 가지 시대구분이다.[31] 교부 유세비우스(Eusebius)와 히에로니무스 (Hieronymus)는 일찍이 4세기에 이 두 개의 구성을 조화시켜 세속적 역사 와 성서적 역사를 동시(同時) 존재로서 확정지었다. 4대 세계 제국을 역 사 구분의 도식으로 삼는 사고방식은 16세기까지 지배적이었다. 중세 내 내 로마 제국의 지속이라는 허구는 그리스도 강림 이래의 사건 및 앞으 로 일어날 모든 것을 저 예언된 네 개의 시대의 마지막으로 이해할 수 있 게 했다.

인문주의자들은 새로운 개념 형성에 이바지했다. 고대를 문학적·문화 적 이상으로 드높인 그들의 비전은 거기에 어떤 차이를 설정했다. 즉 서 로마 제국의 몰락과 더불어 야만스럽고 경멸적인 '중간 시대'(medium aevum)가 시작되었고, 서구는 문예부흥을 통해 중세의 그릇된 라틴 예 술과 '고딕' 예술로부터 스스로를 끌어올렸다고 생각한 것이다. 고대-중 세-근대라는 세 가지 시대구분은 17세기 말에 이르러서야 문학적인 관례 로부터 역사 편찬 자체로 침투했다. 처음에 그것은 아카데미적인 의미만 을 지녔으나 교과서에서부터 차차 뿌리를 내렸다. 세 가지 용어 가운데 '고대'만이 실제적으로 엄밀한 연대기적 의미 이상의 중요성을 지녔다.

그러나 18세기에 이르러 변화가 생겼다. 인문주의자들에 의해 중세라 는 용어에 이미 주어진 부정적 정서 내용이 계몽주의에 따라 더욱 새롭게 강조되었으나, 뒤이어 나타난 거대한 낭만주의 운동에 의해 십자군, 경건 한 전설, 발라드, 고딕주의 속의 색다른 중세가 '발견되었다'. 그러나 낭 만주의가 계몽주의에 의한 중세의 부정적 평가를 전적으로 뒤집었다고 할 수는 없다. 오히려 낭만주의는 폭력이나 잔혹성에 대한 전율을 중세

....

30) Daniel 7: 3~28, 2: 31~46.
31) Matthew 1: 17.

개념의 본질적이며 구성적인 요소로 포함했다. 진정한 낭만주의자라고 해도 '광신'이나 '우화'와 더불어 '무서운 중세'를 때때로 언급했다.

이미 17세기에 생모르(Saint Maur)의 부지런한 학자나 그 동료들에 의해 탐구된 중세의 영역이 낭만주의자들에 의해 재발견되었고, 그들은 새로운 주역으로서 중세를 차지했다. 그리고 그들은 시대의 새로운 학문, 즉 역사, 문헌학, 예술사 등을 통해 중세를 탐구했다. 그러나 그림 형제, 프리드리히 카를 폰 사비니(Friedrich Carl von Savigny), 그 밖의 수많은 사람들의 손에 의해 중세의 이미지와 함께 개별적인 현상의 윤곽이 보다 뚜렷해졌다. 그러면서도 시대의 개념이 역사적인 용어로 쓰일 만큼 충분히 사실적 근거를 지녔을까 하는 의문 또한 생겼다. 시대의 경계가 엄밀하게 구분지어지는 것은 아니다. 476년(서로마 제국 멸망의 해로 일컬어진다)이 어떠한 중요성도 지니지 않음은 이제 명백하다. 시대를 결정짓는 데서 콘스탄티노플이 함락된 1453년과 아메리카가 발견된 1492년에 관해서도 학자들 간에는 분명치 않다. 그리고 이들 종착점에의 의미 부여가 불충분함은 명백하다.

실질적으로 찬반이 갈라지면서도 왜 중세라는 용어를 분명하게 포기하지 않는 것일까? 그 까닭은 이 용어에 부여된 개념을 포기할 수 없게 되었다든가 그 표현이 단지 순수 연대기적인 명칭이어서가 아니라, 중세라는 명칭이 의미 있는 역사적 관념의 종합적 복합체를 뜻하기 때문이다.

바로 여기에 지금 논의하는 문제의 핵심이 놓여 있다. 우리는 시대 명칭에서 벗어날 수 없다. 왜냐하면 그것은 우리에게 유용한 의의를 충분히 담고 있기 때문이다. 그 유효성을 받아들이려는 시도가 언제나 반대론에 부딪히면서도 말이다. 외면적이건 실질적이건 간에 그러한 모순의 원인은 대단히 심각하다. 지식욕에 대한 주지주의적 집중에도 불구하고 순수 역사적 관심은 단지 시대순으로만 이어가는 연대기적 서술 이상으로 보다 더 깊은 통찰과 질서를 요구하는 우주론적인 의식으로부터 완전히 자유롭지 못하다. 그리고 역사적 사고와 우주론적 사고의 이러한 결합이 더욱 복잡해진 것은 과거에 관한 생물학적인 견해가 자연과학적 사고방식의 무게에 짓눌린 까닭이다.

최근 10년 동안 시대구분 문제를 둘러싼 연구는 자주 다양한 견해와 입장을 드러내고, 연구자들 모두 어느 정도의 불확실성을 표하고 있다. 그들 대다수는 시대구분 체계의 결함에도 불구하고 그 실제적 불가피성과 유용성을 적어도 원칙적으로 긍정하고 있다. 그들 가운데 대다수는 3대 시대구분이라는 전통적 체계가 설사 불완전하더라도 포기하지 않으려 하며 그것을 수정하고자 한다. 그 효용을 유지하기 위해 그들은 세 가지 방법 가운데 하나를 선택한다. 즉 보다 정확하고 논리적이라 여겨지는 척도에 따라서 시대의 경계선을 옮기거나, 그 경계선을 보다 넓은 무인 지대로 대신하자고 주장하거나, 거대한 시대, 특히 중세를 더욱더 세분화하는 것이다. 로마 제국 쇠퇴기의 문화로부터 메로빙거 왕조와 카롤링거 왕조의 신흥 서구 문화로 서서히 이어진 분명한 연속성은 알폰스 도프슈 저작의 중심 테마였다.[32] 그러한 연속성은 도프슈의 연구의 대부분을 이룬 경제 영역으로부터 어려움 없이 지적 영역으로 그리고 어느 정도 정치적인 영역에까지 옮겨졌다. 피렌은 이러한 생각을 발전시켜 고대와 중세 간의 진정한 단절은 이슬람의 침공에 대한 프랑크 왕국의 반격 시점으로 보아야 한다는 논제를 전개했다.[33] 페르디낭 로(Ferdinand Lot) 또한 고대와 중세 간의 경계를 비슷하게 보았다.[34]

중세에서 근대로의 이행을 둘러싼 논쟁은 한층 더 활발하고 보다 원칙적인 문제와 결부되었다. 교회사가인 카를 호이시는 시대구분의 일반

....

32) 그의 견해는 다음 글에 정리되어 있다. "Vom Altertum zum Mittelalter: Das Kontinuitätsproblem", *Archiv für Kulturgeschichte*, XVI, 1926, pp. 159~82.

33) H. Pirenne, *Mohammed and Charlemagne*, New York, 1957.

34) F. Lot, *La fin du monde antique et le début du moyen âge*, Paris, 1927.

적 체계를 교회사에 적용하는 것을 날카롭게 비난했다. 그는 일반적인 척도의 가능성을 부정하면서 관용적인 용어를 연대기적이 아니라 차라리 유형적인 의미로 쓰기를 바랐다.[35] 트뢸치는 1906년 독일에서 출간된 『근대에서의 프로테스탄트 기독교와 교회』에 실린 주목할 만한 논문에서 이 문제를 조명했다. 그리고 마지막 저작 『역사주의와 그 제 문제』에서 많은 학자들과는 대조적으로 역시 인식의 한 수단으로서의 시대구분의 심오한 가치를 강하게 비난했다. 그는 보편적 기준의 가능성을 부정하고 관용적인 술어를 연대적 의미가 아니라 기껏해야 유형적인 의미로 적용하고자 했다.[36] 트뢸치는 1906년 독일어판의 인상적인 논문「프로테스탄티즘과 진보」에서 이 문제를 조명했으며 마지막 저서 『역사주의와 그 제 문제』에서는 대다수 학자들과 달리 시대구분의 인식 가치를 옹호했다. 그는 시대구분 속에 역사적 사고의 완성과 결론, 역사의 구조를 보았다. 이 과정에서 그는 그 체계의 타당성을 우리가 실제로 인식할 수 있는 단 하나의 통일체인 유럽사에만 엄격히 적용해야 했으며, 또한 본질적인 것으로 전제한 경계를 철저히 명심해야 했다. 근대는 그에게 넓은 의미에서는 15세기부터, 좁은 의미에서는 17세기부터 비롯되었다. 한편 트뢸치는 '근원적인 힘'을 긍정함으로써 자신의 명제의 가치를 적잖이 해치고 있지는 않을까 스스로 의심하게 된다. 그 '근원적인 힘'이란 과거 속에 멀리 놓여 있으면서도 미래의 성격을 규정짓는 것이다. 그러므로 이스라엘의 예언자적 정신이 그리스의 폴리스와 더불어 중세에 생명력을 부여한다는 것이다. 이와 같은 방식으로 그는 중세를 근대 문화를 발전시킨 풍요로운 토양이라고 불렀다. 이것은 의미 있고 무시할 수 없는 생

---

35) K. Heussi, *Altertum, Mittelalter, Neuzeit in der Kirchengeschichte: Ein Beitrag zum Problem der historischen Periodisierung*, Tübingen, 1921.

36) E. Troeltsch, *Der historismus und seine Probleme: Gesammelte Schriften*, III, Tübingen, 1922.

각이기는 하지만, 자주적 개념으로서 요구되어야 할 시대의 독자성은 어떻게 될 것인가? 호이시와 트뢸치 두 사람을 반박한 벨로[37]는 시대구분의 긍정적·일반적 기반이 트뢸치가 생각하듯 지적인 변용이 아니라 지적인 변화가 따르는 것으로 이해되는 거대한 정치적 변용 속에 존재한다고 주장했다. 그러면서도 벨로는 트뢸치의 시대구분에 반대하여 종교개혁을 근대의 출발점으로 여겨야 한다고 강력히 주장했다.[38]

한편 한스 슈팡겐베르크(Hans Spangenberg)는 전통적인 시대 3분법을 완전히 해체하는 새로운 시대구분 체계를 시도했다.[39] 그에 따르면 시대라는 술어는 언제나 인위적인 방편에 지나지 않는다. 그것은 (벨로와 같은 의견으로서) 거대하고 결정적인 권력의 충격 속에 뿌리를 내려야 한다. 그러므로 시대의 경계는 위기나 궁극적으로 운명을 위협하는 투쟁 속에 놓여 있으며 종교개혁이나 발견과 발명의 긴 여정과 같은 문화의 성숙 속에 있는 것이 아니다. 그와 같은 현상이 시대의 절정을 보여주는 것이기는 하나 시대의 경계를 의미하지는 않는다. 그러한 생각은 그런대로 주목할 만하지만 시대구분을 수정하고자 한 슈팡겐베르크의 시도가 충분히 설득력 있는 것은 아니다. 그에 따르면 시대의 경계는 게르만족의 대이동에 이은 13세기 몽골의 침입 그리고 17세기에 나타난다. 몽골의 위협과 유럽의 정치·사회적인 구조 변화 간에 논리적 관련성을 찾아보기 어려운데, 슈팡겐베르크는 그것으로써 13세기 중반을 전후로 나누면서 봉건 시대와 '신분제' 시대로 구분했다.

지난 3년간 파리 국제 종합 센터의 역사 분과는 하나의 프로젝트에

....
37) G. von Below, *Über historische Periodisierungen. Mit einer Beigabe: Wesen und Ausbreitung der Romantik*, Berlin, 1925.

38) 벨로에 대한 파울 요아힘센(Paul Joachimsen)의 리뷰, *Historische Zeitschrift*, CXXXIV, 1926, pp. 369~73, 특히 p. 372.

39) H. Spangenberg, "Die Perioden der Weltgeschichte", *Historische Zeitschrift*, CXXVIII, 1923, pp. 1~49.

착수했다. 그것은 "역사가의 용어를 엄밀히 정의하고 역사학의 기본 개념을 최대한 명확히 하는 것"이 목표였다. 센터의 회합에서는 대상으로 선택된 언어를 학술적 개념으로 만들 수 있는 한 그것을 통일하려는 토의가 거듭되었다. 아마도 사람들은 역사의 학술 용어가 이 정도의 정의에 견딜 수 있을까 그리고 그러한 어색한 심포지엄 형태로 바람직한 결과를 기대할 수 있을까 하고 의심할 것이다. 그러나 학술지 『역사 종합』[40]의 증보판으로 정기 간행되는 회의록에는 분명 역사 용어에 관해 가치 있는 많은 자료들이 담겨 있다. 이미 1926년 2월의 첫 번째 회합에서 시대구분과 중세라는 용어가 폴란드 역사가 오스카르 드 할레키(Oscar de Halecki)에 의해 도입되었다.[41] 그리고 그 토론에 참가한 인물 가운데는 니콜라에 이오르가(Nicolae Iorga), 루돌프 아이슬러(Rudolf Eisler), 앙리 베르(Henri Berr), 레옹 캉(Léon Cahen) 및 뤼시앙 페브르가 있다. 이 토론에서는 참으로 문제의 많은 측면이 조명되었다.

반듯하고 명확한 시대구분을 절실히 요망하는 것은 당연하다. 그것은 역사를 변화하는 국면에서 이해하기 위해서도 필수적이다. 이미 살펴본 대로 트뢸치는 시대구분에서 역사학의 진정한 구조를 인식했다. 그러나 시대 용어를 엄밀히 정의하고자 마음먹으면 유형학적 유용성이 늘어나는 만큼 연대기적 가치가 감소되는 경향이 나타난다. 연대기적 경계의 측정(測定)에 집착하고 그 시대를 지속하는 흐름의 한 단편으로만 도식적으로 보려는 사람은 소금에 절인 생선토막을 동물학에 들이대고자 하는 사람과도 같다. 중세 시대보다 중세 문화에 관해 이야기하는 것이 더 안전하다. 중세 문화의 개념은 다소간의 조화를 이룬 일련의 개념들, 즉 봉

....
40) *Revue de synthèse historique*, XLI, 1926과 후속 호들.
41) 그의 "Moyen-âge et temps modernes: Une nouvelle défense des divisions traditionelles de l'histoire", *Revue de synthèse historique*, XLII, 1927, pp. 69~82(G. von Below, 앞의 책으로부터 영감을 받았다)도 참조.

건제, 기사도, 수도원 제도, 스콜라학 그리고 그 밖의 많은 것들을 의미한다. 그 가운데서도 가장 중요한 것은 1200년경에 집중되어 있다. 슈팡겐베르크는 정당하게도 위대한 문화 업적은 한 시대의 초기보다 그 중간에 각인된다고 생각했다. 한 시대로서의 중세 개념의 경계는 한편으로는 고대, 다른 한편으로는 근대에 자연적으로 융합되고 있다. 시대 개념을 이해하는 데 도움이 되는 회화적 이미지는 분할된 형태가 아니라 크고 작은 원(圓)의 형태다. 그 중심점은 불규칙적인 집단을 이루며 서로 교차되고 있다. 그러므로 전체는 멀리서 보면 포도송이 형태를 드러낸다. 그러나 많은 학자에게 그러한 형태는 시간의 흐름, 일정한 방향으로의 진보의 관념을 충분히 표현했다고 볼 수 없다.

앙리 세는 시대구분의 원리가 발전의 개념과 일치하지 않는다 하여 그것을 거부했다. 그는 오직 순환적 발전의 개념만이 시대구분에 현실적으로 부합할 것이나, 이러한 개념은 시대에 뒤떨어진 것으로서 기껏해야 동양사의 어떠한 국면에만 적용될 수 있다고 생각했다.[42] 그러나 최근에 이르러 그러한 순환적 혹은 적어도 주기적 순환 개념에 따라 역사 과정을 구분하고 해석하는 경향이 여러 방면에서 나타났다.[43]

우리의 시대는 리듬 개념에 대해 강한 욕구를 지니고 있다. 때로는 그 개념에 충분한 설명이 결여되었다고 하더라도 말이다. 생물학이나 예술 비평에서도 자주 이 개념을 이용하고 있다. 최근 세대에서 다양한 형태로 세대론이 부활한바, 그것도 이러한 문화적 요구의 표현으로서 고려되어야 한다. 프랑스의 수학자이자 경제학자 및 철학자인 앙투안-오귀스탱 쿠르노(Antoine-Augustin Cournot)는 1872년에 『근대에서의 이념과 사건의 발전에 관한 성찰』이라는 저서를 간행했다. 이 책에서 그는 한 세대

....

42) H. Sée, "La division de l'histoire en périodes: A propos d'un ouvrage récent", *Revue de synthèse historique*, XLI, 1926, pp. 61~67, 특히 pp. 65, 66.

43) 슈프랑거의 매우 중요한 연구는 앞의 책, XXXV.

를 약 30년을 단위로 하여 3개 세대를 한 세기로 나누는 도식을 역사에 적용했다. 그러나 이 글은 독일 학자들의 관심을 끌지 못했다. 그로부터 14년 뒤에 오토카르 로렌츠(Ottokar Lorenz)가 자기의 세대론을 구상했을 때[44] 어떻든 그의 이론이 근거한 것은 쿠르노가 아니라 (전혀 적절치 않게도) 랑케의 이념이었다. 로렌츠의 이론은 한때 어느 정도 주목을 받았으나 뒤따르는 연구가 거의 없었다. 그리고 완전히 망각되었다가 후속 연구로부터 다시 나타났다. 약 5년 전 발터 포겔(Walter Vogel) 및 카를 요엘은 거의 동시에 로렌츠의 개념으로 돌아갔다.[45] 그 두 사람은 최근에야 로렌츠의 저작을 알게 되었다고 주장했다. 얼마 뒤에는 빌헬름 핀더(Wilhelm Pinder)의 심오하나 극도로 주관적 관점의 저서가 나왔다. 그는 세대의 원리를 예술사와 문화사를 이해하는 토대로 가능한 한 명백히 격상했다.[46]

역사적 세대론을 제의한 이들 새로운 여러 형태는 그 이론을 무색하게 하는 근본적·논리적 결함을 내포한 것으로 생각된다. 일련의 세 가지 세대를 생각할 경우 그 첫 번째 세대는 다른 두 선행된 세대가 볼 때 언제나 제2, 제3의 세대가 된다. 그러나 문제는 그뿐만이 아니다. 지금 가령 1700~33년, 1734~69년, 1770~1800년으로 세 세대를 구분한다면 18세기 역사를 구성하는 일련의 역사 현상을 일관하여 발생, 성숙 및 몰락이나 행동, 반동 및 종합의 순서로 생각하는 사람들이 있다. 그런데 마찬

....

44) O. Lorenz, *Die Geschichtswissenschaft in ihren Hauptrichtungen und Aufgaben*, two volumes, Berlin, 1886, I, p. 279; II, 1891. 다른 유사한 견해로서 E. Bernheim, *Lehrbuch der historischen Methode und der Geschichtsphilosophie*, fifth edition, Leipzig, 1908, p. 81f; W. Bauer, 앞의 책과 비교할 것.

45) W. Vogel, "Über den Rhythmus im geschichtlichen Leben des abendländischen Europa", *Historische Zeitschrift*, CXXIX, 1924, pp. 1~68; K. Joël, 앞의 책.

46) W. Pinder, *Das Problem der Generation in der Kunstgeschichte Europas*, second enlarged edition, Berlin, 1928. 또한 A. Lorenz, *Abendländische Musikgeschichte im Rhythmus der Generationen*, Berlin, 1928 참조.

가지로 쉽게 1701~34년, 1735~70년 및 1771~1801년으로 주목하는 세대 계열도 있어 모든 해[年]가 그리고 모든 나날이 발생, 성숙 및 몰락이 된다. 모든 세대는 생물학적으로는 동일한 가치를 지닌다. 한 세기 가운데 어느 30년을 발전의 세대로 그리고 다른 30년을 몰락의 세대로 각인하고자 하는 것은 30년 간격으로 작용해서가 아니라 세 시기의 모든 국면에 끊임없이 존재하기 때문이다. 그 요인은 인간의 세대의 테두리로서는 구제할 수 없다. 즉 역사적 세대는 그 과정이 생겨나는 소재를 마련할 뿐이다. 한 세기 전체의 역사를 세 세대의 도식으로 한정하는 것은 논리적으로도 어리석다. 그 이론은 특수하고 한정된 문화 현상에 적용될 때 더욱더 유용하다. 그러나 그 경우에도 그 효력은 믿음직하지 못하다. 생물학적으로 인식되는 세대는 언제나 극히 자의적이며 어느 특정한 역사적 현상의 발전 단계로서는 결코 합리적일 수 없다. 이 경우에도 거의 다른 모든 경우와 마찬가지로 자연과학과 역사 간에 가로놓인 건널 수 없는 심연을 우리는 인식하게 된다.[47]

엄밀한 시대구분이라는 딜레마로부터 해방되는 유일한 방법은 정확성이라는 완벽에의 욕구를 조심스럽게 버리는 데 있다. 시대구분이라는 용어는 모든 용어에 전제되는 역사적 관행과 마찬가지로 절도와 신중함을 필요로 한다. 용어는 가볍게 사용되어야 하며, 그것이 감당하지 못할 구조를 세워서는 안 된다. 르네상스라는 용어에서 그랬던 것처럼 억지로 거기에 비집고 들어가거나 그것을 짓밟지 않도록 조심해야 한다. 모든 용어가 시대의 본질과 특징을 표현한다고 자부하는 것은 바로 사실 자체를 해친다는 것을 언제나 명심해야 한다. 중세가 중간 시대를, 르네상

----

47) W. Pinder, 앞의 책, p. 20f.에서는 이런 난점들을 감안하고 있지만, 그것들을 얼버무려 설명해버리고 말았다. 나와 유사하게 세대론에 근본적으로 반대하는 견해는 Lucien Febvre, *Bulletin du centre international de synthèse*, no. 7, June, 1929에서 전개되고 있다.

스가 재생을 의미한다는 식의 그러한 용어 사용은 잊어버려야 한다. 세세한 개별적인 것들의 본질이라는 관점에서 용어의 타당성이 상실되었다고 여겨진다면, 그 용어를 언제나 포기할 수 있어야 한다.

어떤 용어가 어떤 문화 시대를 유행처럼 지칭하게 되면 그 용어는 금방 강렬한 정서적 어조와 색깔 그리고 향기를 띠게 된다. 그러므로 어떤 현상에 어떤 명칭을 부여할까의 문제는 대단한 일은 아니다. 고대 제국이나 당(唐) 같은 순수 산술적인 명칭 혹은 미케네 같은 지리적인 명칭도 낭만주의나 바로크와 유사한 그럴듯한 의미가 있다고 여겨지는 정서적 친밀감을 준다. 빅토리아 시대의 사람들이라는 지칭에는 오만하고 대단한 속물근성이라는 부정적인 뉘앙스가 단시일 내에 덧붙여지지 않았던가?

시대를 둘러싼 모든 명칭을 문맥 그대로 여기거나 과도하게 고집하면 반듯하게 이해하는 데 방해가 된다. 그런 까닭에 뚜렷한 동기부여가 없는 용어를 사용하는 것이 사실은 가장 무난하다. 그러한 것들이 국민의 시대의 지칭, 왕조의 지칭이다. 고도로 정교한 세대론에 감화되어 세기의 이론을 역사의 진정한 구성 요소로 여기지 않는 한, 연대기적 체계를 바탕으로 '15세기', '16세기'라는 지칭의 속임수에 어리석게 넘어가는 사람은 결코 없을 것이다. 그러면서도 그 용어들은 소통 수단으로서 크게 도움이 된다. 엘리자베스 영국 여왕, 프리드리히 대왕, 카를 12세, 예카테리나 2세 등 인물들의 중요성을 인식하면서도 지혜로운 역사가는 '엘리자베스 여왕 시대', '프리드리히 대왕 시대', '카를 12세 시대', '예카테리나 여왕 시대'라는 명칭을 역사의 유기적 구성 단위로 보려 하지 않는다. 그러나 가령 엘리자베스 여왕 시대의 연극이 1642년까지 지속되었다고 하더라도 전혀 문제될 것이 없다. 그것은 단지 제임스 1세와 찰스 1세의 기억을 약간 등한시한 것일 뿐이다. 그렇다고 그것이 그릇된 것은 아니다. 진정 모든 용어들은 갖가지 함축성을 지닌 개념이 된다. 그러나 그 명칭들은 오직 방편으로 사용되어야지 '개념'으로 이해되어서는 안 된다고 경계심을 불러일으킨다.

　문화적 시대구분을 위해 쓰이는 용어들을 경솔하게 사용하는 것에 대해 경고해야 할 또 다른 경우가 있다. 특별히 국민성이 드러나지 않는 일반적 종류의 용어들은 유럽의 갖가지 언어에서 극히 다른 의미를 지닌다는 사실이다. 독일어의 '로만티시'(romantisch)와 프랑스어의 '로망티크'(romantique)는 전혀 다른 뜻이다. '르네상스'라는 용어도 프랑스, 독일, 이탈리아에서는 극히 다른 의미의 가치를 지닌다.

　그럼에도 불구하고 현대 역사 사상의 모든 경향은 이러한 유형의 용어들이 더욱더 확산되면서 우리를 압박하고 있다. 울리히 폰 빌라모비츠-묄렌도르프(Ulrich von Wilamowitz-Moellendorff)는 1881년에 이미 '바로크 시대'라는 용어를 고대 그리스에 적용했으나 약 20년 전까지만 해도 바로크는 17세기 건축 및 조각의 일정한 형태에 대한 매우 특별한 지칭을 의미할 뿐이었다. 하인리히 뵐플린은 바로크라는 용어에 예술사의 일반적인 양식 개념으로서 생명을 불어넣었다. 슈펭글러도 그 나름대로 그것을 이용했다. 그리하여 서서히 이 용어는 예술 양식에서뿐만 아니라 사상과 삶의 양식에까지 적용되었다. 이와 같은 일반적·문화사적 의미의 바로크라는 용어는 오늘날에 이르기까지 주로 독일의 학술적 관용어로 국한되었다. 몇 해 전에 나는 처음으로 찰스 1세의, 그 얼마 뒤에는 휘호 그로티우스(Hugo Grotius)의 인물상에 관해 연구하게 되었다. 그때 나는 시대적 특징으로서의 바로크 개념 위에서 비로소 두 인물을 이해할 수 있었다는 사실에 놀라움을 금치 못했다.

　이처럼 시대구분의 문제는 언제나 한 시대의 모든 문화적 결실을 하나로 묶고 조화시키고 동질화(同質化)하게끔 우리의 생각을 유도한다. 그리하여 람프레히트는 '디아파종'(diapason, 표준음)이란 용어를 쓰고, 슈펭글러는 거대한 저작으로써 형태를 부여하고자 시도하고, 부르크하르트의 교향악적 실험 또한 그것을 한층 더 밝히고자 했다. 그것은 언제나 우리의 눈앞에 있지만 결코 손에 잡히지 않는다. 우리는 그것에 다소간 서로 이해할 수 있는 방편으로서의 명칭을 부여할 수 있을 것이다. 그러나 그것을 규정할 수는 없다. 이렇듯 그 용어들을 규정지을 수 없다는 사실에서 우리는 역사적 지(知)와 인간의 삶 사이의 긴밀한 관련성을 새삼 깨닫게 된다.

하위징아와 문화 및 문화사의 길

역사는 단지 다른 학문뿐만 아니라 문화와 삶 자체에 늘 의존하기 마련이다. 문화의 풍요
와 방향은 모든 시대에서 문화의 역사적 창출의 성격과 가치를 규정짓는다. — 하위징아

이광주

1. 정치사와 경제사로부터 문화의 역사로

1860년에 출간된 야코프 부르크하르트(Jacob Burckhardt, 1818~97)의
『이탈리아 르네상스의 문화』(*Die Kultur der Renaissance in Italien*)는 20
세기에 이르러서야 유럽 여러 나라의 교양인들 사이에서 마치 교양의 증
표인 양 널리 애독되었다. 그리고 1919년에는 하위징아의 『중세의 가을』
(*Herfsttij der Middeleeuwen*)이 발간되었다. 부르크하르트와 하위징아
라는 두 탁월한 문화사가의 존재에도 불구하고 문화사는 역사학 내지
역사 서술에서 줄곧 서자(庶子)처럼 그 주변부에 머물러 있었다. 부르크
하르트와 동시대인으로 당시 독일 역사학을 이끈 베를린 대학의 교수
하인리히 트라이치케(Heinrich Treitschke)는 "한 민족의 역사를 묘사해야
한다면 정치가와 장군들이 역사의 주인공이 된다"고 했다. 고대 그리스

의 투키디데스나 헤로도토스를 떠올리게 하는 정치사가(政治史家) 트라이치케의 이러한 발언은 19세기 말에 이르도록 군주나 장군, 국가 권력과 전쟁 중심의 정치사가 역사학의 주류를 이루었음을 의미한다.

사료의 엄밀한 비판 위에 객관적 역사 서술을 이룩함으로써 근대 역사학을 구축한 레오폴트 폰 랑케(Leopold von Ranke)는 국가를 "현실적이면서 정신적인 실재", "신의 사상"(Gottes Gedanken)이라고 언명한 정치사가였다. 그리고 그의 학풍을 이어받고자 유럽 각지에서 역사학자 및 그 지망생들이 베를린으로 몰려들었다. 그 유일한 예외가 부르크하르트였으니 그는 랑케의 후임으로 베를린 대학의 초빙을 받았으나 거절했다.

국가(권력) 체제의 규명 내지 변천을 주제로 한 정치사 중심의 역사학에 일대 전환이 일어난 것은 대중 기술 산업사회의 태동에 따른 '경제'와 '사회'의 발견에 의한 경제구조의 규명이라는 역사 서술의 새로운 패러다임의 전환, 즉 경제사의 출현이었다.

마르크스·엥겔스의 획기적인 업적 및 마르크스주의에 의해 더욱 고조된 경제사의 기세는 역사학은 물론 인문·사회과학의 모든 영역에서 지대한 영향을 발휘했으니, 많은 지식인들이 19세기 이래 유럽 여기저기에서 꿈틀거린 '유령'(幽靈)에 끌려 노동자들과 신성동맹을 맺고 뒤질세라 마르크스를 읽고 마르크스주의라는 이데올로기의 프리즘을 통해 역사와 현실 그리고 미래를 진단하고자 했다. 역사 사상과 역사 서술에서의 경제와 사회의 우월성은 마르크스주의의 변함없는 영향 아래 1929년 창간된 아날 학파의 『사회경제사 연보』(Annales d'Histoire économique et sociale)의 명칭이 시사하듯 1950년대까지 이어졌다.

프리드리히 니체(Friedrich Nietzsche)는 『즐거운 학문』(Die fröbliche Wissenschaft, 1882)에서 다음과 같이 말했다. "이제까지 존재에 색채를 부여한 모든 것에는 역사란 것이 결여되어 있었다. …… 애정, 탐욕, 질투심, 양심, 신앙심, 야만성의 역사는 어디에서도 찾을 수 없다." 니체는 정치사 속의 문화적 서술의 결여를 역사의 부재로서 한탄한 것일까. 그가 바젤 대학의 교수직에 있을 때 26세 연상의 부르크하르트를 가까이하고 그의 강의를 경청한 사실이 새삼 떠오른다.

사실 정치사 만능의 흐름 속에서도 16세기 르네상스와 종교개혁에 따른 '인간성'(humanitas)의 발견과 16~17세기 문헌학의 발달 및 '박학자'(博學者)의 출현을 배경으로 인간의 품성과 사회 풍속에, 즉 문화의 다양한 모습에 주목한 역사 서술이 간간히 이어졌다. 우리는 그 최초의 체계적 작품으로 볼테르(Voltaire)의 『제 국민의 풍속과 정신에 관한 시론』(*Essai sur les mœurs et l'esprit des nations*, 1756)을 들 수 있을 것이다. 볼테르는 그 기념비적 저작의 머리말에서 다음과 같이 자신의 역사 서술의 진실을 토로했다.

로마 제국 붕괴 이후 새 역사에 대한 혐오를 이쯤에서 극복하여 지상에 살며 그것을 휩쓸고 있는 여러 민족에 관한 일반적 이미지를 갖도록 합시다. 방대하게 쌓인 것들 가운데서 알아야 할 만한 가치가 있는 것들만 파악합시다. 즉 무시해서는 안 될 사실에 기초한 주요한 민족의 에스프리(심적 상태, esprit), 풍속(mœurs), 습관을 파악하는 것입니다.

그리고 본문에서도 다음과 같이 강조한다.

인간 사회는 지난날 어떠했던가, 사람들은 어떠한 가족생활을 꾸려 나갔을까, 어떠한 기예(技藝)가 발전했을까를 찾고자 합니다. 나의 논술의 대상은 인간 정신의 역사로서 사람은 어떤 단계를 거쳐 여러 시대의 야만 상태로부터 오늘날 어떻게 문명화되고 예의를 갖추게 되었을까를 보는 것입니다.

『제 국민의 풍속과 정신에 관한 시론』에 앞서 출간된 『루이 14세의 세기』(*Le siècle de Louis XIV*, 1751) 머리말에서도 볼테르는 다음과 같이 말했다. "나의 의도는 루이 14세의 생애를 서술하는 것만이 아니다. 보다 더 큰 대상이 내 시야 안에 있다. 내가 후세 사람들을 위해 묘사하고자 하는 것은 특정 개인의 행동이 아니라 가장 개방된 지난 세기의 사람들의 모습, 정신이다." 볼테르는 일찍이 한 에세이에서 "물리학에서 일어난 일이 머지않아 역사 서술의 방법에서도 일어날 것이다"라고 말한바, 역사 서술을 둘러싼 패러다임의 전환이라는 과제를 그 자신의 문화사 서술을 통해 성취했다고 할 것이다.

괴테와 더불어 독일 고전주의 문학을 대표하는 프리드리히 실러 (Friedrich Schiller)는 1789년 3월 26일자 편지에서 다음과 같이 말했다. "교회사, 철학사, 예술사, 풍속사, 상업사는 정치사와 더불어 본래 하나로 정리되어야 합니다. 그래야만 비로소 보편적인 역사가 성립됩니다." 괴테도 찬탄했듯이 볼테르는 18, 19세기 유럽 지식 사회의 최고 거장이자 멘토였다. 실러도 '풍속'이라는 개념으로 삶의 전반적인 모습을 묘사하고자 한 볼테르의 풍속사론을 읽었을 것이다. 그러나 '세계사란 무엇인가, 어떠한 목적으로 사람들은 그것을 배우는가'라는 제목을 내걸고 행한 예나 대학 역사학 교수 취임 연설에서 이 시인은 자신의 역사관을 전적으로 정치사적으로 언급했다.

볼테르 이후 데이비드 흄(『영국사』), 자크 베니뉴 보쉬에(『세계사 서설』), 요한 요아힘 빙켈만(『고대 미술사』), 요한 고트프리트 폰 헤르더(『인류사의 철학의 이념』), 헨리 버클(『영국 문명사』), 쥘 미슐레(『프랑스사』), 이폴리트 아돌프 텐(『현대 프랑스의 기원』) 등에 의해 문화사적 서술이 연이어 햇빛을 보았다. 이러한 역사 서술의 전환에 앞서 유럽 여러 나라가 중앙집권적 주권국가의 길을 지향한 16, 17세기의 역사가들은 대체로 정치사상가이자 니콜로 마키아벨리(Niccolò Machiavelli)의 제자로서 국가이성(raison d'État)의 키워드로써 역사를 서술했으며, 이러한 경향은 랑케 이후에도 이어졌다.

이렇듯 문화사적 서술이 간간이 이어지면서도 '문화'(culture)라는 말은 18세기 말까지 쓰이지 않았다. 최초의 문화사가라고 할 수 있는 볼테르도 그리고 문화 전반에 관해 논한 백과전서파도 '문화'와 '문명'이라는 말을 전혀 몰랐다. '문화'라는 용어는 19세기 중엽 이후에 이르러서야 쓰였다. 그런데 당시에도 그것은 독립된 용어가 아니라 '교양'(civility)의 의미로서, 고대 로마의 키케로(Cicero)가 지칭한 '정신의 양육'(cultura animi)처럼 쓰였다.[1]

부르크하르트는 『이탈리아 르네상스의 문화』를 간행하고 10년이 지나서도 Kultur, 즉 '문화'라는 용어에 주저했다. 한편 하위징아는 1905년 자신의 첫 대학 강의에서 '문화'라는 말을 '가벼운 망설임 끝에' 사용했노라고 실토한 바 있다. 『이탈리아 르네상스의 문화』가 출간된 지 근 반세기가 지났어도 '문화'라는 용어는 역사가나 역사학계에서조차 낯설고 경원시되었으며 그만큼 문화사는 학계에서 시민권을 누리지 못했던 것이다. 이제 우리는 부르크하르트를, 베르너 캐기(Werner Kaegi)가 지적했듯 "그의 업적 없이는 문화사라는 학문 영역을 충분히 생각할 수 없는" 부르크하르트를 찾아야 할 것이다.

---

1) 이러한 현상은 '문명', 즉 '(근대) 사회생활의 틀의 상태 내지 그 성과'를 지칭하면서 culture 와 서로 얽혀 쓰이고 있는 civilization도 마찬가지다. 그 원어는 라틴어 civis(시민), civilis(시민의, 시민에 속한)로서 17, 18세기에는 오늘날의 civilization의 뜻으로 civility(질서 있는 사회)로, barbarity(야만), barbarism(미개 상태)과 대비되어 쓰였다. 그리고 19세기 초 이래 civilization은 오늘날과 같은 뜻을 지니게 되었다. 『아카데미 프랑세즈 사전』에 civilisation 이 처음으로 기재된 것은 1835년이었다.

2. 부르크하르트, '구원'으로서의 문화

"이성이 세계를 지배하며 따라서 세계사의 과정 또한 이성적으로 진행된다"고 헤겔이 역사철학의 기본 테제를 발표하고 "세계사의 규칙적이고 점진적인 발전"을 신뢰한 랑케가 독일 바이에른의 막스 왕과의 대화에서 "이러한 시대에 살고 있다는 것이 행복하다"고 했듯, 19세기 유럽은 문명의 진보를 확신하며 일찍이 없었던 낙관주의에 들떠 있었다. 그러나 독자적인 에토스를 지니며 스스로 유배된 이단자임을 자각한 극소수 폐적자(廢嫡者, Enterbter Geist)는 문화의 황폐라는 불길한 위기를 예견하고 두려움으로써 그에 맞서고자 했다.

나폴레옹은 러시아 원정길에 여가를 즐기며 바이마르에 들러 괴테를 만나고, 두 거인은 비극의 본질에 관해 이야기를 나누었다. 나폴레옹은 고대의 운명 대신 오늘날 '정치'가 바로 운명으로서 인간을 사로잡고 있다고 했다. 부르크하르트는 나폴레옹이 예감한 정치적 숙명의 의미를 그 누구보다도 본질적으로 인식했으며, "나 자신 행하리라"라고 선언한 비스마르크 같은 '위대한 인물'의 정치적 데몬을 두려워했다. 이 점에서 그는 정치 폭력에 대해 아무것도 알지 못한 '순진한 믿음'을 가진 랑케와는 참으로 대조적이었다. 정치 만능의 흐름 속에서 부르크하르트의 기본 테제는 더욱더 "인간에게 역사는 무엇을 의미하는가"에 쏠렸다.

부르크하르트는 스위스 바젤에서 태어났다. 에라스무스(Erasmus)가 가톨릭과 프로테스탄트의 종파 싸움에 초연하여 단독자(單獨者)의 이상(理想)을 품고 약 8년 동안 체재한 곳이자 니체가 꼭 10년 머문 곳인 바젤에서, 랑케를 앞세운 19세기 독일 역사학이 나폴레옹에 대항하는 민족주의적 해방전쟁(1813~14)이라는 상황 속에서 민족과 국가의 의미 부여에 급급할 때, 바젤의 장자(長子) 부르크하르트는 생애를 통틀어 단 한 번도 범유럽적·세계사적 문화사가의 입장에서 떠나는 일이 없었다.

혁명 시대의 도래와 역사의 연속성

부르크하르트는 근대에 대해, 자기 자신이 놓인 19세기에 대해 극히 부정적이었다. 19세기는 그에게 1789년과 함께 개시된 '혁명의 시대'를 의미했다. 자코뱅 혁명을 통해 전제주의를 완성한 혁명 시대에 대한 그의 준엄한 논고는 그의 근대 국가관과 표리를 이루었다.

부르크하르트는 『세계사적 고찰』(*Weltgeschichtliche Betrachtungen*, 1905)에서 역사를 움직이는 세 가지 '힘'(potenz)으로 국가, 종교, 문화를 들며 그것들을 규명하고 그 상호 관계를 논했다. 그에 따르면 문화가 자발적으로 성립되고 발전하는 데 반해 국가와 종교는 그 보편타당성을 강제적으로 요구한다.

국가는 '힘'의 체계이며 힘은 국가의 단순한 충동이 아니라 그 필연성이다. 그러므로 국가는 그 본질로서 강제력을 행사한다. 그런데 부르크하르트에 따르면 근대국가는 문화에 대해서도 강제력을 행사하니 그 최초의 근대국가는 '절대주의의 왕관을 쓴' 루이 14세의 국가다.[2]

부르크하르트에 따르면 유럽적이기보다 몽골적이었던 루이 14세는 "짐은 곧 국가"라는 교설을 통해 문화와 종교 위에 군림하는 거대한 국가, 권력 국가를 요구했다. 그것은 힘의 체계이며 국가 에고이즘이 대의명분으로 긍정되는 근대국가였다. 한편 1789년은 '인민주권'으로 무장한 대중(mass)의 전제정치를 그리고 '영리심'에 사로잡힌 대중의 시대를 연출하는 한편, 그에 더해 '모든 것들을 단일화하는 무서운 인간'(terribles simpliqieateurs)의 출현을 초래했다. 그리고 그의 지배 아래 대중은 북소리에 맞춰 움직인다. 부르크하르트는 파시즘의 태동과 자본주의의 파국을, 『1984년』이나 『수용소 군도』를 예견한 것인가. "권력은 본래 그 자체

---

2) 이 점에서 부르크하르트는 자기 시대의 특징을 군주제와 인민주권의 대결로 이해하고 혁명 세력의 패배 속에서, 즉 절대주의에서 유럽의 정통성을 확인한 랑케와는 대조적이다.

로 악"이라고 그가 단호히 판정을 내린 이유다.

그러나 부르크하르트가 소박하게 문화의 우월성을 바라면서 반국가적인 태도를 취하거나 국가를 문화와 전적으로 차별화한 것은 아니었다. 그는 문화, 국가, 종교라는 세 가지 '힘'의 자유로운 긴장 관계 속에서 인간 역사의 본질을 찾았으며, 역사적 위대함의 상징인 '심미적인 것'까지도 단지 예술적·문화적인 것에서 그치지 않고 문화, 국가, 종교를 아우르며 일관하는 최고의 척도로 생각했다. 부르크하르트는 『그리스 문화사』(*Griechische Kulturgeschichte*, 1898~1902)에서 고대 아테네나 피렌체를 염두에 두면서 다음과 같이 기술했다.

권력은 이 세상에서 하나의 숭고한 사명을 지닐 수 있다. 그리고 최고급 문화는 아마 오직 권력에 기대어서만, 즉 권력에 의해 확보된 터전에서만 성장할 수 있다.

부르크하르트는 아테네와 피렌체가 상징하듯 고대 그리스나 르네상스 시대의 도시 공동체(코뮌) 내지 작은 국가의 권세가들 속에 권력 지향적 본능보다 오히려 문화 지향적 도덕성이 우세함을 보았다. 캐기가 지적했듯 작은 나라를 이상화하는 소국 이념은 유럽에 전통적인 것으로서, 17~18세기 중앙집권적 국민국가의 태동 속에서도 몽테스키외(Montesquieu)와 볼테르, 장-자크 루소(Jean-Jacques Rousseau)가 그러한 뜻을 밝혔으며, 괴테와 알렉시스 드 토크빌(Alexis de Tocqueville)도 그것을 바람직한 것으로 이해했다. 이때 그들의 가슴속에는 고전 문화와 르네상스를 꽃피운 아테네와 피렌체가 떠올랐으며 그와 함께 하나의 국민이기 전에 국경을 모르는 '유럽', '유럽인'이라는 보편적 심성이 자리 잡고 있었다.

부르크하르트는 지난날의 좋은 '유럽인'들과 소국 이념을 공유하면서,

특히 소국이 권력에 의해 만들어지고 관리되는 강대국과 달리 역사적 유기체적 존재이며 전통과 시민적 다양성 및 자유를 잉태하고 육성하는 것으로 확신했다. 영원한 소국 스위스, 그러면서도 유럽과 세계를 향해 활짝 열린 스위스 바젤의 아들 부르크하르트는 큰 나라와 더불어, 영리심이 낳은 베를린이나 런던, 파리 같은 큰 도시를 혐오했다. 그는 말했다. "나의 에너지 전체는 오직 이 땅(바젤)에만 속합니다. …… 아시는 바와 같이 여기에서는 내가 숨 쉬는 모든 순간에도 쓸모가 있습니다." 역사의 연속성에 대한, 역사 자체에 대한 그의 신뢰는 바로 '작은 나라'를 둘러싼 이러한 인식과 찬탄에 뿌리를 두고 있다.

부르크하르트는 19세기를 특징지은 현실과 역사(전통) 간의 단절의 심각성을 통찰하고 유럽의 해체를 촉진하는 역사 없는 현실과 맞서고자 했다. 그러면서도 그는 자신의 시도의 공허함을 잘 알고 있었다. 그는 1846년 3월 다음과 같이 토로했다. "우리는 모두 멸망할지 모릅니다. 그러나 나는 나 자신의 관심사로서, 내가 그로 인해 멸망하게 되는 것, 즉 옛 유럽의 교양(문화)을 선택하고자 합니다." 이때 그의 나이 27세였다. 그 무렵의 서간집에서도 이미 그는 유서(遺書)가 된 『세계사적 고찰』이나 『역사적 단상』에서 잘 밝혀진 바와 같이 문명 비평가이자 '예언자적' 역사 사상가의 면모를 드러내고 있다.[3]

부르크하르트는 인간의 죄악을 불가사의한 요인으로 생각했다. 그러면서도 그는 기독교적 구원의 가능성을 믿지 않았다. 목사 집안 출신인 그는 아르투어 쇼펜하우어(Arthur Schopenhauer)와 마찬가지로 신앙을 상실한 회의주의자였다. 오히려 그는 지난 역사 속에서 구원을 찾고자 했

---

3) 부르크하르트의 학풍을 계승하고 방대한 그의 평전을 쓴 스위스의 문화사가 캐기는 '예언자' 부르크하르트에 대해 두 편의 글을 발표했다. 그리고 프리드리히 마이네케는 『독일의 파국』(1946)에서 "우리 모두가 부르크하르트의 저 카산드라적 예언의 눈을 가졌던들" 파국의 심연을 역사 속에서 읽을 수 있었을 것인가라고 개탄했다.

다. 구원으로서의 역사, 이때 그에게서 역사란 문화 전통을 의미했다. 이러한 그의 역사관은 역사의 연속성에 관한 그의 확신과도 깊이 관련된다.

또 한 사람의 단독자인 니체도 과거의 역사 속에서 삶을 해독했다. 이때 그는 바로 역사의 연속성이 쌓아 올린 거대한 비석과 같은 중압감이 삶의 생생한 창조 행위를 억누르고 있는 현실을 고발했다. 역사적 관심에서 무엇보다도 '위대한 삶'을 찬탄하고 자기 자신들의 세기를 정신적 빈곤으로 규탄한 점에서 부르크하르트와 니체는 동지였다. 그러나 부르크하르트는 니체가 정면으로 거부한 역사, 역사의 연속성에서 바로 구원의 길을 찾았다.

그러면 부르크하르트에게 역사의 연속성이란 무엇을 의미하는 것일까. 그는 그 연속성의 참뜻을 전통의 지속에서 찾았다. 그러나 전통의 지속은 단순히 역사적 유산을 유지·계승하는 것이 아니라 그것을 옹호하면서도 일신하고자 하는 의식적인 노력, 열린 정신의 토포스인 역사를 통한 '정신적 내면화의 연속성'을, 재생(르네상스)을 뜻했다. 주목해야 할 점은 부르크하르트의 경우 역사의 연속성 개념이 변혁의 의식, 위기의 의식과 깊은 곳에서 결부되고 교차되며 변혁과 위기는 동시에 연속성의 적극적인 구성 요인이었다는 사실이다. 다른 진정한 역사가와 마찬가지로 부르크하르트도 결코 보수적 전통주의자가 아니었다.

부르크하르트는 『세계사적 고찰』에서 다음과 같이 말하고 있다. "전반적으로 볼 때 정신적 발전은 모두 비약적이며 단절적으로 행해진다. 위기는 새로운 발전의 결절점(結節點)으로 생각된다." 그의 역사적 관심이 로마 제국의 콘스탄티누스 대제 시대, 이탈리아의 르네상스 및 1789년과 같은 대전환기에 특히 쏠려 있음은 널리 알려진 바와 같다. 변화란 항시 '영원성에 관여하는 것'이며 연속성의 관념은 '인간에게 주기적인 큰 변화로의 충동'으로 인해 '우리 인간 존재의 본질적인 관심'임을 그는 확신했다. 카를 뢰비트(Karl Löwith)는 역사적 위기 속에서 역사 인식의 성실성을 통해 인간 교양(문화)의, 문화 생성의 가능성을 찾은 부르크하르트를 '역사 속에 선 인간'으로 이해하고 역사의 연속성의 인식이야말로 부르크하르트 역사학의 궁극적인 목표인 동시에 부르크하르트라는 역사적 실존의 참된 근거임을 강조한다.

문화, 인간의 삶의 소리를 위해

부르크하르트는 『그리스 문화사』의 머리말에서 다음과 같이 말하고 있다.

> 우리는 왜 정치사를 본질적으로 읽으려고 하지 않을까. …… 우리 역사가들의 사명은 우리가 이해하는 한 다음과 같다. 즉 그리스인의 사고방식과 사물을 보는 관점을 밝히고 그리스인의 생활 속에 맥박 치고 있는 건설적이고 파괴적인 활력을 인식하고자 노력하는 것이다. …… 문화사는 과거 인류의 내면으로 깊숙이 들어가 그것이 어떠했으며 무엇을 바라고 생각하고 어떤 관점과 능력을 지녔던가를 전달한다. …… 그것이 우리의 정신과 내면적으로 직접 결부되고 공감을 일으킬 수 있다는 사실을 도출한다.

'문화'란 부르크하르트에 따르면 "(국가나 종교와는 달리) 자발적으로 일어나며 결코 일반의 승인 또는 강제적 승인을 요구하지 않는 정신 발전의 총화(總和)"를 의미한다. 부르크하르트는 역사에, 역사적 유럽에, 바꾸어 말하면 유럽 문화에 몰입함으로써 그 자신이 유배된 현실을 극복하고자 했다. 그에게서 역사란 바로 문화의 역사, 문화를 의미했다. 그러므로 그의 역사 서술의 주조음이 문화의 세계 내지 그 본질인 역사적 삶의 아름다움과 위대함에 쏠렸음은 필연적이라고 할 것이다. "아름다움과 위대함에 대한 끊임없는 관조(觀照)는 우리의 정신을 사랑스럽고 행복하게 만들 것이다." 부르크하르트는 심미적인 것을 위대한 것과 동일시했다.

　우리에게 (아름다움에 대한) 관조는 단지 권리이며 의무일 뿐만 아니라 고
도의 욕구이기도 하다. 관조는 거대한 보편적 구속성과 필연성이라는 흐름의
의식 속에서 우리의 자유다.

　역사는 나에게는 여전히 대부분 시(詩)입니다. 그것은 내가 볼 때 일련의
가장 아름다운 그림의 구도입니다.

　부르크하르트는 원래 미술사가로서 더 널리 알려졌다. 조형예술의 나
라 이탈리아는 그에게 동경의 땅, 구원의 고향이었다. "거기 이탈리아에
서, 거기에서만이 나의 판타지를 형성할 수 있는 핵심을 발견한다." 두
번에 걸친 이탈리아 여행 뒤인 1853년 3월부터 1년간의 이탈리아 체재의
성과인 방대한 저작 『치체로네: 이탈리아 예술 작품의 안내』(1855)를 저술
했는데, 이때 부르크하르트는 가장 행복했다. 그는 처음 대면한 사람에
게 언제나 묻곤 했다. "이탈리아에 다녀왔습니까?"
　아마추어 화가이기도 한 부르크하르트는 바젤 대학에 미술사 강좌
를 개설했으며 평생 미술사 강의를 했다. 그리고 『이탈리아 르네상스의
문화』에서 부르크하르트는 산치오 라파엘로(Sanzio Raffaello)를 통해 한
시대의 문화 풍경과 초상(肖像)을, 삶의 파토스와 시대정신을 그리고자
했다(훗날 하위징아는 얀 반 에이크Jan van Eyck를 통해 중세의 가을을 묘사
했다).
　부르크하르트는 『이탈리아 르네상스의 문화』를 통해 그가 원한 대로
역사 속에서 최고의 아름다움을 읊었다. 그리고 그에게서 역사는 아름
다움이나 시와 마찬가지로 구원이 되었다. 문화의 관조를 통해 지난날
의 역사적 사실의 설렘을 감지하고 의미를 부여하며 연속성을 찾을 수

있으리라는 생각은 그의 확신이 되었다. 그리고 그 확신과 더불어 인간에 대한 신뢰가 그에게 재생되었다. 그는 말하고 있다. "우리의 정신은 이 과제를 위해 높은 자질을 부여받고 있다." 이제 우리는 '반복하는 것, 항상적인 것, 유형적인 것' 속에서 역사 서술의 기본 개념을 찾은 부르크하르트의 진정한 의도를 알 수 있을 것 같다. 그것들은 역사학의 단순한 방법론이 아니라 구원으로서의 역사에 우리 모두를 인도하는 '치체로네'(Cicerone), 곧 반듯한 안내자인 것이다.

부르크하르트는 국가와 종교에 대한 규제력으로서 문화의 가능성(아테네와 피렌체!)을 또한 확신했다.『이탈리아 르네상스의 문화』첫 장은「예술 작품으로서의 국가」이며 그 모델인 피렌체에 관해 부르크하르트는 다음과 같이 기술하고 있다.

> 피렌체의 역사에는 가장 높은 정치의식과 풍요로운 발전 형태가 결합되어 드러난다. …… 저 놀랄 만한 피렌체 정신, 뛰어난 이성과 함께 예술적 창조력을 갖춘 정신은 정치와 사회적 상태를 끊임없이 변형하고, 또한 항시 그것을 서술하고 조정한다.

니체는『비극의 탄생』(*Die Geburt der Tragödie*, 1872)에서 그리스의 아폴론적인 밝음이 잉태한 디오니소스적인 것을 강조했다. 니체가 이해한, 아름다움을 통한 절망적인 삶과의 화해라는 그리스상(像)은 대체로 부르크하르트의『그리스 문화사』를 관통한 주조음이기도 했다. 그런데 인간 비극을 감지함으로써 얻을 수 있는 미적 위안도 니체의 절망을 치유하지는 못했다. 그에 반해 부르크하르트에게서 인식과 체험으로서의 역사, 심미적인 것의 관조는 가혹한 현실을 극복하는 가장 바람직한 길이 되었다. 그는『세계사적 고찰』에서 다음과 같이 말하고 있다.

정신은 지상의 여러 시대를 거쳐온 것들의 추억을 자신의 소유로 바꾸어야 한다. 본래 개인의 생활에서도 그러하듯 지난날의 기쁨과 고뇌가 이제는 깊이 인식되어야 한다.

부르크하르트의 『그리스 문화사』의 주요 테마 가운데 하나는 "그리스인은 대부분의 사람들이 믿고 있는 것보다 훨씬 더 불행했다"는 진실이었다. 뢰비트도 부르크하르트를 특징짓는 태어나면서부터의 '비가적(悲歌的) 파토스'와 그로부터 유래한 "지상적인 것은 허무"란 명제가 바로 그리스적 염세주의에서 비롯되었음을 지적한다. 뢰비트에 따르면 지상적인 삶의 평가를 둘러싸고 부르크하르트에게 근원적인 규범을 부여한 것은 그리스인이었다. 즉 '수난자'의 원형은 그에게서 십자가에 못 박힌 그리스도이기보다 모험가 헤라클레스와 인고자(忍苦者) 오디세우스이며 그리스적 영웅과 그리스적 인간이었다. 그리스의 세계사적 위대성은 부르크하르트에 따르면 그리스인이 큰 고통을 견디면서도 '자유롭게' 살았다는 사실, 심미적이었다는 사실에 있다. "그들은, 다른 모든 민족이 크든 작든 견디기 벅찬 불가피한 것이 지배하고 있는 곳에서 독창적·자발적·의식적 모습을 띠고 나타난다"(『그리스 문화사』).

단순한 염세주의가 아닌 죽음과 삶에 대한 애증이 얽힌 역사 인식, 그 인식을 통해 부르크하르트는 삶과 죽음을 역사의 주요한 테마로서 치열하게 재생시킨 근대의 유일한 역사가가 되었다. 그러므로 그의 역사 서술은 그 자신이 말한 바 "병리학적 에세이"의 성격과 정념적(情念的) 형태를 취하게 마련이었다.

우리의 출발점은 오직 하나의 항구적인, 우리에게 가능한 중심이며, 견디고 노력하고 행동하는, 있는 그대로의, 또 항시 있으며 있음 직한 인간 말고는 없다. 그러므로 우리의 고찰은 어느 정도 정념론적(情念論的)이 될 것이다.

288

우리의 출발점은 유일하게 지속되는 중심으로부터의 출발점, 즉 지금 있으며 과거에 있었던 그리고 앞으로도 있을 인간이다.

그의 역사 인식의 출발점은 인간 그 자체였다. 바야흐로 인간의 사물화가 진행 중인 현실에서 문화사가 부르크하르트의 역사 고찰은 인간론적인 관심에 시종일관 논쟁적(polemic)으로 집중되었다. 역사와 삶의 명암을 깊이 파헤치며 삶에 이바지하고 삶을 높이는 구원으로서의 역사, 역사적 삶은 그가 『이탈리아 르네상스의 문화』에서 현실감 있게 펼쳐 보여주듯 천(千)의 얼굴을 지니며, 시대의 모든 사건들은 무수한 의미를 갖추고 그 모습을 드러낸다. 그러나 그 모든 것에서 이 위기의 역사가가 궁극적으로 관찰하고 체득한 것은 견디고 노력하고 인식하고 관조하는 인간이었다. 그러므로 우리는 그의 역사 서술, 바로 그의 문화 서술에서 인간의 삶의 소리, 영구히 되풀이되는 삶의 소리를 듣는다.

"역사의 진정한 성격은 역사 자체에 참여하는 것이다"(폴 발레리). 병영국가와 더불어 파시즘의 태동 및 대공장으로 상징되는 자본주의의 탐욕을 일찍이 고지(告知)하고 고발한 부르크하르트는 오늘날 현대, 바로 우리의 문제를 그 발달에서부터 파헤치고 해답을 제시한 최초의 근대인이었다. 독일 사학의 바람직한 패러다임의 핵심으로서 마이네케가 강조한 바, 제2차 세계대전의 종말과 함께 태동된 '부르크하르트 르네상스'의 진실은 바로 여기에 있다고 할 것이다.

3. 하위징아와 문화사의 과제

요한 하위징아(Johan Huizinga, 1872~1945)는 13세기 이래 옛 역사를

자랑하는 아름다운 네덜란드의 도시 호로닝언(Groningen)에서 태어났다. 그는 어릴 때부터 그림을 그리는 데 남다른 재능을 발휘하여 훗날화집 한 권을 남기기도 했다. 그가 역사와 최초로 만난 것은 어린 시절중세 말 영주(領主)의 호로닝언 시(市) 입성을 기념하는 가장행렬을 길거리에서 참관한 데서 비롯되었다. 중학교 입학 전 역사책 애독자인 형과함께 옛 화폐를 수집하기도 했으나 그의 취향은 오히려 조형예술이었다. 대학에서는 오리엔트학과 언어학을 배웠으며 교수 자격을 위한 공개 강연 테마도 불교에 관한 것이었다. 그리고 "오랫동안 동방과 언어학의 영역을 방황한"(『나의 역사에의 길』, 1947) 끝에 역사학에 들어섰다.

하위징아는 일찍부터 역사를 이해하기 위해서는 예술 창조, 특히 그림을 그리는 것과 비슷하게 직관이나 상상력에 따라서 이미지를 환기하는미적 방법이 절실히 요청되며 바람직하다고 여겼다. 그의 남다른 심미적감성은 그 자신의 예술가적 자질과 더불어 그가 19세기 세기말 탐미주의의 동시대인이었다는 사실과도 관련이 있다고 할 것이다.

하위징아의 20대 교양 형성기는 세기말적 멜랑콜리와 탐미주의가 일종의 풍속이 되다시피 한 1900년 전후에 해당한다. 그가 실토했듯이 그의심성의 '유전적 반맹(半盲)' 상태는 그를 자연과학과 철학에 무관심하게만드는 한편, 20대 말까지도 꿈과 공상 그리고 감상이라는 감성적·정념적인 방종에 몰입하게 했다.

인간의 삶의 역사, 전체의 역사로서의 문화

역사적 인식이란 관찰하는 것, 관련의 이해이며 특수한 사실에 대한 표현이다.

역사의 이해는 보는 것으로 혹은 오히려 이미지로 환기하는 방법이 가장 좋다. 현란하고 다채로운 과거의 사실들과 직접 접촉한다면 그것이 어떤 방법에 의해 얻어지건 충분하다.

역사적 관심은 과거에 대한 사랑이며 존재하지 않는 옛것을 따뜻한 삶의 빛 속에서 소생시키고자 하는 충동이다. 역사의 노력은 과거 속에서 세계를, 과거를 통해 세계를 이해하는 것이다.

역사의 소재나 전승 혹은 집대성은 그 자체로는 아무 말도 하지 않는다. 그것들은 우리의 관찰과 물음에 대해서만 역사를 이야기한다. 하위징아는 역사 이해를 위한 과거와의 만남을 '역사적 감흥'으로 표현했다. 랑케의 이른바 '만물에 대한 공감'이나 또 한 사람의 근대 역사학의 정립자(定立者)인 빌헬름 폰 훔볼트(Wilhelm von Humboldt)의 '예감'과도 같은 '역사적 감흥'을 하위징아는 "어느 하나의 세계로 들어가는 것, 일종의 자기 초월의 형태이자 인간에게 허용된 진리 체험의 형태"로 설명한다. 그것은 말하자면 예술적인 관조와 같다. 사실 하위징아는 역사적 이해에서의 미적 요소와 중요성에 대해 자신의 저술 곳곳에서 신앙고백처럼 토로한다. 그러나 그는 미학적인 감정의 역사라든지 문학적 욕구나 효과를 노리는 '향수를 뿌린 역사'를 비웃고 경계한다. 그 미적 요소는 어디까지나 인식론적 연구 성과에 따라 뒷받침되어야 한다. 하위징아에게 중요한 것은 결코 정서를 맛보는 것이 아니라 역사적 관련성의 이미지다. 그가 원사료 또는 연대기의 한 줄에서, 옛 노래의 운율에서, 한 폭의 그림에서 그리고 갖가지 에피소드에서 찾고자 한 것은 바로 역사적 관련성의 이미지였다. 부르크하르트와 마찬가지로 하위징아에게서도 역사란 바로 문화사를 의미하고 그가 전체로서의 역사인 문화사를 갈망한 이유도 바로 여기에 있다.

나는 역사 서술이 그것이 존재하고 그것을 발전하게 한 문화에 늘 속한다고 확신한다.

(문화사의 경우) 그 내용에서는 단편적이며 일면적인 데 반해 그 연구와 서술의 범위에서는 모든 것이 속한다. 인간의 생활을 의미하는 모든 것이 속한다. 그러면서도 하나의 통일체를 이룰 것을 본질적으로 요구한다.

하위징아에게서 공간과 시간 속에서의 인간 집단의 정신세계에 대한 통찰을 상징하는 문화야말로 진정한 역사의 주체, 역사의 알파이자 오메가였다. 그에 따르면 문화사는 개개의 현상으로 존재하는 국가나 경제를 다루는 정치사, 경제사와는 물론이고 정신사나 지성사, 다시 말해 좁은 의미의 문화사와도 구별된다. 문화사란 그에게 '역사적 전체'로서의 문화를 대상으로 하는 역사였다. 개별적인 특수사와는 구별된 문화사의 전체사적인 성격을 우리는 이미 볼테르에게서도 엿보았으며, 하위징아는 그 "비할 바 없는 문화적·역사적 종합의 모범"을 『이탈리아 르네상스의 문화』에서 감지했다. 사실 부르크하르트는 문화의 이름 아래 예술, 문예, 기술, 과학과 더불어 갖가지 인간적 심성, 사교, 풍속 등 자발적으로 이루어진 모든 인간 사상(事象)을 망라했다.

그런데 고전적인 문화주의자인 바젤의 현인(賢人)에게서 문화는 결코 국가나 종교의 상위개념을 의미하지 않았다. 바로 이 점이 하위징아의 문화관과 다른 점이다. 두 특출한 문화사가의 이 같은 차이는 부르크하르트가 국가나 종교가 지난날처럼 권위로서 기능하고 더욱이 폭넓은 교양 계층에 의해 뒷받침된 유럽 문화 전통이 아직도 향기 그윽한 19세기의 역사가인 데 반해, 하위징아가 20세기 기술 산업 대중사회를, 부르크하르트가 두려움으로 예감했던 반문화적·비인간적 현상들을, 히틀러와 스탈린 체제를 현실에서 몸소 체험했다는 사실과 깊은 관련이 있다고 할 것이다. 그만큼 하위징아에게 문화는 절실한 당위적인 존재이며 치열한 바람이고 이상이었다.

하위징아의 문화사 내지 역사 인식의 특징은 문화란 특정한 이미지와 형태(form)를 띠게 마련이며 그럼으로써 비로소 이해된다는 점에 있다. 그에게 반듯한 역사, 즉 문화사는 언제나 이미지와 형태를 띠고 이야기한다.

역사가는 과거 속에서 일정한 형태를 인식한다. 역사란 인식 가능한 외면적 현상이며 뚜렷한 형태를 지니고 일정한 자태나 이미지로서 우리에게 그 모습을 드러낸다. 내가 확인하고 관련시키고자 하는 오직 하나의 문제점은 내가 역사를 언제나 정신적 형태로서 이름지었다는 점이다. 즉 역사는 하나의 형태다. 문화사의 진정한 문제는 언제나 형태의 문제이며 사회현상의 구조와 기능의 문제다.

하위징아에 따르면 문화사가란 "역사의 형태학자"로서 생활, 사상, 지식, 예술 등 여러 형태의 탐구자다. "역사가가 보는 것은 공동생활의 형태, 신앙과 예배의 형태, 법의 형태, 예술 창조의 형태, 문학의 형태, 국가생활과 국민생활의 형태, 요약하면 바로 문화의 형태다." 생활과 사상, 예술의 여러 형태야말로 하위징아가 역사에서 묘사하고자 한 것이었다. 특히 "역사적 세계란 인간의 세계, 인간의 삶의 세계다." 그의 문화사란 삶의 역사이며 그럼으로써 문화사는 전체의 역사가 될 수 있다. 『중세의 가을』의 부제도 '르네상스의 새벽 프랑스와 네덜란드에서의 생활사상 예술의 여러 형태 연구'였다.

문화와 삶, 그 심미적인 양식

우리는 저마다 자기 자신의 자질과 취향에 따라 삶의 길을 선택하기 마련이다. 괴테는 자서전 『시와 진실』(*Dichtung und Wahrheit*, 1811~33) 에서 이렇게 썼다. "원래 내가 세계를 파악하는 기관(器官)은 무엇보다도 눈이었다. …… 나는 바라보는 도처에서 그림을 보았다." 고대 그리스인 들도 인간을 '보는 동물'로 비유하지 않았던가. 반듯한 삶에 대한 외경, 문화(교양) 지상주의자로서 괴테의 후예였던 부르크하르트와 하위징아 는 바로 눈의 인간, 보고 관찰하는 천성으로써 현실과 역사의 도처에서 그림을, 화상(畵像)을 보았다. 그러므로 역사적 관련성의 이미지를 직관 과 상상의 소산으로 이해한 하위징아는 역사의 형태를 또한 미적 형태로 인식했다.

역사란 언제나 과거에 형태를 부여하는 것이며 과거 속에서 의미를 파악하 고 밝히는 것이다. 그리고 이 의미를 파악함은 절반은 미적 요소에 속한다.

역사가는 이미지를 형성하고 그 형태를 인식하는 방법을 예술가와 더 불어 공유한다. 하위징아는 빌헬름 빈델반트(Wilhelm Windelband)의 다 음과 같은 견해에 전적으로 동의했다. "역사가의 과제는 과거로부터 한 폭 내지 여러 폭의 그림을 소생시키는 일이다. 마치 시인이 현재의 상상 속에 존재하고 있는 것을 형성하듯이, 역사가는 지난날 현실에 존재한 것들을 형성해야 한다. 여기에 역사적 창조와 미적 창조의 관련성이 존재 한다."

엄밀한 개념이나 정의(定義) 따위를 의식적으로 외면하는 '생활인'적인 네덜란드인의 기질을 각별히 귀하게 여긴 하위징아가 역사 인식에서 가 장 경계한 것은 이른바 학술적 술어(術語)나 개념의 남용, 그로 인해 사 물을 도식적으로 개관하고 재단하는 어리석음이었다. "역사학의 대상은 …… 언제나 복잡하고 모호하다. '인상파의 판화나 수채화처럼' 보이는 역사적 세계는 단순한 도식 대신 개관할 수 없을 만큼 많은 뉘앙스로

294

가득 차 있다." "역사의 신비성은 그 불확실성에, 결코 규범지을 수 없는 사실 속에 존재한다." 이와 같은 하위징아의 견해는 그의 르네상스관에서도 잘 드러난다.

하위징아는 「르네상스의 문제」(1920)에서 르네상스관의 변천을 개관하며 르네상스를 둘러싸고 그간에 제기된 갖가지 개념의 혼란을 지적함과 아울러 르네상스의 보다 '복수(複數)적인' 이해를 촉구한다. 그는 부르크하르트가 미슐레를 비롯한 여러 역사가나 철학자들과 달리 르네상스를 바로 독자적인 문화 이상으로 인식한 점을 대단히 높이 평가했다. 하위징아에 따르면 르네상스는 근대의 기점(起點)이기보다 일종의 과도기다. 르네상스와 중세 문화를 대립된 것으로 인식하는 오류를 비판한 하위징아는 '세계와 인간의 발견'이라는 표어를 내걸고 르네상스의 근대성을 강조하면서 중세와의 차이를 역설한 부르크하르트를 서슴없이 비판했다. 하위징아에 따르면 술어와 개념의 범람과 더불어 역사를 고대, 중세, 근대로 도식적으로 나누는 교과서풍의 구별법은 대체로 1700년경의 자연과학 발전의 영향 아래 이루어진 것으로서, 학문은 엄밀해야 한다는 신념의 소산이었다.

"언어나 개념이 세계의 모습을 이러쿵저러쿵 우리에게 묘사해준들 사실 세계는 원래 그러한 것이 아니다." 교과서적 정의나 개념으로부터 자유로운 역사의 진실은 바로크 양식, 고전주의, 낭만주의 등의 관념 체계에서도 당연히 요구된다. 이와 같이 개념이나 명제로 얽힌 관념 체계에 등을 돌린 하위징아의 역사 인식은 바로 그가 개념 따위로는 가까이할 수 없는 미묘하고도 복합적인 무궁무진한 인간의 삶의 세계를, 문화의 세계를 역사의 주제로 선택할 수밖에 없었던 숙명과 혈연적 관련이 있다고 할 것이다.

더욱이 하위징아에게 역사적인 관념이란 다름 아닌 미적 관점이며 역사 감각이란 바로 '고도로 세련된 미적 감각'으로 이해되었다. 그는 자기 자신의 미적 태도를 랑케의 이른바 '만물에 대한 공감'에 비유했다. 랑케의 낙관적 즉물주의(卽物主義)는 모든 것에 대한 공감을 강조한 바 있으며, 하위징아는 만물 속에서 우선 아름다움을 발견할 수 있었던 행복한 예술적 역사가였다. "우리를 둘러싼 세계는 사실 진실로 위대하고 아름답다는 것을 언제나 잊지 말자." 갖가지 모습으로 아름답게 펼쳐진 세계를 향한 그의 미적 역사 인식은 그로 하여금 '미적 성과'를 바로 문화로 이해하게 했다.

문화를 둘러싼 우리의 생각은 특히 그 미적 성과, 즉 예술이나 학문 분야의 업적에 의해 지배된다. 역사 전체와 역사의 자각은 문화의 구성 요소가 된다. 문화 현상으로서의 역사로부터 출발하자.

형태를 통해 문화와 문화의 역사를 이해하고자 한 하위징아는 갖가지 미적 성과 가운데서도 조형예술을 특히 중시했다. 그는 반문한다. 이집트 문명에 관해 우리가 지닌 이미지는 피라미드를 비롯한 이집트 조형예술에 뿌리를 둔 여러 관념으로 구성되어 있지 않은가. 그러면서 그는 17세기의 네덜란드를 '렘브란트의 세기'로 특징지었다(부르크하르트도 렘브란트의 풍경화를 보고서 네덜란드에 각별한 친근감을 지녔다). 그뿐만 아니라 하위징아는 유럽의 역사를 양식(樣式)의 역사로, 즉 로마네스크 양식, 고딕 양식, 르네상스 양식, 바로크 양식 등의 역사로 이해했다. 그는 초상화, 풍속화, 풍경화를 즐겨 그린 렘브란트와 요하네스 베르메르(Johannes Vermeer)와 마찬가지로 예술의 양식 속에서 시대의 감성과 사고를, 삶의 모습 전체를 이해하고자 했다. 그리고 지난날 역사가들이 눈여겨보지 않았던 연대기, 각서, 서간, 시, 소설, 설화, 일화, 상징물, 음악, 무용과 특히 조형예술 속으로, 즉 인간의 삶의 내밀한 숲 속으로 찾아든다. 삶이 무성한 그 숲에서 그는 대가다운 능숙한 솜씨로 문화적인 이미지와 주제, 이념과 사고 형태, 이상과 양식 등을 관련짓고 구성했다. 욕심 많은 사냥꾼처럼 삶과 아름다움의 숲을 철저히 뒤지는 이 심미주의 자는 문화의 기초로서 또한 '놀이'(Spiel, play)를 강조한다.

하위징아의 문화관 내지 인생관의 또 하나의 독자성은 그가 문화와 인간의 삶을 이해하는 코드, 즉 문법으로서 '놀이'를 강조한 점에 있다. 『중세의 가을』과 더불어 그의 주저인 『호모 루덴스』(*Homo Ludens*, 1938) 에서 하위징아는 시인 실러의 저작 『인간의 미적 교육에 관한 서간』(*Über die ästhetische Erziehung des Menschen*, 1795)의 주제, 즉 "인간은 놀이 에서만이 진정한 인간이다"를 깊이 새겨 놀이를 삶의 근원성과 사회생활 을 길러내는 형태의 효모, 문화의 주조음으로 이해했다. "진정 순수한 놀 이는 문화의 기초"이며 "문화는 놀이의 형태 속에서 발생하고, 문화란 애 초에 놀이였다." "공동체는 놀이 속에서 생활과 세계에 관한 그들의 취향 을 담고 있다." 이렇듯 문화와 놀이가 하나임을 주장한 이 문화사가는 그 자신이 평생 동화(童話)를 즐긴 놀이의 인간 '호모 루덴스'였다.

역사의 핵심을 삶의 모습 전체의 표현인 문화로 이해한 하위징아에 게 역사학은 학문 이상의 것을 의미했다. "나는 한 번도 진정한 역사 연 구자가 되지 못했다. …… 나는 전문 연구 분야를 한 번도 선택한 적이 없다." "내가 남기고 가는 작품 그리고 얼마 뒤 없어져버릴 저작들은 나 자신에게는 정신의 뜰을 소요하고 여기저기에서 꽃을 만지고, 그러고는 성급하게 나아간 것에 불과했다." 하위징아는 역사가이기에 앞서 같은 네덜란드 출신의 인문주의자 에라스무스의 후예, 아니 동양적 문인(文 人)이었다.

인문주의자란 교양인, 사물과 거리를 두고 방관하고 관조하는 자, 딜 레탕트, 놀이의 인간이다. 사실 놀이의 인간, 딜레탕트만이 그 자신이 관 심과 호기심, 즐거움의 대상으로 선택한 것들에 대해 진정 인간적 유대 를 전인적으로 가득 채운다고 할 것이다. 하위징아는 대학 연구실의 산물인 전문서보다 에드워드 기번(Edward Gibbon), 미슐레, 토머스 매콜리(Thomas Macaulay), 토머스 칼라일(Thomas Carlyle) 등이 쓴 교양으로 읽힐 역사서를 가장 바람직한 것으로 더 높이 평가했다. 그에 따르면, 인간의 문화에 근거한, 그러므로 교양 계층이 공유한 역사서야말로 고전으로서 불멸의 가치를 지닌다. 오늘날 우리는 『이탈리아 르네상스의 문화』와 함께 『중세의 가을』을, 『호모 루덴스』를 진정 교양서로, 즉 고전으로 애독하고 있다.

놀이는 필경 유유자적하는 자유로운 행위로서, 독자적인 활동의 가장 (假裝) 세계, 즉 아름다움의 영역에 들어간다. 놀이와 아름다움의 만남은 독자적이며 독특한 질서가 창출되는 놀이터에서 이루어진다. 고대나 중세에서 생생하게 드러나듯 놀이는 축제와 의례의 영역을 드나들며 최고의 문화를 창출한다. 그렇게 하위징아는 놀이를 삶과 문화의 가장 본질적인 텃밭으로 인식했다. 그의 말을 빌릴 것도 없이 중세의 삶은 놀이 충동으로 가득 찼다. 하위징아는 『중세의 가을』에서 성당의 신비롭고 장엄한 놀이를, 민중의 순진 소박하고 들뜬 놀이를, 명예까지 건 기사들의 흥겹고 화려한 놀이를, 장중하면서도 우아한 궁정풍의 놀이를 펼쳐 보여주면서 그 주요 무대인 부르고뉴 공국의 놀이터, 문화 세계로 우리를 끌어들인다.

『중세의 가을』, 그 풍요로운 주제

『중세의 가을』의 무대는 문화의 난숙과 퇴폐를 함께 잉태한 14~15세기 프랑스 동부의 부르고뉴 공국이다. 1364년 이래 약 1세기, 특히 필리프 선공(善公, 재위 1419~67)과 샤를 용담공(勇膽公, 재위 1467~77)의 치세, 경제 번영이 뒷받침되어 꽃핀 로마네스크풍의 시대를 통해 유럽의 종교 문화와 학문, 예술의 한 중심이 된 곳, 고대 영웅을 닮고자 기사적 에토스에 살고 삶의 이상을 추구한 샤를 용담공, 네덜란드의 일체성과 국민 통합을 실현하고 결연한 정치적·정신적 의지로 네덜란드어와 프랑스어권의 여러 민족의 문화 통합을 이룩한 필리프 호담공(豪膽公, 재위 1363~1404), 귀족적 생활미학이 어린 의례와 갖가지 형태의 놀이 문화가 손을 잡고 유럽 어느 곳에서보다 신비스러우면서도 호화 현란한 생활미학이 뿌리를 내린, 그럼으로써 유럽의 왕실과 귀족 문화의 모범이 된 필리프 선공의 궁정, 그곳은 하위징아의 역사적 감흥과 상상력이 날개를 펼쳐 보일 둘도 없는 절호의 놀이마당이 아닐 수 없었다.

반 에이크의 그림에 대한 감동이 모티프가 되어 펜을 든 『중세의 가을』은 하위징아에 의해 절묘하게 수놓인 부르고뉴 공국의 생활양식과 문화의 풍경이며 초상화다. 그 밖에도 그는 중세에 관해 여러 편의 글을 발표한 바 있다. 그만큼 중세를 좋아했으며 중세 12세기를 '유례를 찾아볼 수 없는 창조적의 조형의 시대'로 찬탄했다. 그토록 중세가 하위징아에게 깊은 감흥과 외경의 대상이 되었음은, 그 강렬한 심미적·의례적 놀이의 이미지 외에도 중세가 국민적이라는 특수한 개별적인 이념을 앞세운 근대 세계와는 달리 인간의 삶의 보편적인 역사 이상을 간직한 시대로 이해되고 확신되었기 때문이다.

하위징아는 제1차 세계대전이 발발한 지 얼마 되지 않은 1915년 1월 레이던 대학의 교수 취임 연설에서 역사적 관념 내지 이상이 문화와 국가, 개인에게 끼치는 영향에 관해 논했다. 그에 따르면 중세는 재생을 위한 금욕과 청빈, 탁신(託身)과 정화(淨化)라는 덕(德)의 이상이 우월했던 시대 그리고 공동체 전체가 보편적 이상을 떠받든 시대였다. 하위징아는 그렇듯 문화의 기초 조건으로 정신적인 가치와 물질적인 가치의 조화로운 균형과 더불어 공동체의 보편적인 역사 이상을 강조했다.

보편적인 역사 이상과 관련하여 우리는 또한 역사를 '서사시적·극적인 것'으로 이해한 하위징아의 입장을 상기할 수 있으니, 부르고뉴 공국의 필리프 선공이나 샤를 용담공에게서 부각되었듯이 그 이상은 하위징아에게는 우선 개인을 통해, 위대한 인물을 통해 이야기로서 표출되는 것으로 이해되었다. 그러므로 그것은 서사시적·극적인 것, 예술적인 것의 형태를 띠었다.

한편 하위징아는 이상적인 중세인이자 중세적 삶의 보편적인 이상을 구현한 인물로 그가 '전(前) 고딕의 정신', '기사적 성직자'로 떠받든 12세기의 솔즈베리의 존(John of Salisbury)을 내세웠다. 하위징아에 따르면 '아카데미의 학도'로 자처한 존은 '부정적 정신'의 지성인인 피에르 아벨라르(Pierre Abélard)와는 대조적으로 영혼과 심정의 인간, 신앙의 뿌리 위에 현세적 삶을 적극적으로 받아들인 인물이었다.

하위징아에 따르면 중세 말기의 생활의 기틀은 가혹한 멜랑콜리였다. 그에 따르면 가혹한 현실로부터 탈출하는 데는 세 가지 길이 있다. 첫 번째는 속세의 길이요, 두 번째는 세계를 개선하고 완성하는 길 그리고 세 번째는 꿈의 길이다. 꿈의 길은 생활의 실상을 예술이나 놀이와 의례의 형태로 바꿔놓는다. 중세 말기의 문화를 하위징아는 바로 이러한 관점에서 이해했다. 이상적 이미지에 따른 귀족 생활의 미화, 일상생활 위에 짙게 드리운 기사도 낭만주의 그리고 전사적(戰士的) 폭력과 호색(好色) 등 '점잖지 못한 경향'에 종지부를 찍은 것은 특히 귀부인에 대한 기사의 '궁정풍 사랑'(amour coutois)이다.

모든 것이 냉혹한 현실을 제쳐놓은 채 인공적으로 꾸며지고 변주(變奏)되었다. "빛은 허구로 반짝반짝 빛나고" 이 빛을 받아 생활은 찬란하여 "마치 피 냄새와 장미 향기를 함께 흡수하는 것 같았다." 이렇게 『중세의 가을』이 비춰주었듯이 생활의 끝없는 미적 양식화는 가혹한 현실과 표리를 이루었다.

『중세의 가을』의 최대 바람은 필경 부르고뉴 공국 귀족들의 삶과 생활의 전체 모습을, 문화 전체를 그리는 데 있다. 그런데 그 초점은 역사에서 미적 요소에 대한 하위징아의 각별한 관심으로 인해 현실보다는 이상에 살고 이상을 지향하는 사람들의 삶과 생활 모습, 그 양식을 그리는 데 치중되었다.

14~15세기에는 예술이 장인들의 기예(技藝)로 간주되었을 뿐, 예술 및 예술가라는 관념이 아직 존재하지 않았다. 그리고 예술 감상이라는 의식도 훨씬 훗날의, 아마도 이탈리아 르네상스 이래의 근대적 소산이라고 해야 할 것이다. 그만큼 예술은 생활 주변의 공예품으로 여겨졌으며 일상생활에 자연스럽게 자리잡고 매몰되었다.

이러한 진실은 13~15세기 고딕적 중세와 초기 이탈리아 르네상스 시대 전체의 일반적 현상이었다. 더욱이 일상적인 삶 전체를 의례나 양식으로 꾸미고 끊임없이 아름다움을 지향하며 형상화한 부르고뉴에서는 그것이 각별했다. 하위징아가 『중세의 가을』의 여러 장을 '생활 속의 예술'에 할애하고 '그 시대의 생활 속의 예술가' 반 에이크를 궁극적으로 마음에 새기며 그의 주저를 집필한 까닭이다.

기사도의 이상을 규범으로 받들며 미적으로 양식화하고 의례나 놀이의 세계를 잘 묘사한 『중세의 가을』에서 우리는 어쩌다 간혹 민중의 모습을 찾아볼 수 있다.[4] 하위징아의 관심이 왜 귀족의 세계에 쏠렸던가의 해답은 자명하다고 할 것이다.

중세에는 낮과 밤, 빛과 어둠의 윤곽이 뚜렷했듯이, 기쁨과 슬픔, 사랑과 미움의 감정도 어느 시대보다도 훨씬 직설적으로 드러났다. 그만큼 인간의 삶과 그것을 둘러싼 세계의 기틀이 원초적·정념적이었던 것이다. "일상생활은 항시 불붙는 듯한 정열과 어린아이 같은 공상에 무한한 무

----

[4] 『중세의 가을』은 민중의 '미덕'을 겸손, 근면, 복종으로 지적하면서 그들 민중의 삶의 어둠을 다음과 같이 묘사했다. "민중은 자기의 숙명과 시대의 움직임을 오직 (귀족의) 낭비와 착취, 전쟁과 도적, 기아와 곤궁, 질병의 끊임없는 연속으로 깨달을 수밖에 없었다. 그 위에 이상과 같은 암흑상으로 인해 갖가지 민간신앙이 만연했다. 지옥의 두려움 및 악마와 마녀의 공포로부터 오는 중압감 ……."

대를 제공했다." 자기 억제를 모르는 야성적 정념의 분출은 고딕 세계 특유의 갖가지 비밀 의식과 환상, 죄의식과 도착된 에로티시즘을 낳았으며, 그것들은 고딕 성당의 상징물들의 암시를 통해 더욱 비밀스럽게 심화되었다.

중세 세기말을 지배한 집단 심성은 '멜랑콜리'의 정념이었다. 하위징아는 이 멜랑콜리 속에 우수와 치열한 사색, 공상의 세 가지 의미를 담았다. 얀 반 에이크를 비롯하여 알브레히트 뒤러(그의 동판화「멜랑콜리아 I」〔Melancolia I, 1515〕)에까지 이르는 북방 르네상스 화가들의 인물화는 한결같이 멜랑콜리의 표정을 짙게 드러낸다.

현대 사회학자 볼프 레페니스(Wolf Lepenies)는 멜랑콜리가 지닌 사회성과 이데올로기적 친화성을 논하여 그 정념을 질서의 과잉에 의해 파생되고 조작된 '자연성'과 '문화의 결정화'의 상태로 진단하는 한편, '왕의 메커니즘'의 해체 뒤에 나타난 귀족의 심적 태도, 비역사적인 존재로 몰락한 신분의 '세계 상실'이라는 집단 정념으로 강조한다. 그렇다면 그것은 또한 새로운 역사의 도래를 예고하는 몰락하는 시대의 한 풍경, 하나의 초상화라고도 할까.

왕의 메커니즘으로부터의, 다시 말해 낡은 체제에 기생(寄生)하다가 역사로부터 추방된 귀족들이 자기 자신을 구제할 길은 무엇이었던가. 그것은 고도로 형식화된 의례가 아니었던가. 세기말적 멜랑콜리는 더욱더 의례에, 아름다움에 그리고 양식화된 놀이의 세계에 매달리게 되었다. 중세 말은 아름다움에 대한 동경으로 가득 찬, 놀이와 일상생활의 양식화, 의례화가 충만한 시대였다. 삶을 아름답게 이상화하고 양식화한 세기말적 정념은 특히 '궁정풍 사랑'에서 절정에 이르렀다.

삶과 생활의 공간 어디 한 곳도 누수된 데라곤 없었던 비유와 상징, 장식으로 가득 채워진 부르고뉴 공들의 궁정 탐미주의는 이후 유럽 여러 나라 궁정과 귀족 가문의 벽을 넘어 삶과 교양의 스타일로서, 문화 전통으로서 시민사회에까지 이어졌다.

프랑스 아날 학파의 자크 르 고프(Jacques Le Goff)는 『중세의 가을』을 염두에 두고 1969년 『또 하나의 중세를 위해: 서양에서의 시간, 노동 및 문화』(Pour un autre Moyen Âge: Temps, travail et culture en Occident)를 저술했다. 우리는 사회를 특징짓는 집단 심성인 망탈리테(mentalité)를 통해 사회사를 서술하는 새로운 역사학의 선구자로 바로 하위징아를 거론할 수 있을 것이다. 그의 「문화사의 과제」의 다음과 같은 구절은 그대로 아날 학파의 역사가들의 말로 새겨도 좋을 듯하다.

누군가가 허영의 역사를 쓸 수 있다면, 그는 문화사의 반을 다스린다고 할 것이다. 예를 들어 그 누가 우리에게 17세기 오만의 역사를 써줄 수 있을까?

하위징아는 전체의 역사로서의 문화를 강조하면서도 역사에서 '정치사의 우위'에 결코 이론(異論)이 없음을 다짐했다. 그가 두려워한 것은 오늘날의 정치 이데올로기, 이데올로기로서의 정치의 범람과 횡포였다.

하위징아의 역사 서술에는 사회·경제구조의 규명이나 민중의 생활 모습이 결락되었다. 그러면서도 하위징아는 "우리를 불쾌하게 하는 궁정 생활"이라는 표현을 서슴지 않았다. 귀족 생활을 미화한 데 대해 그는 일종의 자책감을 갖고 있었던 것일까. 죄르지 루카치(György Lukács)는 오늘의 독자에게 과거를 좀 더 가깝게 하기 위해 '필요한 아나크로니즘'에 관해 말한 바 있다. 이탈리아의 사상가 카를로 안토니(Carlo Antoni)는 하위징아가 예술적인 역사가로서 자신의 권리에 대해 강한 자의식을 지니고, 근본적으로는 환상의 역사를 서술하면서도 근대 경제사의 자료 탐색에도 정통했다고 말한 바 있다. 그리고 안토니는 하위징아에게는 문화에서 개인 생활과 공적 생활의 경계선이란 있을 수 없었다고 지적했다.

사실 하위징아 자신은 역사적 이상이나 상징이 '그 시초부터 사회적 혹은 정치적 제(諸) 관계에 의존함'을 스스로 명심하고 자기의 연구가 사회학적인 소산(所産)임을 말하기도 했다.

역사의 그늘에서

하위징아는 1941년에 행한 강연 「19세기 중엽 이후 역사의 형태 변화」에서 역사의 '형태 상실'에 대해 언급하면서 그 배경으로 정치의 도덕적 타락과 특히 날로 증대되는 경제의 우월성을 지적했다. 그리고 그러한 사회현상 속에서의 전통적인 역사학의 종말과 새로운 역사학의 도래를 예고했다.

하위징아는 1920년대와 1930년대에 미국을 여행하고 두 편의 미국론을 썼다. 그는 미국 사회의 특징으로 프래그머티즘과 물질주의를 들고 그것이 미국인의 '정신적 연대'와 '공동체적 지향'의 뿌리를 이루고 있음을 지적했다. 그리고 미국인의 일상적 덕목으로서 '선의'와 '봉사'를 평가했다. 그러나 미국 사람들은 '바로 여기에, 바로 지금' 속에서 살고 있다. 그들은 하위징아에게는 필경 '근본적으로 반역사적' 인간으로 비쳤다. 미국 체험은 하위징아로 하여금 새삼 '옛적 조용한 모든 것에 대한 향수'를 불러일으켰다. 하위징아의 미국관은 20세기 기술 산업 대중사회에 대한 그의 인식이라고 그대로 이해해도 무방할 것이다. 이러한 인식에 앞서 그는 유럽 문화의 전반적인 위기 현상을 이미 18세기에서 비롯된 양식의 상실에서 보았다. 양식의 상실은 놀이의 상실을 뜻하고 그것은 똑같이 근대화 현상의 경제성의 우월과 깊이 관련되었다.

하위징아는 1915년 레이던 대학 교수 취임 연설에서 옛 그리스의 웅변가 데모스테네스처럼 시대의 폭풍우 속에서 언변을 토함은 역사가의 소임이 아니라고 말했다. 그리고 정신적 창조는 '현재로부터의 탈출'에 의해 성취되는 것으로 강조했다. 그 무렵 그는 '후마니타스'에 뿌리박은 유럽과 유럽 문화를 신뢰하고 역사의 매력을 즐길 수 있었다. 그러나 마르틴 하이데거는 바로 그 무렵 '존재의 집'인 고향의 상실을 경고했다.

한편 제2차 세계대전 종전이 가까울 무렵 아날 학파의 대표격인 뤼시앙 페브르는 자신의 마지막 강의(1944~45)에서 비통하게 토로했다. "유럽이란 하나의 꿈이다. 유럽이란 하나의 문화 관념이다." "오늘날 문화를 이야기함은 거의 꿈을 이야기함과 같다." 하위징아가 페브르의 강의에 앞서 출간한, 지난 유럽 문화의 위상을 깊이 염두에 두고 저술한 문화사론의 저작을 굳이 '역사의 매력'(Im Bann der Geschichte)이라고 명명한 심정에서 우리는 유럽과 문화의 재생을 간절히 염원한 그의 '비가적(悲歌的) 에토스'를 새삼 떠올린다.

동서고금의 일급 역사가의 대다수가 (의식적이건 무의식적이건 간에) 그러했듯 하위징아도 부르크하르트와 함께 뛰어난 문명 비평가였다. "20세기에 인류는 미래 역사적인 형태를 재발견할까, 참으로 알 수 없습니다." 역사 형태의 상실은 하위징아에게서 바로 인간성의 실격을 뜻했다. 하위징아는 마르크스주의 이데올로기와 극렬한 국가주의의 광풍(狂風) 속에서 시대 비판서인 『내일의 그림자 속에서』(In de schaduwen van morgen, 1935)를 저술하고 독일 강제수용소에서 석방된 다음 해인 1945년에는 현대 문명에 대한 통렬한 탄핵서인 『더럽혀진 세계』(Geschonden wereld)를 세상에 내놓았다. 유서와도 같은 이 책에서 그는 "우리 문화라고 부르는 저 대단히 귀중한 유산"의 회복을 기도하는 마음으로 염원하며 되풀이하여 문화란 무엇인가 간절히 묻고 있다.

문화란 무엇인가? 이 물음은 인간이란 무엇인가, 우리 삶이란 진정 무엇인가라는 물음과도 꼭 같다. 그리고 이 모든 물음은 오늘날 바로 우리의 물음이다. 어린아이들까지도 경쟁과 시장 바닥에 내몰고 있는, 본질적으로 억압된, 참으로 반문화적인 오늘날 우리 사회, 우리 모두의 절실한 물음이기도 하다.

Johan Huizinga, *Im Bann der Geschichte: Betrachtungen und Gestaltungen*, Akademische Verlagsanstalt Pantheon, 1942.

——, "The Task of Cultural History", in *Men and Ideas*, Princeton University Press, 1984.

——, "The Aesthetic Element in Historical Thought", in *Men and Ideas*, Princeton University Press, 1984.

——, "My Path to History", Haarlem, 1947.

——, *Das Problem der Renaissance*, Dritte Auflage, Darmstadt, 1971.

——, *Herbst des Mittelalters*, Stuttgart, 1969.

——, *Homo Ludens. Vom Ursprung der Kultur im Spiel*, Rowohlt, 1969.

——, "Schriften zur Zeitkritik. Im Schatten von Morgen", in *Geschändete Welt*, Zurich, 1948.

——, *America: A Dutch Historian's Vision, from Afar and Near*, translated by Herbert H. Rowen, Harper & Row, 1972.

이광주, 「하위징아와 『중세의 가을』」, 『편력』, 한길사, 2005.

——, 「부르크하르트, 역사 속에 선 인간」, 『편력』, 한길사, 2005.

ホイジンガ 選集 5, 『汚サレタ 世界』, 河出書房新社, 1971.

Karl J. Weintraub, *Visions of Culture: Voltaire, Guizot, Burckhardt, Lamprecht, Huizinga, Ortega Y Gasset*, University of Chicago Press, 1966.

Werner Kaegi, *Historische Meditationen*, Basel, I, 1942 / II, 1946(일본어판: 『小國家の理念─歴史的考察』, 中央公論社, 1979).

Jacob Burckhardt, *Die Kultur der Renaissance in Italien*, Wien.

306

———, *Weltgeschichte Betrachtungen*, Stuttgart, 1969(이상신 옮김, 『세계사적 성찰』, 신서원, 2010).

———, *Historische Fragmente*, Stuttgart, 1957(이광주 옮김, 『역사와 역사가들』, 한벗, 1989).

Leopold von Ranke, *Zur eigenen Lebensgeschichte in Rankes Sämtliche Werke*, Bd. 53/54, Leipzig, 1890.

Friedrich Meinecke, "Ranke und Burckhardt", in Meinecke, *Aphorismen und Skizzen zur Geschichte*, Stuttgart, 1948.

Werner Kaegi, *Europäische Horizonte in Denken Jacob Burckhardts*, Basel, 1962.

Karl Lowith, *Jacob Burckhardt. Der Mensch Inmitten der Geschichte*, W. Kohlhammer, 1966(일본어판: 『ブルクハルト―歴史の中に立つ人間』, ブリタニカ, 1979).

Raymond Williams, *Keywords: A vocabulary of culture and Society*, Oxford University Press, 1983(김성기·유리 옮김, 『키워드』, 민음사, 2010).

Peter Burke, *What is Cultural History?*, Polity Press, 2005(조한욱 옮김, 『문화사란 무엇인가』, 도서출판 길, 2006).

| 출전 |

* 「근대과학으로서의 역사 발전에 관한 네 개의 장」, 「역사 개념의 정의」, 「19세기 중엽 이후 역사의 형태 변화」
Im Bann der Geschichte: Betrachtungen und Gestaltungen, Akademische Verlagsanstalt, 1942.

* 「역사 개념의 미적 요소」
"The Aesthetic Element in Historical Thoughts"(흐로닝언 대학 교수 취임 강연, 1905년 11월 4일).

* 「르네상스의 문제」
원제는 "Het Probleem der Renaissance"이며, "Renaissancestudiën, I: Het Probleem"이라는 제목으로 *De Gids*, LXXXIV, 1920, Part Four, pp. 107~33, 231~55에 수록·출간되었다. 이 책에 실린 글은 영문판 Johan Huizinga, "The Problem of the Renaissance", *Men and Ideas*, translated by James S. Holmes and Hans van Marle, Princeton University Press, 1984, pp. 243~66을 번역한 것이다.

* 「문화사의 과제」
원제는 "De Taak der Cultuurgschiedenis"이며, 1926년 위트레흐트의 역사학 대회 총회와 바로 이어진 취리히 대학에서의 강연에 기초한 논문이다. 그리고 1929년에 하를럼(Haarlem)에서 처음 출판되었다. 이 책에 실린 글은 영문판 Johan Huizinga, "The Task of cultural history", *Men and Ideas*, translated by James S. Holmes and Hans van Marle, Princeton University Press, 1984를 번역한 것이다.

| 찾아보기 |

316